ITALIENISCHE KÜCHE

ITALIENISCHE KÜCHE

Klassische und moderne Gerichte

Parragon

Bath • New York • Singapore • Hong Kong • Cologne • Delhi
Melbourne • Amsterdam • Johannesburg • Shenzhen

Parragon Books Ltd
Queen Street House
4 Queen Street
Bath BA1 1HE, UK

Übersetzung: Franca Fritz u.a.
Satz: CE Redaktionsbüro, Heinsberg
Projektmanagement: trans texas publishing, Köln

ISBN 978-1-4454-8818-9

Printed in China

Hinweis

Sofern die Schale von Zitrusfrüchten benötigt wird, verwenden Sie unbedingt unbehandelte Früchte.
Sind Zutaten in Löffeln angegeben, ist immer ein gestrichener Löffel gemeint: Ein Teelöffel entspricht 5 ml, ein Esslöffel 15 ml.
Sofern nicht anders angegeben, wird Vollmilch (3,5% Fett) verwendet.
Es sollte stets frisch gemahlener schwarzer Pfeffer verwendet werden.
Bei Eiern und einzelnen Gemüsesorten, z. B. Kartoffeln, verwenden Sie mittelgroße Exemplare.
Kinder, ältere Menschen, Schwangere, Kranke und Rekonvaleszenten sollten auf Gerichte mit rohen oder nur leicht gegarten Eiern verzichten.
Die angegebenen Zeiten können von den tatsächlichen leicht abweichen, da je nach verwendeter Zubereitungsmethode und vorhandenem Herdtyp Schwankungen auftreten.

Inhalt

Suppen

Vorspeisen

Snacks & Zwischenmahlzeiten

Fisch & Meeresfrüchte

Fleisch

Geflügel & Wild

Gemüse

Salate

Pasta

Reis & Getreide

Pizza & Brot

Desserts

Einleitung

Auf der ganzen Welt genießen Menschen die herrlichen Spezialitäten der italienischen Küche wie etwa Pasta, Pizza und Risotto sowie köstliche Desserts. Dieses Buch bringt einen Hauch Italien direkt in Ihre Küche.

Herrlicher Sonnenschein, wunderbare Strände, fruchtbare Täler, zerklüftete Berge, malerische Dörfer, atemberaubend schöne Städte, weltberühmte Museen und elegante Designer-Geschäfte – das ist Italien! Aber damit nicht genug, verfügen die Italiener auch noch über eine der ältesten und erlesensten kulinarischen Traditionen Europas.

Schon die alten Römer liebten gutes und reichliches Essen. Sie wetteiferten bei ihren Banketten darum, wer die edelsten und exotischsten Speisen auftischte. Eines der ersten Kochbücher wird Marcus Gavius Apicius, einem Gourmet aus dem 1. Jh. n. Chr., zugeschrieben. Da die Römer die Haselmaus (die heute ganzjährig unter Naturschutz steht) als kulinarischen Leckerbissen schätzten, findet sich auch im Kochbuch des Apicius ein entsprechendes Rezept. Dort wird sie mit Walnüssen gefüllt und in speziellen Tontöpfen gegart. Mit der Ausbreitung des Römischen Reichs und dem damit verstärkten Seehandel kamen neue exotische Zutaten nach Rom. Die Landwirtschaft und der Weinanbau erfuhren eine wahre Blütezeit. Schon damals verstanden die Römer es, erstklassige Weine zu produzieren.

Mit dem Zerfall des Römischen Reichs änderten sich die Essgewohnheiten zwangsläufig. Die Menschen besannen sich wieder auf das, was in den fruchtbaren Ebenen Italiens hervorragend gedieh: Getreide, Früchte und Gemüse. Während der Renaissance erwachte die Liebe zu feinen Speisen erneut und wieder wurden in reichen Häusern ausschweifende Bankette gegeben.

Italiens Konditoren waren an den Höfen Europas hoch geschätzt und galten weltweit als die besten ihres Fachs. Als Katharina de' Medici 1533 nach Paris ging, um den zukünftigen französischen König Heinrich II. zu heiraten, nahm sie eine ganze Armee ausgebildeter Meisterköche mit. Dadurch wurde die französische Kochtradition nachhaltig beeinflusst. Die sich herausbildende französische Bourgeoisie legte großen Wert auf gute Küche. So entstand die „Cuisine bourgeoise", die sich durch frischen Geschmack und Gerichte, die ohne Saucen gereicht werden, auszeichnet.

Einleitung

Bis heute verbindet man mit italienischer Küche erlesenste und frischeste Zutaten.

Obwohl durch heutige Kühl- und Transportmöglichkeiten immer exotischere Produkte aus fernen Ländern ihren Weg in unsere Geschäfte finden, verarbeiten die Italiener weiterhin die Erzeugnisse der eigenen Landwirtschaft. Über 60 % des Landes werden als Acker- oder Weideland genutzt. Und mit seiner geografischen und klimatischen Vielfalt, die von sehr kalten Regionen wie den Alpen und dem Apennin bis hin zu sehr warmen, halbtropischen Regionen wie der Küste Liguriens reicht, hat das Land eine riesige Auswahl an frischen Produkten zu bieten. Zu ihnen zählen Oliven, Orangen, Zitronen, Feigen, Trauben, Granatäpfel, Mandeln, Weizen, Kartoffeln, Tomaten, Zuckerrüben, Mais und Reis.

In Italien werden Kühe, Büffel, Schafe, Ziegen, Schweine und Hühner gezüchtet. Darüber hinaus produziert das Land pro Jahr mehr als 65 Mio. hl Wein, fast 2,5 Mio. t Oliven, ca. 5 Mio. hl Olivenöl und über 4,5 Mio. t Tomaten.

Auf den folgenden Seiten wird Ihnen Italien Region für Region vorgestellt. So lernen Sie die verschiedenen traditionellen Zutaten und Speisen der einzelnen Regionen kennen. Auch saisonale Zutaten werden ausführlich besprochen, um dem Leser einen umfassenden Einblick in die italienische Küche zu geben.

Hackfleischsauce

- 3 EL Olivenöl
- 3 EL Butter
- 2 große Zwiebeln, gehackt
- 4 Selleriestangen, in dünne Scheiben geschnitten
- 175 g fetter Speck, fein gewürfelt
- 2 Knoblauchzehen, gehackt
- 500 g mageres Rinderhack
- 2 EL Tomatenmark
- 1 EL Mehl
- 400 g gehackte Tomaten aus der Dose
- 150 ml Rinderfond
- 150 ml Rotwein
- Salz und Pfeffer
- 2 TL getrockneter Oregano
- 1/2 TL frisch geriebene Muskatnuss

1 Öl und Butter bei mittlerer Hitze in einer Pfanne erhitzen. Zwiebel, Sellerie und Speck zugeben und unter gelegentlichem Rühren 5 Minuten braten.

2 Knoblauch und Hackfleisch in die Pfanne geben und unter Rühren scharf anbraten. Hitze reduzieren und weitere 10 Minuten unter Rühren garen.

3 Bei mittlerer Hitze Tomatenmark und Mehl einrühren und 1–2 Minuten aufkochen. Anschließend Tomaten, Fond und Wein zufügen und unter Rühren aufkochen. Mit Salz, Pfeffer, Oregano und Muskat abschmecken, abdecken und unter gelegentlichem Rühren weitere 45 Minuten köcheln. Dann ist die Sauce servierfertig.

Regionale Küchen

Die italienische Küche besteht eigentlich aus vielen regionalen Küchen, denen die Italiener auch stark verbunden sind. Auch politisch fanden die Bestrebungen zur nationalen Einheit erst am 17. März 1861 mit der Bildung des italienischen Königreichs ihren Abschluss.

Die Menschen in Italien sind sehr stolz auf ihre regionale Küche und wetteifern gerne, welche Küche die bessere sei. Sizilianer, die in Italien als *mangiamaccaroni* (Makkaroni-Esser) verschrien sind, verleihen ihrer Missachtung für die neapolitanische Küche mit dem Wort *mangiafogli* (Gemüseesser) Ausdruck. Die regionalen Küchen stützen sich auf Produkte ihrer eigenen Region. Der beste Schinken kommt also aus einer Region, in der Schweine gezüchtet werden, der beste Fisch und die besten Meeresfrüchte aus den Küstenregionen, Butter wird in den norditalienischen Regionen produziert, da dort intensiv Milchwirtschaft betrieben wird, und Olivenöl ist eine charakteristische Zutat des Südens.

Abruzzen und Molise

Die einst zusammengehörenden und heute aufgeteilten Regionen stehen sich in kulinarischer Hinsicht weiterhin sehr nahe. Sie liegen nordöstlich von Rom und sind für ihre hervorragenden geräucherten Fleischprodukte und ihren Käse berühmt. In der traditionell sehr bodenständigen Küche wird viel Lammfleisch verwendet. In Küstennähe sind Fisch und Meeresfrüchte beliebt. Die *Peperoncino*, eine kleine, sehr scharfe, getrocknete Chilischote, stammt aus den Abruzzen.

Basilicata

Stellt man sich die italienische Halbinsel als hochhackigen Stiefel vor, so liegt die Basilicata auf seinem Spann. Die Landschaft ist rau und

Regionale Küchen

unwirtlich und große Teile der Region liegen mehr als 2000 m über dem Meeresspiegel. Daher verwundert es nicht, dass die Küche hier sehr herzhaft und reichhaltig ist und bevorzugt kräftige Suppen serviert werden. Räucher-, Schweine- und Lammfleisch sind beliebte Zutaten und in den Gebirgsregionen gibt es reichlich Süßwasserfische.

Kalabrien

Ganz im Süden, sozusagen auf der Stiefelspitze Italiens, liegt Kalabrien. Geografisch gesehen eine Region der Gegensätze, verfügt Kalabrien sowohl über traumhafte Strände als auch über hoch aufragende Berge. Ausgezeichnete Fische und Meeresfrüchte prägen die lokale Küche, die berühmt ist für ihre Schwertfisch- und Thunfischgerichte. Aber auch Obst und Gemüse sind hier reichlich vorhanden, besonders Orangen, Zitronen, Auberginen und Oliven. Die Desserts der Kalabreser werden genau wie bei den südlichen Nachbarn aus Feigen, Honig und Mandeln aus regionalem Anbau zubereitet.

Kampanien

Das an der Westküste gelegene Neapel ist die Heimat der Pizza, die heute in der ganzen Welt bekannt ist. Doch auch die delikaten sonnengetrockneten Tomaten stammen aus dieser Region. Neben reichlich frischem Fisch und frischen Meeresfrüchten isst man rund um Neapel kräftige, gut gewürzte Eintopfgerichte mit viel Knoblauch. Traditionell zubereitete Konditoreiwaren und Fruchtdesserts sind ebenfalls charakteristisch für die neapolitanische Küche.

Emilia-Romagna

Die wunderschöne mittelalterliche Stadt Bologna, die liebevoll *La Grassa* (die Fette) genannt wird, beheimatet die besten Restaurants des Landes. Parmesan und Parmaschinken, Balsamessig aus der Gegend um Modena, *Cotechino,* Mortadella und andere geräucherte Fleisch-

spezialitäten sowie natürlich die *Spaghetti alla Bolognese* sind die berühmten Spezialitäten dieses Gourmet-Paradieses. In den feinen Gerichten der Region sind Butter, Sahne und andere Milchprodukte beliebte Zutaten. Außerdem besticht die Küche durch eine reiche Auswahl an Pastagerichten.

Latium

Hauptstadt der Region ist die kosmopolitische Metropole Rom, in der einige der besten Restaurants und vor allem die berühmtesten Eiscafés Europas zu finden sind. Das frische Obst und Gemüse dieser Gegend ist besonders gut. Typisch für das Latium sind Lamm- und Kalbsgerichte, wie etwa das berühmte Kalbsschnitzel *Saltimbocca* (wörtlich: Spring in den Mund!). Hier hat man die Kunst perfektioniert, hochwertige Zutaten auf einfache und sehr delikate Weise zu verarbeiten und die einzelnen Aromen der Zutaten zu erhalten. Bei der Spezialität

Supplì al Telèfono (Telefonleitungen) handelt es sich um frittierte Reisbällchen mit Mozzarella-Füllung. Der Name rührt daher, dass die heiße Mozzarella-Füllung beim Verzehr Fäden zieht.

Ligurien

Diese nördliche Region mit einem langen Küstenstreifen ist bekannt für hervorragenden Fisch und frische Meeresfrüchte. Den Liguriern, den Erfindern der Pesto-Sauce, wird auch nachgesagt, dass sie das beste Basilikum des Landes anbauen. Die alte Hafenstadt Genua gilt als eine der ersten Städte in Europa, die Gewürze aus Asien importierte, und noch heute wird hier pikant gewürzt.

Lombardei

Als sehr wichtiges Reisanbaugebiet im Nordwesten Italiens ist diese Region die Heimat des Risottos, und wahrscheinlich existieren für dieses Gericht genauso viele Variationen, wie es Köche gibt. Die lombardische Küche ist ohne Milchprodukte kaum denkbar. Die Herstellung von Butter

Regionale Küche

und Mascarpone stammt ursprünglich aus dieser Region. Darüber hinaus sind Suppen, Eintopfgerichte und Braten charakteristische Gerichte der Lombardei. Zu den Spezialitäten zählt *Bresaola*, trocken gepökeltes Rindfleisch, das oft um weichen Ziegenkäse gerollt und als Antipasto serviert wird.

Marken

Ihren langen Küsten und hohen Bergen verdankt diese Region ihren Reichtum an Meeresfrüchten und Wild. Pasta, Schweinefleisch und Oliven gehören ebenso zur Küche der *Marchigianí*, wie die Zubereitungsmethoden, die hier sogar noch eifallsreicher als in der benachbarten Region Umbrien sind.

Piemont

An den Grenzen zu Frankreich und der Schweiz gelegen, steht die piemontesische Küche stark unter dem kulinarischen Einfluss ihrer Nachbarn. Das sehr fruchtbare Land ist für Reis, Polenta und Gnocchi bekannt. Von hier sollen die besten Zwiebeln Italiens stammen und auch der berühmte Gorgonzola, einer der besten Käse der Welt. Leider musste der kleine Ort, aus dem er stammt, den sich fortwährend ausbreitenden Vororten Mailands weichen. Vom piemontesischen Knoblauch wird gesagt, er sei der beste Italiens, und von den weißen Trüffeln, dass sie der Traum eines jeden Gourmets seien.

Apulien

Die an der Ferse des italienischen Stiefels gelegene Region produziert hervorragende Oliven, Kräuter, Gemüse und Früchte, ganz besonders Melonen und Feigen. In Apulien findet man Fisch und Meeresfrüchte in reicher Auswahl. Zu den kulinarischen Spezialitäten zählen die Austern- und Muschelgerichte und die Calzone, die hier erfunden wurde.

Sardinien

Die Insel im Mittelmeer ist für ihre verführerischen Desserts und ihre ausgefallenen Konditoreiwaren berühmt, von denen viele mit Honig, Nüssen und Früchten zubereitet werden. Thunfisch, Aal, Meeräsche, Zackenbarsch, Hummer und Muscheln sowie andere Fische und Meeresfrüchte nehmen eine zentrale Rolle in der sardinischen Küche ein. Ein Nationalgericht, das auf keinem Fest fehlen darf, ist das Spanferkel. Der *Pecorino Sardo*, eine weitere Spezialität, ist ein auf Sardinien hergestellter Schafskäse.

Sizilien

Wie ihre südlichen Nachbarn haben auch die Sizilianer eine Vorliebe für Süßes. Viele der verführerischen Kuchen, Desserts und Eissorten werden mit den inseleigenen Mandeln, Pistazien und Zitrusfrüchten zubereitet. Pastagerichte sind unverzichtbarer Bestandteil der sizilianischen Speisekarte, ebenso wie Thunfisch, Schwertfisch und Muscheln.

Trentino-Südtirol

Die Küche der gebirgigen, nördlichen Region wurde stark vom Nachbarland Österreich beeinflusst. Geräucherte Würste und Knödel gehören hier ebenso zu den traditionellen Gerichten wie gefüllte Pasta.

Toskana

In den fruchtbaren Ebenen wird Viehzucht betrieben und ausgezeichnetes Obst und Gemüse angebaut. Rind- und Kalbfleisch befindet sich ebenso auf der toskanischen Speisekarte wie eine große Auswahl an Wild. Zu den Spezialitäten zählen *Tripe* (Kutteln) und *Panforte di Siena*, ein traditioneller Weihnachtskuchen aus Honig und Nüssen, der aus der Stadt Siena stammt. Die Getreidesorte *Farro* wird fast ausschließlich in der Toskana angebaut und meist zur Zubereitung einer herzhaften Suppe verwendet.

Umbrien

Schweine- und Lammfleisch, Wild und Süßwasserfische werden hier einfach, aber sehr delikat zubereitet und sind charakteristisch für die ausgezeichnete umbrische Küche, die zudem die aromatischen schwarzen Trüffeln und das sehr hochwertige Olivenöl verarbeitet. Eine weitere Spezialität Umbriens ist *Imbrecciata*, eine herzhafte Suppe aus Linsen, Kichererbsen und grünen Bohnen.

Veneto und Friaul

In dieser nordöstlichen Region wird sehr viel Getreide angebaut und alleine etwa 20 % des italienischen Landweins produziert. Polenta und Risotto sowie eine große Auswahl an Fisch und Meeresfrüchten lassen sich aus dieser Küche nicht wegdenken. Eines der traditionellen Gerichte der Region ist *Risi e Bisi* (Reis mit Erbsen). Früher wurde es jedes Jahr auf dem großen Bankett des Dogen serviert, das dieser zu Ehren des Schutzheiligen der Stadt Venedig ausrichtete.

Zutaten

Ungeachtet der regionalen Unterschiede, haben alle italienischen Küchen eines gemeinsam: die Verwendung frischester und bester Zutaten der Saison. Die sorgfältige Auswahl von Fisch, Fleisch, Gemüse und Obst ist genauso wichtig wie die Zubereitung selbst.

Käse

Bel Paese

Sein Name bedeutet „schönes Land". Der *Bel Paese* ist ein sehr cremiger, milder Käse mit einer gelben Wachsrinde, der auch zum Kochen verwendet wird.

Dolcelatte

Dies ist ein sehr cremiger, feiner Käse, der dem Gorgonzola sehr ähnelt. Dolcelatte lässt sich mit „süße Milch" übersetzen.

Fontina

Ein milder, nussiger Käse mit einer cremigen Konsistenz, der aus der unpasteurisierten Milch von Kühen hergestellt wird, die auf den Bergweiden im Val d'Aosta grasen. Junger Fontina schmeckt köstlich als Dessertkäse, während sich der reife Fontina hervorragend zum Kochen eignet.

Gorgonzola

Streng genommen müsste dieser Käse *Stracchino Gorgonzola* heißen. Der cremige Käse mit der blaugrünen Äderung und dem milden bis kräftigen Geschmack wird als Dessertkäse gereicht oder für Pasta-Saucen und Polenta-Gerichte verwendet.

Mascarpone

Dies ist ein Frischkäse aus der Lombardei, der sich gut für die Zubereitung von Käsekuchen und anderen Süßspeisen eignet. Darüber hinaus verleiht er Risottos und Pasta-Saucen Fülle.

Mozzarella

Keine italienische Küche kommt ohne diesen feuchten, weißen, eiförmigen Käse aus. Traditionell aus Büffelmilch hergestellt, eignet er sich perfekt zum Überbacken und Frittieren sowie für die Zubereitung von Salaten mit frischen Tomaten und Basilikum. Er wird heute in ganz Italien und meist aus Kuhmilch hergestellt, doch die besten Mozzarellas stammen aus der Region um Neapel.

Parmesan

Parmesan ist wohl der bekannteste italienische Käse und wird sehr häufig zum Kochen verwendet. *Parmigiano Reggiano* darf unter strengster Kontrolle nur in einer bestimmten Region produziert werden. Er reift mindestens zwei Jahre lang, aber der Reifeprozess kann auch über sieben Jahre dauern. Dieser harte Kuhmilchkäse hat eine körnige Konsistenz und einen leicht nussigen Geschmack. Man kauft ihn

am besten am Stück, um ihn je nach Bedarf zu reiben.

Pecorino

Pecorino, ein Hartkäse aus Schafsmilch, wird häufig zum Kochen verwendet. Mit seinem scharfen Geschmack und seiner körnigen Konsistenz ähnelt er dem Parmesan. Der sizilianische *Pecorino pepato* wird mit schwarzen Pfefferkörnern bestreut.

Provolone

Junger Provolone, ein idealer Tafelkäse, eignet sich auch hervorragend zum Kochen. Das kräftigste Aroma hat der aus Ziegenmilch hergestellte Provolone. In Süditalien verwendet man häufig Büffelmilch. Zylinderförmig oder oval, Provolone hängt in den verschiedensten Größen von der Decke vieler italienischer Feinkostgeschäfte.

Ricotta

Ricotta heißt wörtlich übersetzt „aufgekocht". Dieser weiße Hüttenkäse, ursprünglich ein Ziegen- oder Schafsmilchkäse, wird inzwischen meist aus Kuhmilch hergestellt. Mit Ricotta bereitet man süße und herzhafte Speisen zu. Er ist unverzichtbare Zutat vieler Spinatgerichte.

Räucherfleisch & Würste

Bresaola

Dieses luftgetrocknete Pökelfleisch wird in der Regel dünn aufgeschnitten und als Antipasto serviert. Bresaola ähnelt geschmacklich Prosciutto, ist aber nicht so salzig.

Mortadella

Mortadella gilt als eine der besten italienischen Wurstsorten und ist mit einem Durchmesser von 20 cm oder noch mehr auch die dickste. Sie hat eine feine Textur und ein sehr mildes Aroma. Gewöhnlich wird sie mit Brot oder als Antipasto gereicht oder in

Zutaten

Risottos und Pasta-Saucen (kurz vor Ende des Kochvorgangs) gegeben.

Pancetta

Pancetta wird aus Schweinebauch hergestellt und zu einer Wurst zusammengerollt. Die fettreiche Wurst wird für eine Vielzahl von Gerichten, vor allem für *Spaghetti alla Carbonara*, verwendet. Es gibt geräucherte und ungeräucherte Pancetta.

Schinken

Prosciutto wird zum Zwecke der Haltbarmachung eingesalzen und luftgetrocknet. Die Trocknungszeit kann bis zu zwei Jahre dauern. Der als Parmaschinken bekannte *Prosciutto di Parma* wird unter strengen Kontrollvorschriften in einer bestimmten Region zwischen Taro und Baganza aus Schweinekeulen hergestellt. Die Schweine fressen nichts anderes als die Molke aus der Parmesanherstellung. *Prosciutto San Daniele* ist ein magerer Schinken aus dem Friaul mit einem unverwechsel baren Geschmack.

Prosciutto cotto ist gekochter Schinken, der oft mit Kräutern gewürzt wird. Schinken wird traditionell mit Melone oder Feigen als Antipasto serviert und reichert Kalbsgerichte, Risottos und Pasta-Saucen an.

Salami

Von Salami, grundsätzlich aus Schweinefleisch hergestellt, gibt es unendlich viele Sorten. Sie unterscheiden sich in der Konsistenz, dem Verhältnis zwischen fettem und magerem Fleisch, den beigefügten Gewürzen und Kräutern und der jeweiligen Trocknungszeit. Einige der bekanntesten Sorten sind *Salame Milano, Salame Sardo*, eine scharf gewürzte sardinische Salami, *Salame Napoletano*, die mit schwarzem und rotem Pfeffer gewürzt ist, *Salame Fiorentina*, eine grobe toskanische Salami mit Fenchelsamen und Pfeffer, sowie *Salame di Felino* aus der Emilia-Romagna, eine sehr magere Salami, die mit Knoblauch und Weißwein gewürzt ist.

Würste

Die meisten italienischen Würste bestehen aus Schweinefleisch, aber auch aus Damwild und Wildschwein wird Wurst hergestellt. Wohl jede Region des Landes besitzt Hunderte von Wurstspezialitäten.

Cotechino ist eine große, leicht gewürzte Wurst mit einem Gewicht von etwa 1 kg. Sie wird in der Regel gekocht und heiß gemeinsam mit Linsen oder Bohnen serviert. Die zur Spirale gerollte *Luganega* ist eine mild gewürzte Wurst, die am Meter verkauft wird. *Zampone* ist ein mit Schweinehack gefüllter Schweinefuß. Traditionell wird er gekocht, in Ringe geschnitten und zu Linsen serviert. *Zampone* zählt zu den klassischen Zutaten für *Bollito misto*.

Pilze

Die Suche nach Wildpilzen ist ein italienischer Nationalsport. Jede Apotheke im Land hilft den Sammlern bei der Identifizierung essbarer und giftiger Arten.

Kaiserlinge

Kaiserlinge sind große Pilze mit orangegelben Köpfen, die sich bei den römischen Kaisern großer Beliebtheit erfreuten. Sie sind außerhalb Italiens schwer erhältlich.

Pfifferlinge

Diese krausen, orangegelben und sehr aromatischen Pilze werden heute kultiviert und sind in jedem italienischen Feinkostgeschäft sowie in jedem gut sortierten deutschen Supermarkt erhältlich.

Steinpilze

Steinpilze besitzen einen hinreißenden Geschmack. Sie werden sehr groß und bis zu 500 g schwer. Junge Pilze können roh verzehrt werden, während die größeren Exemplare gegrillt sehr gut schmecken. Getrocknete *Steinpilze* sind in allen gut sortierten Supermärkten erhältlich. Man benötigt zum Würzen nur kleine Mengen.

Pasta

Einfache und gefüllte Pasta

Es gibt Hunderte verschiedener Pasta-Sorten und dauernd werden neue kreiert. *Pasta secca* werden aus Hartweizengrieß und Wasser hergestellt, während *Pasta all'uova* aus Weizenmehl und Eiern bestehen. Zutaten wie Spinat, Tomaten und Tintenfischtinte verleihen den Nudeln Geschmack und Farbe.

Es lohnt sich, frische Pasta in einem guten italienischen Feinkostgeschäft zu kaufen. Gefüllte Sorten sind auch frisch im Supermarkt erhältlich. Die Bezeichnungen für die verschiedenen Pasta-Formen und -Sorten variieren von Region zu Region. Darunter gibt es so wunderbar ansprechende Namen wie *Capelli d'angelo* (Engelshaar), *Dischi volante* (fliegende Untertassen), *Linguine di passeri* (Spatzenzungen) und *Strozzapreti* (Priesterwürger).

Es gibt keine starren Regeln dafür, welche Pasta-Sorte zu welcher Sauce serviert wird. Als Faustregel aber sollten lange, dünne Nudeln wie Fettuccine, Tagliatelle, Spaghetti und Taglioni zu Saucen auf Olivenölbasis und zu Meeresfrüchtesaucen serviert werden. Kurze, dicke Pasta wie Lumache, Conchiglie und Penne, oder spiralförmige wie Farfalle und Fusilli eignen sich am besten für Fleischsaucen, da sie diese besser aufnehmen. Tomatensaucen passen praktisch zu jeder Pasta-Sorte. Winzige Pasta wie *Stellete, Pepe bucato* und *Risi* werden für Suppen verwendet.

Pasta können mit Käse, Fleisch, Fisch, Hühnchen, sonnengetrockneten Tomaten und zahlreichen weiteren Zutaten gefüllt werden. Traditionell sind Ravioli viereckig, Tortelli rund und Tortellini ähneln dem Nabel der Venus. Für

Zutaten

überbackene Gerichte wie *Lasagne al forno* verwendet man flache Formen.

Gnocchi

Gnocchi sehen wie kleine Knödel aus und werden, ähnlich wie Pasta, als erster Gang entweder in einer Suppe oder mit Sauce serviert. Je nach Region oder kulinarischer Neigung werden Gnocchi aus gemahlenem Hartweizengrieß, Kartoffeln oder Mehl hergestellt. Italienische Köche verfeinern den Teig auch mit gehacktem Spinat und Ricotta. Besonders köstlich schmecken Gnocchi, wenn sie mit zerlassener Butter und frisch geriebenem Parmesan serviert werden. Sie sind in italienischen Feinkostgeschäften erhältlich und lassen sich auch leicht selber zubereiten.

Nudelteig-Grundrezept

Frischen Nudelteig herzustellen, ist etwas zeitaufwändig, aber durchaus lohnend. Sie brauchen reichlich Platz zum Ausrollen und eine Möglichkeit, die Nudeln zum Trocknen aufzuhängen.

4 Personen

ZUTATEN

- 125 g Weizenmehl und etwas Mehl zum Bestäuben
- 125 g feines Hartweizenmehl
- 1 TL Salz
- 1 EL Olivenöl
- 2 Eier
- 2–3 EL heißes Wasser

1 Beide Mehlsorten und Salz in eine Schüssel sieben und eine kleine Vertiefung in die Mitte drücken. Die Hälfte des Olivenöls und die Eier in die Vertiefung geben, 1 Esslöffel heißes Wasser zufügen und mit den Fingern zu einem glatten Teig verkneten. Falls nötig, den Teig mit ein wenig Wasser besprenkeln.

2 Die Arbeitsfläche leicht mit Mehl bestäuben und den Teig darauf etwa 10–15 Minuten kräftig kneten, bis er geschmeidig ist und glänzt. Wenn Teig an den Fingern kleben bleibt, mit etwas Mehl bestäuben.

3 Alternativ kann man den Teig auch in der Küchenmaschine zubereiten. Dazu gibt man die Eier mit 1 Esslöffel heißem Wasser und dem Öl in die Küchenmaschine, verrührt sie kurz, fügt dann beide Mehlsorten und Salz hinzu und lässt alles zu einem glatten Teig kneten. Falls nötig, den Teig mit ein wenig Wasser besprenkeln und dann 2–3 Minuten kräftig mit dem Knethaken durchkneten.

4 Den Teig halbieren. Ein sauberes Küchentuch auf der Arbeitsfläche ausbreiten und gut mit Mehl bestäuben. Eine Teighälfte auf das Tuch legen und mit dem Nudelholz gleichmäßig ausrollen, bis der Teig so dünn ist, dass die Leinenstruktur des Tuchs durchscheint. Den Teig mit einem weiteren Küchentuch abdecken und nun die zweite Teighälfte ausrollen.

5 Den Teig mit einem scharfen Messer und mit Hilfe eines Lineals in lange, dünne Streifen schneiden oder mit Ausstechförmchen kleine Nudeln (z.B. rund oder sternförmig) ausstechen.

6 Den geschnittenen Teig mit einem sauberen Küchentuch abdecken und an einem kühlen Ort (nicht im Kühlschrank) etwa 30–45 Minuten leicht trocknen lassen. Auf einem sauberen Küchentuch und über eine Stuhllehne oder eine Stange gehängt, lassen sich lange Nudeln trocknen.

Olivenöl

Das wahrscheinlich beste Olivenöl der Welt kommt aus Italien, wo jede Region ihr eigenes Öl produziert. Das Öl wird aus zwischen Mahlsteinen zerriebenen Oliven gepresst. Aus der ersten Pressung, die ohne zusätzliche Verarbeitung erfolgt, wird das Olio d'oliva extra vergine gewonnen. Dieses Olivenöl unterliegt strengen Bestimmungen, sein Säuregehalt darf 1 % nicht übersteigen. Es ist das beste Öl für Salat-Dressings.

Die nächste Qualitätsstufe, das Olio d'oliva vergine, eignet sich ebenfalls für die Zubereitung von Dressings und zum Kochen. Trotz des leicht höheren Säuregehalts besitzt das Olivenöl immer noch einen guten Geschmack.

Andere Olivenöle, die raffiniert und manchmal auch hitzebehandelt werden, eignen sich zum Kochen, aber nicht mehr für die Zubereitung von Dressings.

Reis & Getreide

Polenta

Polenta, aus Mais oder Buchweizen hergestellt, gehört in Italien zu den Grundnahrungsmitteln und ist in einer erstaunlichen Vielfalt von Mahlstärken erhältlich. In Deutschland bekommt man vorwiegend den körnigen Maisgrieß sowie feines Maismehl. Man kocht Polenta zu einer Art Brei und lässt sie dann abkühlen und fest werden, bevor man sie grillt, brät oder backt. Polenta ist sehr vielseitig und eignet sich für herzhafte wie für süße Speisen. Traditionell wird Polenta in einem großen Kupferkessel gekocht und muss mindestens 1 Stunde lang gerührt werden. Inzwischen ist auch Instant-Polenta im Handel erhältlich.

Reis

Italien, größter Reisproduzent Europas, baut viele unterschiedliche Reissorten an. *Superfino*, ein Rundkornreis, der für die Zubereitung von Risottos verwendet wird, nimmt beim Kochen große Mengen Wasser auf, ohne seine Form zu verlieren. So verleiht er dem Risotto seine cremige Konsistenz. *Carnarolli, Arborio* und *Vialone Nano* sind sehr feine Reissorten. Der halbfeine *Semifino* wird für Suppen und Salate verwendet. In Italien serviert man Speisen nie auf einem Reisbett, oft aber wird gekochter Reis mit Butter und Käse verfeinert und als Beilage oder als kleine Mahlzeit gereicht.

Gemüse & Hülsenfrüchte

Artischocken

Das blütenförmige Gemüse wird in ganz Italien angebaut. Auf Sizilien wachsen sogar wilde Artischocken. Die Kultivierung der Pflanze wird Neapel zugesprochen. Zweifach frittierte Artischocken sind eine römische Spezialität. Junge Artischocken kann man roh oder mit frischen Kräutern in Olivenöl geschmort essen. Größere Artischocken werden gekocht und entweder mit einer Vinaigrette oder gefüllt serviert.

Zutaten

Auberginen

Früher stand man Auberginen skeptisch gegenüber, doch heute gehören sie zu den wichtigsten Grundzutaten der italienischen Küche, besonders in den südlichen Regionen des Landes. Sie werden auf verschiedenste Arten zubereitet und verleihen den Gerichten ein kräftiges Aroma und eine tiefe Farbe.

Bohnen

Grüne Bohnen, *Cannellini, Borlotti*, Augenbohnen (in Italien *Fagioli coll'occhio* genannt), dicke Bohnen, Kichererbsen und andere Hülsenfrüchte sind in ganz Italien beliebt, doch es sind die Toskaner, die sich einen Namen als Bohnenesser erworben haben.
Bohnen sind eine beliebte Grundzutat vieler Eintöpfe und Suppen. Mit etwas Olivenöl zubereitet, werden sie auch als einfache Beilage serviert.

Zucchini

Die besonders in Norditalien viel verwendeten Zucchini lassen sich hervorragend mit anderen typischen Zutaten der mediterranen Küche wie Tomaten und Auberginen kombinieren. Sie können kalt als Antipasto, warm mit einer Füllung oder frittiert serviert werden. Häufig kann man Zucchini noch mit Blüte kaufen.

Fenchel

Die auch als Gemüsefenchel bekannte, nach Anis schmeckende Knolle ist eine der wichtigsten Zutaten der italienischen Küche. Sie wird roh mit einer Vinaigrette oder mit Käse zum Ende eines Essens serviert. Fenchel kann auf unterschiedlichste Weisen gekocht, gebraten, geschmort oder gebacken werden.

Zwiebeln

Die milden bis süßlichen roten Zwiebeln sind auch roh sehr schmackhaft und verleihen vielen Gerichten eine schöne Farbe. Weiße Zwiebeln sind sehr intensiv im Geschmack, gelbe eher mild. Junge weiße Zwiebeln, die so genannten Perlzwiebeln, werden in einer süß-sauren Sauce *(agrodolce)* eingekocht und als Antipasto gereicht.

Paprika

In Italien reifen Paprika fast ausschließlich in der Sonne. Sie haben dann zwar eine nicht so einheitliche Form wie Paprika aus dem Gewächshaus, besitzen dafür aber einen unübertroffenen Geschmack. Als Antipasto werden rohe oder geröstete Paprika serviert. Als warme Hauptspeise isst man sie geröstet oder gefüllt. Traditionell kombiniert man Paprika mit Sardellen, Auberginen, Kapern, Oliven oder Tomaten.

Radicchio

Der rote, leicht bittere Salat aus der Chicorée-Familie wird in Italien fast immer gekocht und nicht in Salaten verwendet. Radicchio wird gegrillt oder gefüllt und dann gebacken oder als Pizzabelag verwendet.

Rucola (Rauke)

Diese bei uns erst in den letzten Jahren unter ihrem italienischen Namen wieder in Mode gekommene Salatpflanze hat in Italien, wo sie auch wild wächst, nie an Beliebtheit eingebüßt. Rucola wird zwar auch angebaut, doch die wilde Variante besitzt einen intensiveren Geschmack. Er wird häufig allein oder mit anderen Blattgemüsen als Salat verwendet und mit einer Vinaigrette aus Olivenöl und Balsamessig zubereitet. Manchmal wird Rucola auch wie Spinat gekocht, verliert dann aber leicht seinen Eigengeschmack.

Spinat und Mangold

Spinat und Mangold gehören botanisch zur Familie der Gänsefußgewächse. Beide sind Grundlage der italienischen Gerichte, die die Bezeichnung *Fiorentina* tragen. Aus den jungen Blättern lassen sich Salate zubereiten. Gemeinsam mit Ricotta wird Spinat als Füllung für Pfannkuchen verwendet oder zu Pasta gereicht. Die traditionelle Küche kombiniert ihn auch mit Eiern, Fisch, Hühnchen oder Kalbfleisch.

Kürbis

Besonders in Norditalien werden viele Kürbisgerichte zubereitet. Die Auswahl an Kürbissen reicht von kleinen Butternuss-Kürbissen bis hin zu den Riesen- oder Speisekürbissen. Sie werden sowohl für die Zubereitung von Suppen, Risottos und gefüllten Pasta als auch von süßen Speisen wie Kuchen verwendet. Eine besondere Spezialität sind in Teig ausgebackene Kürbisblüten.

Tomaten

Seit dem 16. Jahrhundert sind in Italien viele verschiedene Tomatensorten angebaut worden und heute kann man sich eine italienische Küche ohne sie überhaupt nicht vorstellen. Eiertomaten, eine festfleischige und weniger wässrige Sorte, eignen sich hervorragend zum Kochen. Die Italiener verarbeiten Eiertomaten mit Mozzarella und Basilikum zu dem berühmten - *Insalata Tricolore*. Aus Tomaten lässt sich eine große Vielfalt von Gerichten, denen sie Farbe und Geschmack verleihen, zubereiten.

In Italien reifen Tomaten immer in der Sonne und erhalten dadurch ihren unübertroffenen Geschmack.

Sonnengetrocknete Tomaten haben einen sehr intensiven Geschmack. In Deutschland sind nicht eingelegte oder in Olivenöl eingelegte Trockentomaten erhältlich. Da inzwischen aber auch maschinell getrocknete Tomaten im Handel sind, sollte man das Etikett genau lesen, falls man qualitativ hochwertige Ware wünscht. Sollen getrocknete Tomaten in warmen Speisen verwendet werden, muss man sie vorher in Wasser einweichen.

Passata, ein dicker Saft aus passierten Tomaten, hat einen kräftigen Geschmack. Normalerweise wird *Passata* für Suppen und Saucen verwendet, kann in langsam gegarten Gerichten aber auch frische Tomaten ersetzen. Tomatenmark oder Tomatenkonzentrat ist eine Paste, die entweder aus frischen oder getrockneten Tomaten hergestellt wird und leicht salzig ist.

Grundrezepte

Die folgenden Rezepte bilden die Grundlage vieler Gerichte dieses Kochbuchs. Einige Grundrezepte können im Voraus zubereitet und im Kühlschrank aufbewahrt werden.

Tomatensauce

- 2 EL Olivenöl
- 1 kleine Zwiebel, gehackt
- 1 Knoblauchzehe, gehackt
- 400 g gehackte Tomaten aus der Dose
- 2 EL gehackte Petersilie
- 1 TL getrockneter Oregano
- 2 Lorbeerblätter
- 2 EL Tomatenmark
- 1 TL Zucker
- Salz und Pfeffer

1 Das Öl in einem Topf bei mittlerer Stufe erhitzen und die Zwiebel 2–3 Minuten glasig dünsten. Den Knoblauch zugeben und 1 Minute anbraten.

2 Tomaten, Petersilie, Oregano, Lorbeerblätter, Tomatenmark und Zucker einrühren und dann mit Salz und Pfeffer abschmecken.

3 Die Sauce aufkochen und dann ohne Deckel 15–20 Minuten köcheln lassen, bis sie auf die Hälfte reduziert ist. Die Sauce abschmecken und die Lorbeerblätter unmittelbar vor dem Servieren entfernen.

Béchamel-Sauce

- 300 ml Milch
- 2 Lorbeerblätter
- 1 kleine Zwiebel
- 3 Knoblauchzehen
- 60 g Butter, und etwas Butter zum Einfetten
- 3 EL Mehl
- 300 ml Kaffeesahne
- 1 große Prise frisch geriebene Muskatnuss
- Salz und Pfeffer

1 Die Milch mit den Lorbeerblättern in einen kleinen Topf geben. Die Zwiebel mit den Knoblauchzehen spicken, zur Milch geben und aufkochen. Den Topf vom Herd nehmen und zum Abkühlen beiseite stellen.

2 Die Milch durch ein Sieb in einen Krug abgießen und den Topf auswaschen. Die Butter im Topf zerlassen und das Mehl einrühren. 1 Minute rühren, dann die Milch langsam unter ständigem Rühren zugießen. Die Sauce 3 Minuten kochen, dann die Sahne zugießen und aufkochen. Vom Herd nehmen und mit Muskat, Salz und Pfeffer abschmecken.

Lammsauce

- 2 EL Olivenöl
- 1 große Zwiebel, in Streifen geschnitten
- 2 Selleriestangen, in dünne Scheiben geschnitten
- 500 g mageres Lammhack
- 3 EL Tomatenmark
- 150 g sonnengetrocknete Tomaten aus dem Glas, abgetropft und gehackt
- 1 TL getrockneter Oregano
- 1 EL Rotweinessig
- 150 ml Hühnerbrühe
- Salz und Pfeffer

1 Das Öl bei mittlerer Hitze in einer Pfanne erhitzen und Zwiebel und Sellerie etwa 3 Minuten andünsten, bis die Zwiebelstreifen glasig sind. Das Hackfleisch zugeben und unter regelmäßigem Rühren anbräunen.

2 Tomatenmark, getrocknete Tomaten, Oregano, Essig und Brühe zugeben. Mit Salz und Pfeffer abschmecken.

3 Aufkochen und ohne Deckel 20 Minuten kochen. Bei Bedarf nachwürzen.

Käsesauce

25 g Butter
1 EL Mehl
250 ml Milch
2 EL Kaffeesahne
1 Prise frisch geriebene Muskatnuss
Salz und Pfeffer
50 g reifer Emmentaler, gerieben
1 EL frisch geriebener Parmesan

1 Die Butter in einem Topf zerlassen, das Mehl einrühren und 1 Minute anschwitzen. Die Milch langsam unter ständigem Rühren zugießen. Die Sahne einrühren und die Sauce nach Geschmack mit Muskat, Salz und Pfeffer abschmecken.

2 Die Sauce 5 Minuten köchelnd reduzieren, dann vom Herd nehmen und den Käse einrühren. Rühren, bis der Käse vollständig geschmolzen ist.

Espagnole-Sauce

2 EL Butter
1 EL Mehl
1 TL Tomatenmark
250 ml heiße Kalbsbrühe
1 EL Madeira
1 1/2 TL Weißweinessig
2 EL Olivenöl
2 EL Speck, gewürfelt
2 EL Karotte, gewürfelt
2 EL Zwiebel, gewürfelt
2 EL Staudensellerie, gewürfelt
2 EL Lauch, gewürfelt
2 EL Fenchel, gewürfelt
1 frischer Thymianzweig
1 Lorbeerblatt

1 Die Butter in einem Topf zerlassen, das Mehl einrühren und unter Rühren leicht anbräunen. Das Tomatenmark zugeben, dann Brühe, Madeira und Essig einrühren und 2 Minuten kochen.

2 Das Öl in einem zweiten Topf erhitzen, Speck, Karotte, Zwiebel, Sellerie, Porree, Fenchel, Thymian und Lorbeerblatt hineingeben und dünsten, bis das Gemüse zusammenfällt. Das Gemüse mit einem Schaumlöffel aus dem Topf heben und gründlich abtropfen lassen. Zur Sauce geben und unter gelegentlichem Rühren 4 Stunden köcheln. Die Sauce vor der Verwendung durch ein Sieb gießen.

Italienische Rotweinsauce

150 ml Heller Kalbsfond (s. S. 30)
150 ml Espagnole-Sauce (s. links)
125 ml Rotwein
2 EL Rotweinessig
4 EL Schalotten, gehackt
1 Lorbeerblatt
1 frischer Thymianzweig
Pfeffer

1 Zunächst muss eine dunkle Kraftsauce zubereitet werden. Dafür Hellen Kalbsfond und Espagnole-Sauce unter gelegentlichem Rühren 10 Minuten in einem Topf erhitzen.

2 In der Zwischenzeit Rotwein, Rotweinessig, Schalotten, Lorbeerblatt und Thymian in einem Topf aufkochen und um zwei Drittel reduzieren.

3 Die Kraftsauce durch ein Sieb gießen, in den Topf mit der Rotweinsauce geben und unter gelegentlichem Rühren 20 Minuten köcheln. Die Sauce mit Pfeffer abschmecken und vor der Verwendung durch ein Sieb seihen.

Grundrezepte

Italienische Käsesauce

- 2 EL Butter
- 2 EL Mehl
- 300 ml heiße Milch
- 1 Prise geriebene Muskatnuss
- 1 Prise getrockneter Thymian
- 2 EL Weißweinessig
- Salz und Pfeffer
- 3 EL Crème fraîche
- 60 g geriebener Mozzarella aus der Tüte
- 60 g frisch geriebener Parmesan
- 1 TL scharfer Senf
- 2 EL saure Sahne

1 Die Butter in einem Topf zerlassen und das Mehl einrühren. Unter Rühren bei schwacher Hitze andünsten, bis die Mehlschwitze leicht Farbe annimmt und krümelig wird. Die heiße Milch zugießen und unter Rühren 15 Minuten kochen, bis die Sauce andickt und glatt ist.

2 Muskat, Thymian und Essig hineingeben und mit Salz und Pfeffer abschmecken. Crème fraîche zugeben und gut verrühren.

3 Käse, Senf und saure Sahne einrühren und gründlich verrühren, bis der Käse vollständig geschmolzen ist.

Fischfond

- 900 g Fischstücke wie Köpfe, Schwänze und Gräten
- 150 ml Weißwein
- 1 Zwiebel, gehackt
- 1 Karotte, in Scheiben geschnitten
- 1 Selleriestange, in Scheiben geschnitten
- 4 schwarze Pfefferkörner
- 1 Bouquet garni
- $1^3/4$ l Wasser

1 Fischstücke, Wein, Zwiebel, Karotte, Sellerie, Pfeffer, Bouquet garni und Wasser in einem großen Topf erhitzen und unter gelegentlichem Rühren 30 Minuten köcheln. Vor der Verwendung durch ein Sieb seihen und das Fett mit Küchenpapier von der Oberfläche aufsaugen.

Knoblauchmayonnaise

- 8 EL Mayonnaise
- 2 Knoblauchzehen, zerdrückt
- gehackte Petersilie
- Salz und Pfeffer

1 Die Mayonnaise in eine Schüssel geben. Knoblauch, Petersilie und Salz und Pfeffer nach Geschmack zugeben und gründlich verrühren.

Heller Kalbsfond

- 900 g Kalbsknochen und Kalbshaxe
- 1 Porreestange, in Scheiben geschnitten
- 1 Zwiebel, gehackt
- 1 Selleriestange, in Scheiben geschnitten
- 1 Karotte, in Scheiben geschnitten
- 1 Bouquet garni
- 150 ml Weißweinessig
- 1 frischer Thymianzweig
- $1^3/4$ l kaltes Wasser

1 Knochen und Haxe im Backofen 40 Minuten im eigenen Saft schmoren.

2 Die Knochen in einen großen Topf geben und Porree, Zwiebel, Sellerie, Karotte, Bouquet garni, Essig und Thymian zugeben und mit kaltem Wasser bedecken. Bei sehr schwacher Hitze 3 Stunden köcheln. Durch ein Sieb seihen und das Fett mit Küchenpapier von der Oberfläche aufsaugen.

Aufbau dieses Buchs

Jedes Rezept enthält zahlreiche nützliche Informationen, wie z. B. Nährwertangaben, Vorbereitungs- und Zubereitungszeiten und Schwierigkeitsgrad. Im Folgenden werden diese Informationen genau erklärt.

Dies ist die tatsächlich benötigte Kochzeit.

Die Nährwertangaben gelten für eine Portion des Gerichts. Optionale Zutaten, Variationen oder Serviervorschläge sind hierbei nicht berücksichtigt.

Die Anzahl der Kochmützen weist auf den Schwierigkeitsgrad von einfach (1 Mütze) bis sehr schwierig (5 Mützen) hin.

Dies ist die Zeit, die für die Vorbereitung der Zutaten benötigt wird, inklusive der Abkühl-, Kühl- und Einweichzeiten.

Die Zutaten für das Rezept werden in der Reihenfolge ihrer Verwendung aufgelistet.

Suppen 41

Artischockensuppe

Diese Suppe eignet sich gut für ein Essen im Freien *(al fresco)*. Berücksichtigen Sie, dass sie 3 bis 4 Stunden gekühlt werden muss.

NÄHRWERTANGABEN

Kilokalorien	159	Zucker	2 g
Eiweiß	2 g	Fett	15 g
Kohlenhydrate	5 g	davon gesättigt	6 g

5 Min. 15 Min.

4 Personen

ZUTATEN

- 1 EL Olivenöl
- 1 Zwiebel, gehackt
- 1 Knoblauchzehe, zerdrückt
- 800 g eingelegte Artischockenherzen, abgetropft
- 600 ml Gemüsebrühe, erhitzt
- 150 ml Kaffeesahne (10 % Fettgehalt)
- 2 EL frisch gezupfter Thymian
- 2 sonnengetrocknete Tomaten, in Streifen geschnitten, zum Garnieren
- knuspriges Brot, zum Servieren

1 Das Öl in einem großen Topf erhitzen. Die Zwiebel und den Knoblauch darin weich dünsten.

2 Die Artischockenherzen mit einem Messer grob zerkleinern und in den Topf geben. Dann die Brühe zugießen und gut umrühren.

3 Die Brühe aufkochen, dann die Hitze reduzieren und alles abgedeckt etwa 3 Minuten köcheln.

4 Die so vorbereitete Suppe glatt pürieren oder durch ein Sieb passieren, um Klümpchen zu entfernen.

5 Die Suppe in den Topf zurückgießen. Sahne und Thymian zufügen und vorsichtig unterrühren.

6 Die fertige Suppe in eine große Schüssel geben, abdecken und für 3–4 Stunden in den Kühlschrank stellen.

7 Die gekühlte Suppe auf Suppenschalen verteilen, mit den getrockneten Tomaten garnieren und mit Brot servieren.

VARIATION

Bei Schritt 5 kann man der Suppe je nach Geschmack 2 Teelöffel trockenen Wermut, z. B. Martini, zugeben.

Die Vorgehensweise wird mit Fotos von einzelnen Arbeitsschritten verdeutlicht.

Das große Farbfoto zeigt das fertige Gericht.

Variationen und hilfreiche Tipps liefern Informationen zu Zutaten und Kochtechniken.

Die Zubereitung wird mit einfach nachzuvollziehenden Schritt-für-Schritt-Anleitungen erklärt.

Suppen

Suppen sind ein wichtiger Bestandteil der italienischen Küche, und sie zeichnen sich durch eine Vielfalt aus, die von leichten Gemüsebrühen bis hin zu herzhaften Eintöpfen reicht. Italienische Suppen haben meistens Biss, d.h., sie werden selten püriert, sodass die Zutaten noch zu erkennen sind. Regionale Unterschiede spiegeln sich auch in den verwendeten Zutaten wider: Während in

Norditalien Suppen häufig auf Reis basieren, werden in der Toskana kräftige, aus Bohnen oder mit Brot zubereitete Suppen bevorzugt. Tomaten-, Knoblauch- und Nudelsuppen sind typisch für Süditalien. Die italienische Küche bietet eine unendliche Vielfalt an Fischsuppen. Unabhängig von ihrer Herkunft haben alle italienischen Suppen eines gemein: einen hohen Anteil an frischem Gemüse und würzigen Kräutern.

Toskanische Zwiebelsuppe

Am besten schmeckt die Suppe mit mild-aromatischen weißen Zwiebeln. Alternativ kann man auch Gemüsezwiebeln verwenden.

NÄHRWERTANGABEN

Kilokalorien	390	Zucker	0 g
Eiweiß	9 g	Fett	33 g
Kohlenhydrate	15 g	davon gesättigt	14 g

5–10 Min. 40–45 Min.

4 Personen

ZUTATEN

- 50 g Pancetta, gewürfelt (s. Tipp)
- 1 EL Olivenöl
- 4 große weiße Zwiebeln, in feine Ringe geschnitten
- 3 Knoblauchzehen, zerdrückt
- 850 ml Hühner- oder Fleischbrühe, erhitzt
- 4 Scheiben Ciabatta
- 50 g Butter
- 75 g geriebener Gruyère
- Salz und Pfeffer

1 Die Pancetta-Würfel in einer großen Pfanne 3–4 Minuten anbraten, bis sie zu bräunen beginnen. Dann aus der Pfanne nehmen und beiseite stellen.

2 Das Öl in die Pfanne geben, Zwiebeln und Knoblauch zufügen und bei starker Hitze 4 Minuten braten. Dann die Temperatur reduzieren, die Pfanne abdecken und die Zwiebelmischung etwa 15 Minuten weich dünsten.

3 Die Brühe zugießen und aufkochen. Dann die Hitze reduzieren und die Zwiebelmischung abgedeckt etwa 10 Minuten köcheln.

4 Die Ciabatta-Scheiben unter einem heißen Grill 2–3 Minuten leicht braun rösten. Mit Butter bestreichen, mit Käse belegen und in mundgerechte Stücke schneiden.

5 Die angebratenen Pancetta-Würfel in die Suppe geben und diese mit Salz und Pfeffer abschmecken. Auf Suppenteller verteilen und mit den vorbereiteten Brotstücken garnieren.

1

2

4

TIPP

Pancetta ist ein luftgetrockneter, gesalzener und 6 Monate gereifter Schweinespeck, der in italienischen Feinkostgeschäften erhältlich ist. Er kann durch ungeräucherten oder geräucherten Speck ersetzt werden.

Orangen-Thymian-Kürbis-Suppe

Diese dick-cremige Suppe, die eine sehr schöne, fast goldene Farbe hat, wird mit Orangensaft und Thymian aromatisiert.

NÄHRWERTANGABEN

Kilokalorien	111	Zucker	4 g
Eiweiß	2 g	Fett	6 g
Kohlenhydrate	5 g	davon gesättigt	2 g

10 Min. 35–40 Min.

4 Personen

ZUTATEN

- 2 EL Olivenöl
- 2 mittelgroße Zwiebeln, gehackt
- 2 Knoblauchzehen, zerdrückt
- 1 kg Kürbis, geschält und grob gewürfelt
- 1 1/2 l Gemüse- oder Hühnerbrühe, erhitzt
- Saft und fein geriebene Schale von 1 unbehandelten Orange
- 3 EL frisch gezupfter Thymian
- Salz und Pfeffer
- 150 ml Milch
- knuspriges Brot, zum Servieren

1 Das Öl in einem großen Topf erhitzen. Die Zwiebeln darin 3–4 Minuten weich dünsten. Dann Knoblauch und Kürbis zufügen und 2 Minuten unter Rühren mitdünsten.

2 Brühe, Orangensaft und -schale sowie 2 Esslöffel Thymian zugeben. Abdecken und etwa 20 Minuten köcheln, bis der Kürbis gar ist.

3 Den Topfinhalt in eine Küchenmaschine geben oder mit einem Kartoffelstampfer glatt pürieren. Dann mit Salz und Pfeffer abschmecken.

4 Die pürierte Suppe in den Topf zurückgeben und die Milch unterrühren. Das Ganze etwa 3–4 Minuten erwärmen, aber nicht mehr aufkochen.

5 Dann den restlichen Thymian einstreuen. Die fertige Suppe auf 4 vorgewärmte Suppenteller verteilen und mit dem knusprigen Brot servieren.

TIPP

Kürbisse sind häufig recht groß. Wenn Sie kein Stück in der gewünschten Größe erhalten, stellen Sie die doppelte Menge Suppe her und frieren Sie den Rest ein.

Gemüsesuppe mit Cannellini

Der köstliche Geschmack von Cannellini-Bohnen und Gemüse gewinnt noch durch die Zugabe von Pesto und getrockneten Pilzen.

NÄHRWERTANGABEN			
Kilokalorien	294	Zucker	2 g
Eiweiß	11 g	Fett	16 g
Kohlenhydrate	30 g	davon gesättigt	2 g

30 Min. 30 Min.

4 Personen

ZUTATEN

- 1 kleine Aubergine
- 2 große Tomaten
- 1 Kartoffel, geschält
- 1 Karotte, geschält
- 1 Porreestange
- 400 g Cannellini-Bohnen aus der Dose
- 850 ml Gemüse- oder Hühnerbrühe, erhitzt
- 2 TL getrocknetes Basilikum
- 10 g getrocknete Steinpilze, 10 Minuten in warmem Wasser eingeweicht
- 50 g Vermicelli
- 3 EL Pesto
- frisch geriebener Parmesan

1 Die Aubergine in etwa 1 cm dicke Scheiben schneiden, dann in 4 Stücke teilen.

2 Die Tomaten und die Kartoffel fein würfeln. Die Karotte in etwa 2 cm lange Streifen, den Porree in feine Ringe schneiden.

3 Die Cannellini mit ihrem Saft in einen großen Topf geben und mit Aubergine, Tomaten, Kartoffel, Karotte und Porree mischen.

4 Brühe zugießen und aufkochen. Dann die Temperatur reduzieren und das Gemüse 15 Minuten köcheln.

5 Basilikum, Pilze mit Einweichwasser und Vermicelli zugeben und die Suppe weitere 5 Minuten köcheln, bis das gesamte Gemüse gar ist.

6 Den Topf vom Herd nehmen und den Pesto einrühren.

7 Die fertige Suppe nach Belieben mit frisch geriebenem Parmesan servieren.

2

3

5

Kartoffelsuppe mit Pesto

Frisch zubereiteter Pesto ist ein wahrer Gaumenschmaus und nicht zu vergleichen mit Produkten aus dem Supermarkt.

NÄHRWERTANGABEN

Kilokalorien 548	Zucker ....0 g
Eiweiß ....11 g	Fett ....52 g
Kohlenhydrate ..10 g	davon gesättigt 18 g

5–10 Min. 50 Min.

4 Personen

ZUTATEN

PESTO

- 60 g frisch gehackte Petersilie
- 2 Knoblauchzehen, zerdrückt
- 60 g Pinienkerne, gemahlen
- 2 EL frisch gehackte Basilikumblätter
- 60 g frisch geriebener Parmesan
- weißer Pfeffer
- 150 ml Olivenöl

AUSSERDEM

- 3 Streifen Räucherspeck ohne Schwarte
- 500 g mehlig kochende Kartoffeln
- 400 g Zwiebeln
- 1 EL Butter
- 600 ml Hühnerbrühe
- 600 ml Milch
- 100 g Conchiglie
- 150 g Sahne
- frisch gehackte Petersilie
- frisch geriebener Parmesan und Knoblauchbrot, zum Servieren

2

4

4

1 Alle Zutaten für den Pesto 2 Minuten im Mixer pürieren oder von Hand mischen.

2 Speck, Kartoffeln und Zwiebeln fein hacken. Den Speck 4 Minuten in einem Topf anbraten. Butter, Kartoffeln und Zwiebeln einrühren und 12 Minuten garen.

3 Brühe und Milch zugießen, aufkochen und 10 Minuten köcheln. Die Nudeln zugeben und weitere 12–14 Minuten köcheln.

4 Die Sahne einrühren und 5 Minuten köcheln. Petersilie und 2 Esslöffel Pesto einrühren. Die Suppe auf Suppenteller verteilen und mit Parmesan und Knoblauchbrot servieren.

Cremige Tomatensuppe

Diese schnelle, unkomplizierte Suppe mit dem köstlichen Aroma sonnengereifter Tomaten wird durch Basilikum perfekt ergänzt.

NÄHRWERTANGABEN

Kilokalorien 218	Zucker . . . . . . .10 g
Eiweiß . . . . .3 g	Fett . . . . .19 g
Kohlenhydrate . .10 g	davon gesättigt .11 g

5 Min. 25–30 Min.

4 Personen

ZUTATEN

- 50 g Butter
- 700 g reife Tomaten (möglichst Eiertomaten), grob gehackt
- Salz und Pfeffer
- 850 ml heiße Gemüsebrühe
- 50 g gemahlene Mandeln
- 150 g Sahne
- 1 TL Zucker
- 2 EL frisch gehacktes Basilikum

1 Die Butter in einem großen Topf bei mittlerer Hitze zerlassen. Die Tomaten zugeben und 5 Minuten dünsten, bis die Schale runzlig wird. Mit Salz und Pfeffer abschmecken.

2 Die Brühe zugießen, zum Kochen bringen und mit geschlossenem Deckel 10 Minuten köcheln.

3 Inzwischen die Mandeln unter dem vorgeheizten Grill 1–2 Minuten goldbraun rösten. Dabei darauf achten, dass sie nicht verbrennen.

4 Die Suppe vom Herd nehmen und in einer Küchenmaschine oder einem Mixer glatt pürieren. Alternativ mit einem Kartoffelstampfer zerdrücken.

5 Die Suppe durch ein Sieb streichen, um Schalenreste und Kerne der Tomaten zu entfernen.

6 Wieder in den Topf geben und erhitzen. Sahne, geröstete Mandeln und Zucker einrühren. Kurz durchwärmen und unmittelbar vor dem Servieren das Basilikum zugeben.

7 Die sahnige Suppe in vorgewärmte Schälchen füllen und heiß servieren.

1

2

6

TIPP

Anstelle der Mandeln können Sie auch feines Paniermehl verwenden. Unter dem Grill kurz rösten, dann mit der Sahne in Schritt 6 zugeben.

Kalabrische Pilzsuppe

Im süditalienischen Kalabrien wachsen viele wilde Pilze, die sehr aromatisch und von kräftiger Farbe sind.

NÄHRWERTANGABEN

Kilokalorien	452	Zucker	5 g
Eiweiß	15 g	Fett	26 g
Kohlenhydrate	42 g	davon gesättigt	12 g

5 Min. 25–30 Min.

4 Personen

ZUTATEN

- 2 EL Olivenöl
- 1 Zwiebel, gehackt
- 500 g gemischte Pilze, etwa Champignons, Stein- und Austernpilze
- 300 ml Milch
- 850 ml Gemüsebrühe, erhitzt
- 8 Scheiben Bauernbrot oder Baguette
- 2 Knoblauchzehen, zerdrückt
- 50 g Butter, zerlassen
- Salz und Pfeffer
- 80 g fein geriebener Gruyère

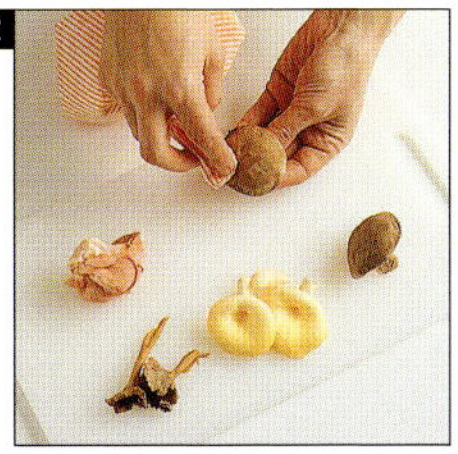
2

4

6

1 Das Öl in einer großen Pfanne erhitzen. Die Zwiebel darin 3–4 Minuten goldbraun andünsten.

2 Die Pilze mit einem feuchten Tuch abreiben. Große Exemplare in mundgerechte Stücke schneiden.

3 Die Pilze in die Pfanne geben und unter Rühren im heißen Öl wenden.

4 Die Milch zugießen und aufkochen. Die Pfanne abdecken und die Pilze etwa 5 Minuten köcheln. Dann langsam die Brühe unterrühren.

5 Das Brot von beiden Seiten unter einem vorgeheizten Grill rösten.

6 Knoblauch und Butter vermengen und großzügig auf den gerösteten Brotscheiben verstreichen.

7 Das so vorbereitete Brot in eine große Suppenschüssel füllen oder auf 4 Schalen verteilen. Die heiße Suppe mit Salz und Pfeffer würzen, über das Brot gießen, mit dem Gruyère bestreuen und sofort servieren.

TIPP

Pilze verlieren schnell an Geschmack, wenn sie Wasser aufnehmen. Daher sollten sie nur mit einem feuchten Tuch abgerieben werden.

Tomaten-Nudel-Suppe

Eiertomaten eignen sich hervorragend für die Zubereitung von Suppen und Saucen, da sie fest und nicht so wässrig sind wie andere Sorten.

NÄHRWERTANGABEN

Kilokalorien 503	Zucker . . . . . . .16 g
Eiweiß . . . . .9 g	Fett . . . . .28 g
Kohlenhydrate . .59 g	davon gesättigt 17 g

5 Min. — 50–55 Min.

4 Personen

ZUTATEN

- 60 g Butter
- 1 große Zwiebel, gehackt
- 1 kg italienische Eiertomaten, abgezogen und grob gehackt
- 600 ml Gemüsebrühe
- 1 Prise Speisenatron
- 250 g Fusilli
- 1 EL Zucker
- 150 g Sahne
- Salz und Pfeffer
- frische Basilikumblätter, zum Garnieren
- frittierte Croûtons, zum Servieren

1 Die Butter in einem Topf zerlassen und die Zwiebel glasig dünsten. Die Tomaten, 300 ml Brühe und das Natron zugeben, aufkochen und 20 Minuten köcheln.

2 Den Topf vom Herd nehmen und zum Abkühlen beiseite stellen. Die Suppe im Mixer pürieren und durch ein feines Sieb zurück in den Topf passieren.

3 Die restliche Brühe und die Fusilli zugeben und mit Salz und Pfeffer abschmecken.

4 Den Zucker in die Suppe geben, aufkochen und 15 Minuten köcheln.

5 Die Suppe in vorgewärmte Suppenteller geben, einen Löffel Sahne einrühren und mit frischem Basilikum und Croûtons garnieren. Sofort servieren.

VARIATION

Für eine Orangen-Tomaten-Suppe die Hälfte der Brühe durch frischen Orangensaft ersetzen und die Suppe mit Orangenschale (unbehandelt) garnieren. Für eine Tomaten-Karotten-Suppe die Hälfte der Brühe durch Karottensaft ersetzen und 150 g geriebene Karotte zur Zwiebel geben.

Artischockensuppe

Diese Suppe eignet sich gut für ein Essen im Freien *(al fresco)*. Berücksichtigen Sie, dass sie 3 bis 4 Stunden gekühlt werden muss.

NÄHRWERTANGABEN

Kilokalorien	159	Zucker	2 g
Eiweiß	2 g	Fett	15 g
Kohlenhydrate	5 g	davon gesättigt	6 g

5 Min. 15 Min.

4 Personen

ZUTATEN

- 1 EL Olivenöl
- 1 Zwiebel, gehackt
- 1 Knoblauchzehe, zerdrückt
- 800 g eingelegte Artischockenherzen, abgetropft
- 600 ml Gemüsebrühe, erhitzt
- 150 ml Kaffeesahne (10 % Fettgehalt)
- 2 EL frisch gezupfter Thymian
- 2 sonnengetrocknete Tomaten, in Streifen geschnitten, zum Garnieren
- knuspriges Brot, zum Servieren

1 Das Öl in einem großen Topf erhitzen. Die Zwiebel und den Knoblauch darin weich dünsten.

2 Die Artischockenherzen mit einem Messer grob zerkleinern und in den Topf geben. Dann die Brühe zugießen und gut umrühren.

3 Die Brühe aufkochen, dann die Hitze reduzieren und alles abgedeckt etwa 3 Minuten köcheln.

4 Die so vorbereitete Suppe glatt pürieren oder durch ein Sieb passieren, um Klümpchen zu entfernen.

5 Die Suppe in den Topf zurückgießen. Sahne und Thymian zufügen und vorsichtig unterrühren.

6 Die fertige Suppe in eine große Schüssel geben, abdecken und für 3–4 Stunden in den Kühlschrank stellen.

7 Die gekühlte Suppe auf Suppenschalen verteilen, mit den getrockneten Tomaten garnieren und mit Brot servieren.

VARIATION

Bei Schritt 5 kann man der Suppe je nach Geschmack 2 Teelöffel trockenen Wermut, z. B. Martini, zugeben.

Minestrone

Italienische Köche haben einige sehr herzhafte Suppen kreiert, und diese ist sicherlich die berühmteste von allen.

NÄHRWERTANGABEN

Kilokalorien 231	Zucker . . . . .3 g
Eiweiß . . . . .8 g	Fett . . . . .16 g
Kohlenhydrate . .14 g	davon gesättigt .7 g

10 Min. 1¾ Std.

10 Personen

ZUTATEN

3 Knoblauchzehen
3 große Zwiebeln
2 Selleriestangen
2 große Karotten
2 große Kartoffeln
100 g grüne Bohnen
100 g Zucchini
60 g Butter
50 ml Olivenöl
60 g durchwachsener Speck, klein gewürfelt
1½ l Gemüse- oder Hühnerbrühe
100 g Tomaten, gehackt
2 EL Tomatenmark
1 Bund frisches Basilikum, fein gehackt
100 g Parmesanrinde
Salz und Pfeffer
100 g Spaghetti, in kleine Stücke gebrochen
frisch geriebener Parmesan, zum Servieren

1 Knoblauch, Zwiebeln, Sellerie, Karotten, Kartoffeln, Bohnen und Zucchini klein schneiden.

2 Butter und Öl in einem Topf erhitzen und den Speck 2 Minuten anbraten.

3 Knoblauch und Zwiebeln zugeben, 2 Minuten dünsten, dann Sellerie, Karotten und Kartoffeln zugeben und 2 Minuten braten.

4 Die Bohnen in den Topf geben und 2 Minuten braten. Die Zucchini einrühren und weitere 2 Minuten braten. Den Topf abdecken und das Gemüse unter gelegentlichem Rühren 15 Minuten garen.

5 Brühe, Tomaten, Tomatenmark, Basilikum und Käserinde zugeben und mit Salz und Pfeffer abschmecken. Danach 1 Stunde köcheln. Die Käserinde entfernen und wegwerfen.

6 Die Spaghettistücke in den Topf geben und 10 Minuten kochen. Mit Salz und Pfeffer abschmecken, mit Parmesan bestreuen und sofort servieren.

Bohnensuppe

Bohnen zählen zu den beliebtesten Zutaten in italienischen Suppen und verleihen diesen einen herzhaften und kräftigen Geschmack.

NÄHRWERTANGABEN

Kilokalorien 184	Zucker ....5 g
Eiweiß ....4 g	Fett ....11 g
Kohlenhydrate ..19 g	davon gesättigt .2 g

5–10 Min. 3¾ Std.

6 Personen

ZUTATEN

200 g getrocknete Borlotti- oder Kidneybohnen, über Nacht eingeweicht
1,7 l Wasser
1 großer Schinkenknochen mit Fleisch
2 Karotten, gehackt
1 große Zwiebel, gehackt
2 Selleriestangen, in dünne Scheiben geschnitten
1 Porreestange, geputzt, gewaschen und in Scheiben geschnitten
1–2 Lorbeerblätter
2 EL Olivenöl
2–3 Tomaten, gehäutet und gehackt
1 Knoblauchzehe, zerdrückt
1 EL Tomatenmark
60 g Arborio- oder italienischer Rundkornreis
Salz und Pfeffer
150 g Grünkohl, in feine Streifen geschnitten
6 Scheiben geröstetes Brot

1 Die Bohnen abtropfen lassen, in einen Topf geben, mit Wasser bedecken und aufkochen, dann 15 Minuten garen, um alle giftigen Schadstoffe zu entfernen. Die Hitze reduzieren und 45 Minuten köcheln.

2 Bohnen abtropfen lassen und in einen anderen Topf geben. Wasser, Schinkenknochen, Karotten, Zwiebel, Sellerie, Porree, Lorbeerblätter und Olivenöl zufügen und aufkochen. Den Topf abdecken und die Bohnen 1 Stunde köcheln, bis sie sehr weich sind.

3 Lorbeerblätter und Schinkenknochen entfernen, Schinkenstücke beiseite legen. Eine kleine Tasse Bohnen beiseite stellen. Die Suppe im Mixer pürieren oder durch ein Sieb streichen und in einen sauberen Topf geben.

4 Tomaten, Knoblauch, Tomatenmark und Reis zufügen und mit Salz und Pfeffer abschmecken. Die Suppe erneut aufkochen und ca. 15 Minuten köcheln, bis der Reis gar ist.

5 Grünkohl, Bohnen und Schinken zugeben und weitere 5 Minuten köcheln. Falls die Suppe zu sämig ist, etwas kochendes Wasser oder Brühe zufügen. Nach Wunsch vor dem Servieren eine Scheibe geröstetes Brot in jeden Suppenteller geben. Erneut mit Salz und Pfeffer abschmecken und sehr heiß servieren.

Ravioli alla Parmigiana

In der Provinz Parma wird dieses Gericht traditionell zu Ostern und Weihnachten serviert.

NÄHRWERTANGABEN			
Kilokalorien	554	Zucker	3 g
Eiweiß	26 g	Fett	24 g
Kohlenhydrate	64 g	davon gesättigt	9 g

4½–5 Std. 25 Min.

4 Personen

ZUTATEN

300 g Nudelteig-Grundrezept (s. S. 24)
1,2 l Kalbsbrühe
frisch geriebener Parmesan, zum Servieren

FÜLLUNG

100 g frisch geriebener Parmesan
100 g feine Semmelbrösel
2 Eier
125 ml Espagnole-Sauce (s. S. 29)
1 kleine Zwiebel, fein gehackt
1 Prise frisch geriebene Muskatnuss

1 Zunächst den Nudelteig und die Espagnole-Sauce vorbereiten.

2 Aus dem Nudelteig 2 Teigblätter ausrollen und während der Zubereitung der Füllung mit einem feuchten Handtuch abdecken.

3 Für die Füllung Parmesan, Semmelbrösel, Eier, Espagnole-Sauce, Zwiebel und Muskat in einer großen Schüssel mischen.

4 Die Füllung löffelweise in gleichmäßigen Abständen auf ein Teigblatt geben. Mit dem zweiten Teigblatt abdecken, in Quadrate schneiden und die Ränder zusammendrücken.

5 Die Brühe in einem großen Topf aufkochen. Die Ravioli etwa 15 Minuten darin ziehen lassen.

6 Suppe und Ravioli auf vorgewärmte Suppenteller verteilen und großzügig mit Parmesan bestreut sofort servieren.

3

4

4

TIPP

Es ist zu empfehlen, den Pastateig und die Espagnole-Sauce vorab zuzubereiten. Falls Sie nicht genug Zeit haben, kaufen Sie entsprechende Fertigsaucen.

Toskanische Fischsuppe

In Italien gibt es viele köstliche Rezepte für Suppen mit Fisch und Meeresfrüchten. Dieses toskanische Gericht ist besonders gehaltvoll.

NÄHRWERTANGABEN

Kilokalorien	305	Zucker	3 g
Eiweiß	47 g	Fett	7 g
Kohlenhydrate	11 g	davon gesättigt	1 g

5–10 Min. 1 Std.

6 Personen

ZUTATEN

1 kg gemischter, küchenfertiger Fisch (z. B. verschiedene Filets, Tintenfisch etc.)
2 Zwiebeln, in dünne Ringe geschnitten
2 Selleriestangen, in dünne Scheiben geschnitten
einige Petersilienzweige
2 Lorbeerblätter
150 ml Weißwein
1 l Wasser
2 EL Olivenöl
1 Knoblauchzehe, zerdrückt
1 Karotte, fein gehackt
400 g Passata (passierte Tomaten)
2 Kartoffeln, gehackt
1 EL Tomatenmark
1 TL frisch gehackter Oregano
Salz und Pfeffer
350 g frische Miesmuscheln
180 g geschälte Krabben
2 EL frisch gehackte Petersilie
knuspriges Brot, zum Servieren

1 Den Fisch in mundgerechte Stücke schneiden und mit der Hälfte von Zwiebeln und Sellerie, mit Petersilie, Lorbeer, Wein und Wasser in einen Topf geben. Abdecken und 25 Minuten köcheln.

2 Den Fischfond abgießen, aber auffangen, das Gemüse entfernen. Den Fisch häuten und entgräten. Beiseite stellen.

3 Das Öl in einem Topf erhitzen. Restliche Zwiebelringe und restlichen Sellerie mit Knoblauch und Karotte andünsten, aber nicht bräunen. Gelegentlich umrühren. Passata, Kartoffeln, Tomatenmark, Oregano, Fischbrühe, Salz und Pfeffer zugeben. Aufkochen und 15 Minuten köcheln, bis die Kartoffeln fast gar sind.

4 Unterdessen die Muscheln gründlich abbürsten. Mit den Krabben in den Topf geben. 5 Minuten kochen, bis sich die Muscheln geöffnet haben. Geschlossene Muscheln wegwerfen.

5 Den Fisch mit der gehackten Petersilie wieder in die Suppe geben. Kurz aufkochen, 5 Minuten köcheln und mit Salz und Pfeffer abschmecken.

6 Einen Teil der Muscheln vor dem Servieren aus den Schalen lösen. Je eine Scheibe geröstetes Brot in Portionsschälchen legen und mit der Suppe übergießen. Alternativ das knusprige Brot zur Suppe reichen.

1

4

5

Muschelsuppe mit Kartoffeln

Diese unkomplizierte Suppe eignet sich – mit knusprigem Brot serviert – gut als leichtes Mittagessen im Sommer.

NÄHRWERTANGABEN

Kilokalorien 804	Zucker ....3 g
Eiweiß ....17 g	Fett ....68 g
Kohlenhydrate ..32 g	davon gesättigt 38 g

10 Min. 35 Min.

4 Personen

ZUTATEN

750 g Miesmuscheln
2 EL Olivenöl
Pfeffer
100 g Butter
2 Scheiben Schinkenspeck, gewürfelt
1 Zwiebel, fein gehackt
1 Knoblauchzehe, zerdrückt
60 g Mehl
500 g Kartoffeln, in dünne Scheiben geschnitten
100 g Conchigliette
300 g Sahne
1 EL Zitronensaft
Salz und Pfeffer
2 Eigelb

GARNIERUNG

2 EL frisch gehackte Petersilie
Zitronenspalten

1 Die Muscheln 5 Minuten unter kaltem Wasser gründlich abbürsten. Geöffnete Muscheln nicht mehr verwenden.

2 Wasser in einem großen Topf aufkochen. Muscheln, Öl und etwas Pfeffer zugeben und so lange kochen, bis sich die Muscheln öffnen. Muscheln, die jetzt noch geschlossen sind, wegwerfen.

3 Die Muscheln abgießen, den Sud auffangen. Aus den Schalen lösen.

4 Die Butter in einem großen Topf zerlassen. Schinkenspeck, Zwiebel und Knoblauch zugeben und 4 Minuten andünsten. Langsam das Mehl einrühren und 1,2 Liter des Suds zugießen.

5 Die Kartoffeln zugeben und 5 Minuten köcheln. Dann die Nudeln zufügen und weitere 10 Minuten köcheln.

6 Sahne und Zitronensaft zugießen und die Suppe mit Salz und Pfeffer abschmecken. Dann die Muscheln zugeben.

7 Das Eigelb mit 2 Esslöffeln des Suds verrühren. Die Mischung in die Suppe gießen und alles 4 Minuten erwärmen, jedoch nicht mehr kochen.

8 Die Suppe mit Petersilie bestreuen und mit Zitronenspalten garnieren.

Italienische Fischsuppe

Diese deftige Suppe schmeckt nach Mittelmeer. Lassen Sie sich den Fisch von Ihrem Fischhändler ausnehmen.

NÄHRWERTANGABEN

Kilokalorien 236	Zucker . . . . .4 g
Eiweiß . . . . .20 g	Fett . . . . .7 g
Kohlenhydrate . .25 g	davon gesättigt .1 g

5–10 Min. 25 Min.

4 Personen

ZUTATEN

- 2 EL Olivenöl
- 2 rote Zwiebeln, fein gehackt
- 1 Knoblauchzehe, zerdrückt
- 2 Zucchini, in Scheiben geschnitten
- 400 g gehackte Tomaten aus der Dose
- 850 ml Fisch- oder Gemüsefond
- 100 g Farfalle oder Fusilli
- 350 g fester weißer Fisch, z. B. Kabeljau, Heilbutt oder Meerhecht
- 1 EL frisch gehacktes Basilikum oder Oregano oder 1 TL getrockneter Oregano
- 1 TL frisch geriebene Zitronenschale
- 1 EL Speisestärke
- 1 EL Wasser
- Salz und Pfeffer
- frisches Basilikum oder frischer Oregano, zum Garnieren

1

3

4

1 Das Öl in einer Pfanne erhitzen, Zwiebeln und Knoblauch zugeben und 5 Minuten glasig dünsten. Zucchini zugeben und weitere 2–3 Minuten dünsten, dabei gelegentlich umrühren.

2 Tomaten und Fond zugießen und aufkochen. Die Nudeln zugeben, die Hitze reduzieren und 5 Minuten köcheln.

3 Den Fisch ausnehmen, häuten und in Stücke schneiden. Fisch, Basilikum bzw. Oregano und Zitronenschale zugeben und 5 Minuten köcheln, bis der Fisch zart ist – nicht zu lange kochen, damit er nicht zerfällt.

4 Die Speisestärke mit dem Wasser verrühren und in die Suppe geben, unter ständigem Rühren 2 Minuten köcheln, bis die Suppe eingedickt ist. Mit Salz und Pfeffer abschmecken und auf vorgewärmte Teller füllen, mit Basilikum oder Oregano garnieren und sofort servieren.

Fischsuppe mit Meeresfrüchten

Ein trockener Weißwein ist der ideale Begleiter für diese farbenprächtige Suppe aus frischem Fisch und Meeresfrüchten.

NÄHRWERTANGABEN

Kilokalorien 668	Zucker ....3 g
Eiweiß ....48 g	Fett ....43 g
Kohlenhydrate ..21 g	davon gesättigt 25 g

5 Min. 55 Min.

4 Personen

ZUTATEN

- 60 g Butter
- 500 g gemischte Fischfilets, z. B. Rotbarsch und Schnapper
- 400 g küchenfertige Meeresfrüchte, z. B. Tintenfische und Krabben
- 250 g frisches Krebsfleisch
- 1 große Zwiebel, in Ringe geschnitten
- 1 EL Mehl
- 1,2 l Fischfond (s. S. 30)
- 100 g Suppennudeln, z. B. Ditalini oder Hörnchen
- 1 EL Anchovispaste
- Saft und fein geriebene Schale von 1 unbehandelten Orange
- 50 ml trockener Sherry
- 300 g Sahne
- Salz und Pfeffer
- Zitronenzesten, zum Garnieren
- knuspriges Brot, zum Servieren

1

3

5

1 Die Butter in einem großen Topf zerlassen. Fischfilets, Meeresfrüchte, Krebsfleisch und Zwiebel zugeben und bei geringer Hitze 6 Minuten dünsten.

2 Das Mehl zugeben und gut unterrühren.

3 Langsam den Fond zugießen und unter Rühren aufkochen. Die Hitze reduzieren und die Suppe 30 Minuten köcheln.

4 Die Nudeln zugeben und die Suppe weitere 10 Minuten kochen.

5 Anchovispaste, Orangensaft und -schale, Sherry und Sahne zugeben und alles kräftig mit Salz und Pfeffer abschmecken.

6 Die Suppe noch einmal gut erhitzen.

7 Fischsuppe auf vorgewärmte Teller verteilen, mit Zitronenzesten garnieren und mit Brot servieren.

Geflügelsuppe mit Nudeln

Diese gehaltvolle Suppe schmeckt mittags und abends. Verwenden Sie Ihr Lieblingsgemüse. Kinder mögen am liebsten ganz kleine Nudeln.

NÄHRWERTANGABEN

Kilokalorien 185	Zucker ....5 g
Eiweiß ....17 g	Fett ....5 g
Kohlenhydrate ..20 g	davon gesättigt .1 g

5 Min. 15–20 Min.

6 Personen

ZUTATEN

- 350 g Hähnchenbrustfilet
- 2 EL Sonnenblumenöl
- 1 mittelgroße Zwiebel, gewürfelt
- 250 g Karotten, gewürfelt
- 250 g Blumenkohlröschen
- 850 ml Hühnerbrühe
- 2 TL getrocknete gemischte Kräuter
- 125 g kurze Nudeln
- Salz und Pfeffer
- Parmesan (nach Wunsch) und ofenfrisches Brot, zum Servieren

1 Die Hähnchenbrust mit einem scharfen Messer würfeln.

2 Das Öl in einem großen Topf erhitzen und Fleisch und Gemüse schnell anbraten, bis sie leicht Farbe annehmen.

3 Brühe und Kräuter einrühren. Alles aufkochen lassen.

4 Die Nudeln zugeben. Wieder aufkochen, abdecken und unter gelegentlichem Rühren 10 Minuten köcheln, um zu verhindern, dass die Nudeln aneinander kleben.

1

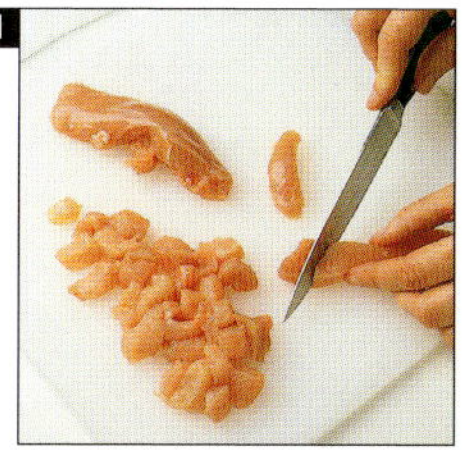

2

4

5 Mit Salz und Pfeffer abschmecken und mit Parmesan bestreuen. Reichen Sie zu der Suppe das ofenfrische Brot.

TIPP

Sie können hier jede kurze Nudelform verwenden – versuchen Sie Conchigliette, Ditalini oder sogar klein gebroch[...] Spaghetti. Für Kinder könn[...] Suppe mit Nudeln in [...] Buchstabenform z[...]

Kalbssuppe mit Pilzen

Sehr frische Pilze erhält man auf dem Wochenmarkt, aber auch in Supermärkten gibt es mittlerweile reichlich Auswahl an guten Zuchtpilzen.

NÄHRWERTANGABEN

Kilokalorien	413	Zucker	3 g
Eiweiß	28 g	Fett	22 g
Kohlenhydrate	28 g	davon gesättigt	12 g

5 Min. 3¼ Std.

4 Personen

ZUTATEN

- 400 g Kalbfleisch, in dünne Scheiben geschnitten
- 500 g Kalbsknochen
- 1,2 l Wasser
- 1 kleine Zwiebel
- 6 Pfefferkörner
- 1 TL Gewürznelken
- 1 Prise Muskatblüte
- 150 g Austern- oder Shiitakepilze, grob gehackt
- 150 g Sahne
- 100 g Vermicelli
- 1 EL Speisestärke
- 3 EL Milch
- Salz und Pfeffer

1 Fleisch, Knochen und Wasser in einen großen Topf geben. Aufkochen und die Temperatur reduzieren. Zwiebel, Pfeffer, Nelken und Muskatblüte zugeben und etwa 3 Stunden köchelnd um ein Drittel reduzieren.

2 Die Brühe durch ein Sieb seihen, das Fett abschöpfen und die Brühe in einen sauberen Topf geben. Das Kalbfleisch zur Brühe geben.

3 Pilze und Sahne zugeben, bei schwacher Hitze aufkochen und 12 Minuten köcheln. Salzwasser in einem großen Topf aufkochen und die Vermicelli darin bissfest kochen. Abgießen und warm stellen.

4 Stärke und Milch zu einer glatten Paste verrühren. Zum Andicken in die Suppe rühren. Mit Salz und Pfeffer abschmecken und kurz vor dem Servieren die Nudeln zugeben. Die Suppe in eine vorgewärmte Terrine füllen und sofort servieren.

TIPP

Sie können diese Suppe mit sehr gutem Fleisch, wie zum Beispiel Kalbsbrust, zubereiten. Sie ist mager und die lange Kochzeit sorgt für zartes Fleisch.

Kalbssuppe mit Schinken

Kalb und Schinken, eine klassische Kombination, werden für dieses Rezept mit einem Schuss Sherry verfeinert.

NÄHRWERTANGABEN

Kilokalorien	501	Zucker	10 g
Eiweiß	38 g	Fett	18 g
Kohlenhydrate	28 g	davon gesättigt	10 g

5 Min. — 3¼ Std.

4 Personen

ZUTATEN

- 60 g Butter
- 1 Zwiebel, gewürfelt
- 1 Karotte, gewürfelt
- 1 Selleriestange, gewürfelt
- 400 g dünn aufgeschnittenes Kalbfleisch
- 500 g dünn aufgeschnittener Schinken
- 60 g Mehl
- 1 l Rinderbrühe
- 1 Lorbeerblatt
- 8 schwarze Pfefferkörner
- 1 Prise Salz
- 3 EL rotes Johannisbeergelee
- 150 ml Cream Sherry
- 100 g Vermicelli
- Knoblauch-Croûtons (s. Tipp), zum Servieren

1 Die Butter in einem großen Topf zerlassen. Zwiebel, Karotte, Sellerie, Kalbfleisch und Schinken 6 Minuten bei mittlerer Temperatur anbraten.

2 Mit Mehl bestreuen und unter Rühren weitere 2 Minuten braten. Nach und nach die Brühe einrühren. Lorbeerblatt, Pfeffer und Salz zugeben. Aufkochen und 1 Stunde köcheln.

3 Gelee sowie Sherry einrühren. Vom Herd nehmen und für 4 Stunden beiseite stellen.

4 Das Lorbeerblatt entfernen und die Suppe bei schwacher Hitze erwärmen.

5 Salzwasser in einem großen Topf aufkochen. Die Vermicelli darin bissfest kochen. In die Suppe rühren und in warme Suppenteller geben. Mit Knoblauch-Croûtons servieren.

TIPP

Für die Knoblauch-Croûtons die Kruste von 3 Scheiben Weißbrot entfernen. Das Brot in 5 mm dicke Würfel schneiden. 3 EL Olivenöl auf niedriger Stufe erhitzen und 1–2 fein gehackte Knoblauchzehen 1–2 Minuten andünsten. Den Knoblauch entfernen und das Brot zugeben. Unter regelmäßigem Rühren goldbraun rösten.

Vorspeisen

In Italien bezeichnet man Vorspeisen als Antipasti (Singular Antipasto), was wörtlich übersetzt „vor dem Hauptgericht" bedeutet. Es gibt Fleisch-, Meeresfrüchte- und Gemüse-Antipasti. Besonders beliebt sind diverse Aufschnittsorten, darunter auch Schinken, die meist kalt und immer hauchdünn geschnitten serviert werden. Aber auch bei den Meeresfrüchten sind Vielfalt und Auswahl groß – wie etwa Tintenfisch, Kalmar, Riesengarnelen und Muscheln. Gemüse zählt ebenfalls zu den unerlässlichen Bestandteilen einer italienischen Mahlzeit und wird entweder als Beilage oder als eigenständiges Gericht, aber vor allem immer bissfest gekocht. Auf diese Weise gehen weniger Nährstoffe verloren und die Farbe bleibt erhalten.

Auberginenrouladen

Für dieses Gericht werden Auberginenscheiben in Olivenöl und Knoblauch gebraten und mit Pesto-Sauce und geriebenem Mozzarella zubereitet.

NÄHRWERTANGABEN

Kilokalorien	278	Zucker	2 g
Eiweiß	4 g	Fett	28 g
Kohlenhydrate	2 g	davon gesättigt	7 g

15–20 Min. 20 Min.

4 Personen

ZUTATEN

- 2 Auberginen, der Länge nach in dünne Scheiben geschnitten
- Salz und Pfeffer
- 5 EL Olivenöl
- 1 Knoblauchzehe, zerdrückt
- 4 EL Pesto
- 175 g geriebener Mozzarella
- Basilikumblätter, klein gezupft
- frische Basilikumblätter, zum Garnieren

1 Die Auberginen großzügig mit Salz bestreuen und 10–15 Minuten ruhen lassen. So entwässert man sie und entzieht ihnen die Bitterstoffe. Die Scheiben wenden und den Vorgang wiederholen. Danach die Auberginen unter kaltem Wasser abspülen und auf Küchenpapier abtropfen lassen.

2 Das Olivenöl in einer großen Bratpfanne erhitzen, Knoblauch zufügen, die Auberginen nacheinander von beiden Seiten goldbraun braten und auf Küchenpapier abtropfen lassen.

3 Je eine Seite der Auberginenscheiben mit Pesto bestreichen, mit Mozzarella und Basilikum bestreuen und mit etwas Salz und Pfeffer würzen. Die Scheiben aufrollen und mit Stäbchen fixieren.

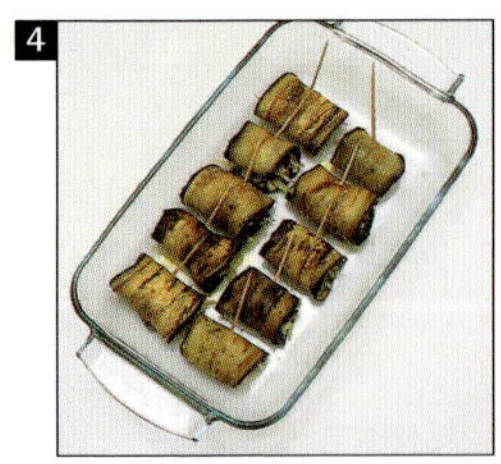

4 Die Auberginenrouladen in eine eingefettete feuerfeste Auflaufform geben und im vorgeheizten Backofen bei 180 °C 8–10 Minuten garen.

5 Die Rouladen auf einen vorgewärmten Servierteller legen, mit frischem Basilikum bestreuen und sofort servieren.

Porree-Tomaten-Timbalen

Für diese Timbalen werden Nudeln mit Porree, getrockneten Tomaten, frischem Oregano und Ei in kleinen Souffléformen gebacken.

NÄHRWERTANGABEN

Kilokalorien	331	Zucker	10 g
Eiweiß	10 g	Fett	21 g
Kohlenhydrate	26 g	davon gesättigt	9 g

5–10 Min. 50 Min.

4 Personen

ZUTATEN

- 100 g Cappellini
- 2 EL Olivenöl
- 2 EL Butter
- 1 große Porreestange, in dünne Scheiben geschnitten
- 60 g sonnengetrocknete Tomaten in Öl, abgetropft und gehackt
- 1 EL frisch gehackter Oregano oder 1 TL getrockneter Oregano
- 2 Eier, verquirlt
- 100 g Crème fraîche
- 1 EL frisch geriebener Parmesan
- Salz und Pfeffer
- Oreganozweige, zum Garnieren
- Salatblätter, zum Servieren

TOMATENSAUCE

- 1 kleine Zwiebel, fein gehackt
- 1 kleine Knoblauchzehe, zerdrückt
- 350 g Tomaten, gehäutet und gehackt
- 1 TL italienische Kräutermischung
- 4 EL trockener Weißwein

1 Salzwasser in einem großen Topf aufkochen. Die Nudeln darin mit dem Olivenöl bissfest kochen. Unter kaltem Wasser abspülen, damit sie rasch abkühlen.

2 In der Zwischenzeit Butter und Öl in einer Pfanne erhitzen, Porree 5–6 Minuten anbraten, bis er weich ist. Tomaten und Oregano zufügen und 2 Minuten dünsten. Dann die Pfanne vom Herd nehmen.

3 Die Porreemischung zu den Nudeln geben, Eier, Crème fraîche und Parmesan zufügen und mit Salz und Pfeffer abschmecken. Auf 4 eingefettete Formen verteilen.

4 Die Souffléformen auf ein tiefes Backblech stellen und dieses mit warmem Wasser auffüllen, bis die Formen zur Hälfte im Wasser stehen. Im vorgeheizten Backofen bei 180 °C ca. 30 Minuten garen, bis die Mischung fest wird.

5 In der Zwischenzeit für die Tomatensauce Zwiebel und Knoblauch in der restlichen Butter und Öl dünsten, bis sie glasig sind. Tomaten, Kräuter und Wein zufügen, abdecken und 20 Minuten garen. Dann im Mixer pürieren.

6 Mit einem Messer die Ränder der Pastetchen von der Form lösen, auf 4 vorgewärmte Teller stürzen, etwas Tomatensauce darüber geben und mit Oregano garnieren. Mit den Salatblättern servieren.

2

5

6

Überbackener Fenchel

Das typische Aroma des Fenchels – in Italien eine beliebte Zutat – bildet einen interessanten Kontrast zur cremigen Béchamel-Sauce.

NÄHRWERTANGABEN	
Kilokalorien 426	Zucker ....9 g
Eiweiß ....13 g	Fett ....35 g
Kohlenhydrate ..16 g	davon gesättigt 19 g

5–10 Min. 45 Min.

4 Personen

ZUTATEN

4 Fenchelknollen
2 EL Butter
150 ml trockener Weißwein
Béchamel-Sauce (s. S. 28), mit zwei Eigelb verfeinert
Salz und Pfeffer
2 EL frische Semmelbrösel
3 EL frisch geriebener Parmesan
Fenchelgrün, zum Garnieren

1 Beschädigte und vertrocknete Fenchelschalen entfernen und die Knollen halbieren. Salzwasser in einem großen Topf aufkochen. Den Fenchel darin 20 Minuten garen, dann abtropfen lassen.

2 Eine Auflaufform mit der Butter sorgfältig einfetten und den abgetropften Fenchel hineinlegen.

3 Den Wein unter die Béchamel-Sauce rühren und mit Salz und Pfeffer abschmecken, dann über den Fenchel geben.

4 Gleichmäßig mit Semmelbröseln und Parmesan bestreuen.

5 Im vorgeheizten Ofen bei 200 °C 20 Minuten goldbraun überbacken. Mit Fenchelgrün garnieren und servieren.

1

3

4

Gedünstete Artischocken

Für dieses typisch römische Gericht werden die Artischocken mit frischen Kräutern in Olivenöl gedünstet.

NÄHRWERTANGABEN

Kilokalorien 129	Zucker ....0 g
Eiweiß ....4 g	Fett ....8 g
Kohlenhydrate ..10 g	davon gesättigt .1 g

5 Min. 50 Min.

4 Personen

ZUTATEN

4 kleine frische Artischocken
Olivenöl, zum Dünsten
4 Knoblauchzehen, geschält
2 Lorbeerblätter
Saft und fein geriebene Schale von 1 Zitrone
2 EL frische Majoranblätter
Zitronenspalten, zum Servieren

2

3

6

1 Die äußeren, harten Blätter der Artischocken mit einem scharfen Messer vorsichtig abtrennen. Die Stiele auf eine Länge von 2 cm kürzen.

2 Die Artischocken halbieren und das Heu in der Mitte entfernen.

3 Das so vorbereitete Gemüse in einen großen Topf geben. Diesen zur Hälfte mit Olivenöl auffüllen.

4 Knoblauch, Lorbeerblätter und die Hälfte der Zitronenschale zufügen.

5 Die Artischocken langsam erhitzen und abgedeckt bei niedriger Hitze etwa 40 Minuten köcheln. Sie sollen in dem Öl dünsten, nicht frittiert werden.

6 Sobald die Artischocken gar sind, mit einer Schöpfkelle aus dem Topf heben und gut abtropfen lassen. Die Lorbeerblätter entfernen.

7 Die Artischocken auf vorgewärmte Teller verteilen, restliche Zitronenschale, etwas Zitronensaft sowie Majoranblätter zugeben und mit den Zitronenspalten servieren.

TIPP

Damit die Artischocken nicht braun werden, sollte man sie vor dem Kochen mit Zitronensaft beträufeln. Das zum Kochen verwendete Olivenöl kann noch für die Zubereitung anderer Speisen verwendet werden.

Paprikasalat

Farbenfrohe, marinierte Gemüsestücke ergeben eine wundervolle Vorspeise, zu der man am besten Tomatentoast reicht.

NÄHRWERTANGABEN

Kilokalorien 234	Zucker ....4 g
Eiweiß ....6 g	Fett ....17 g
Kohlenhydrate ..15 g	davon gesättigt .2 g

5–10 Min. 35 Min.

4 Personen

ZUTATEN

1 Zwiebel
2 rote Paprika
2 gelbe Paprika
3 EL Olivenöl
2 große Zucchini, in Scheiben geschnitten
2 Knoblauchzehen, in Scheiben geschnitten
1 EL Balsamico-Essig
50 g Sardellenfilets aus der Dose, gehackt
25 g schwarze Oliven, halbiert und entsteint
Salz und Pfeffer
1 EL frisch gehacktes Basilikum

TOMATENTOAST

kleines Baguette
1 Knoblauchzehe, zerdrückt
1 Tomate, gehäutet und gehackt
2 EL Olivenöl

1 Die Zwiebel in Stücke schneiden, Paprika entkernen und in dicke Scheiben schneiden.

2 Das Olivenöl in einer großen schweren Bratpfanne erhitzen, Zwiebel, Paprika, Zucchini und Knoblauch zufügen und 20 Minuten bei schwacher Hitze dünsten. Dabei gelegentlich umrühren.

3 Balsamico-Essig, Sardellenfilets und Oliven zugeben, mit Salz und Pfeffer abschmecken und abkühlen lassen.

4 Das Gemüse auf Servierteller verteilen und mit Basilikum bestreuen.

5 Für die Tomatentoasts das Baguette schräg in 1 cm dicke Scheiben schneiden.

6 Knoblauch, Tomate, Olivenöl mischen, mit Salz und Pfeffer abschmecken und dünn auf die Brotscheiben streichen.

7 Die Brotscheiben auf ein Backblech legen, mit Olivenöl beträufeln und im vorgeheizten Backofen bei 220 °C 5–10 Minuten rösten. Zusammen mit dem Paprikasalat servieren.

1

2

3

Olivenpastete

Kleine geröstete Brotscheiben, mit der Olivenpastete bestrichen, kann man als Appetithäppchen bei einer Cocktailparty reichen.

NÄHRWERTANGABEN

Kilokalorien	149	Zucker	1 g
Eiweiß	2 g	Fett	14 g
Kohlenhydrate	4 g	davon gesättigt	6 g

5 Min. 5 Min.

4 Personen

ZUTATEN

- 250 g schwarze Oliven, entsteint
- 1 Knoblauchzehe, zerdrückt
- fein geriebene Schale von 1 Zitrone
- 4 EL Zitronensaft
- 3 EL frische Semmelbrösel
- 60 g Doppelrahmfrischkäse
- Salz und frisch gemahlener schwarzer Pfeffer
- Zitronenspalten, zum Garnieren

ZUM SERVIEREN

- dicke Brotscheiben
- Mischung aus Olivenöl und Butter

1 Die Oliven grob hacken und mit Knoblauch, Zitronenschale und -saft, Semmelbröseln und Frischkäse mischen, dann im Mixer sorgfältig pürieren und mit Salz und Pfeffer abschmecken.

2 Die Pastete in ein Glas mit Schraubverschluss füllen und vor dem Servieren für mehrere Stunden in den Kühlschrank stellen, damit sich das Aroma entfalten kann.

3 Für Cocktailhäppchen mit einer Ausstechform kleine runde Scheiben aus dicken Brotscheiben ausstechen.

4 Die Brotscheiben in einer Mischung aus Butter und Öl goldbraun braten, dann auf Küchenpapier sorgfältig abtropfen lassen.

5 Jede Scheibe mit etwas Pastete bestreichen, mit Zitronenspalten garnieren und sofort servieren. Die Pastete ist im Kühlschrank bis zu 2 Wochen haltbar.

1

3

4

Zucchini-Frittata

Diese schmackhaften kleinen Gemüseplätzchen ergeben zusammen mit der Tomatenauce auf Seite 55 köstliche Cocktailhäppchen.

NÄHRWERTANGABEN

Kilokalorien 162	Zucker . . . . .2 g
Eiweiß . . . . .7 g	Fett . . . . .6 g
Kohlenhydrate . .20 g	davon gesättigt .2 g

5–10 Min. 20 Min.

16–30 Stück

Z U T A T E N

100 g Mehl mit 1 TL Backpulver vermischt
2 Eier, verquirlt
50 ml Milch
300 g Zucchini
2 EL frischer Thymian
Salz und Pfeffer
1 EL Öl

1

3

4

1 Das Mehl in eine große Schüssel sieben, eine Vertiefung in die Mitte drücken und die Eier hineingeben. Dann das Mehl mit einem Holzlöffel nach und nach unterrühren.

2 Unter ständigem Rühren die Milch langsam zugießen und zu einem festen Teig verarbeiten.

3 In der Zwischenzeit die Zucchini waschen. Eine Schüssel mit Küchenpapier auslegen und die Zucchini in die Schüssel reiben; das Papier nimmt einen Teil der Flüssigkeit auf.

4 Zucchini und Thymian zum Teig geben, mit Salz und Pfeffer abschmecken und sorgfältig verrühren.

5 Das Öl in einer gusseisernen Pfanne erhitzen. Für mittelgroße Frittatas jeweils einen Esslöffel (für kleine Frittatas einen halben Esslöffel) der Teigmischung in das heiße Öl geben und 3–4 Minuten von jeder Seite braten.

6 Die Frittatas mit einem Schaumlöffel herausnehmen, auf Küchenpapier abtropfen lassen und im Backofen warm halten, bis die gesamte Teigmischung zu Frittatas verarbeitet ist. Sobald alle Zucchini-Frittatas fertig sind, sofort servieren.

VARIATION

Geben Sie in Schritt 4 doch einmal 1/2 Teelöffel [illegible]te, zerdrückte Chili- [illegible]um Teig – so schmecken [illegible]tas noch pikanter.

Spinat-Ricotta-Klöße

Dieser Teig eignet sich auch als Füllung für herzhafte Crêpes oder für Tortellini.

NÄHRWERTANGABEN			
Kilokalorien	374	Zucker	4 g
Eiweiß	16 g	Fett	31 g
Kohlenhydrate	9 g	davon gesättigt	19 g

5 Min. 30 Min.

4 Personen

ZUTATEN

500 g frischer Spinat

250 g Ricotta

1 Ei, verquirlt

2 TL Fenchelsamen, leicht zerstoßen

Salz und Pfeffer

50 g frisch geriebener Pecorino

1 EL Mehl, mit 1 TL getrocknetem Thymian vermischt

80 g Butter

2 Knoblauchzehen, zerdrückt

frisch gemahlener schwarzer Pfeffer, zum Servieren

1 Den Spinat waschen und von langen Stielen befreien. In einen Topf mit Wasser geben, abdecken und 4–5 Minuten kochen, bis die Blätter zusammengefallen sind. In ein Abtropfsieb geben und abkühlen lassen.

2 Den Ricotta cremig rühren und mit Ei und Fenchelsamen vermengen. Anschließend mit reichlich Salz und Pfeffer abschmecken und den geriebenen Pecorino unterrühren.

3 Den Spinat gut trockendrücken und klein hacken. Anschließend unter die Käsemischung heben.

4 Etwa 1 Esslöffel der fertigen Mischung zu einer Kugel formen, leicht flach drücken und in dem gewürzten Mehl wenden. Diesen Vorgang so oft wiederholen, bis die gesamte Mischung verarbeitet ist.

5 Einen großen Topf zur Hälfte mit Wasser füllen, die vorgeformten Klöße hineingeben und 3–4 Minuten sieden, bis sie an die Oberfläche steigen. Dann mit einer Schaumkelle aus dem Siedewasser heben.

6 Die Butter zerlassen, den Knoblauch zugeben und 2–3 Minuten darin erwärmen. Die Knoblauchbutter über die Klöße geben, mit frischem Pfeffer bestreuen und sofort servieren.

1

2

3

Supplì al Telèfono

Der italienische Name für diese frittierten Risotto-Bällchen lautet übersetzt „Telefondrähte", wegen der Fäden ziehenden Mozzarellafüllung.

NÄHRWERTANGABEN

Kilokalorien	280	Zucker	2 g
Eiweiß	5 g	Fett	13 g
Kohlenhydrate	35 g	davon gesättigt	3 g

5 Min. 35–40 Min.

4 Personen

ZUTATEN

- 2 EL Olivenöl
- 1 mittelgroße Zwiebel, fein gehackt
- 1 Knoblauchzehe, zerdrückt
- 1/2 rote Paprika, fein gewürfelt
- 150 g Arborio-Reis, gewaschen
- 1 TL getrockneter Oregano
- 400 ml Gemüse- oder Hühnerbrühe, erhitzt
- 100 ml Weißwein
- 80 g Mozzarella
- Öl, zum Frittieren
- frisches Basilikum, zum Garnieren

1

2

5

1 Das Öl in einer großen Pfanne erhitzen. Die Zwiebel und den Knoblauch darin 3–4 Minuten glasig dünsten.

2 Paprika, Reis und Oregano zufügen und weitere 2–3 Minuten unter Rühren dünsten. Der Reis soll die Ölmischung vollständig aufnehmen.

3 Nach und nach die Brühe und den Wein zugießen. Immer so lange warten, bis die neu zugegossene Flüssigkeit vom Reis aufgesogen wurde, bevor weitere zugegeben wird.

4 Nach etwa 15 Minuten, wenn die gesamte Flüssigkeit aufgesogen wurde und der Reis gar ist, die Risotto-Mischung vom Herd nehmen und abkühlen lassen.

5 Den Käse in 12 kleine Würfel schneiden. Etwa 1 Esslöffel der abgekühlten Reismischung in die hohle Hand geben, dann einen Käsewürfel in die Mitte drücken und zu einer kleinen Kugel formen.

6 Das Öl in einer Pfanne stark erhitzen. Dann die Risotto-Bällchen in Viererportionen darin 2 Minuten goldbraun frittieren.

7 Die fertigen Reisbällchen aus der Pfanne nehmen und auf Küchenpapier abtropfen lassen. Mit etwas frischem Basilikum garnieren und noch heiß servieren.

Miesmuscheln in Weißwein

Diese Miesmuscheln ergeben nicht nur eine köstliche Vorspeise, sondern – mit reichlich frischem Brot – auch ein vollwertiges Hauptgericht.

NÄHRWERTANGABEN

Kilokalorien 396	Zucker ....2 g
Eiweiß ....23 g	Fett ....24 g
Kohlenhydrate ...8 g	davon gesättigt 15 g

5–10 Min. 25 Min.

4 Personen

ZUTATEN

- 1,5 kg frische Miesmuscheln
- 60 g Butter
- 1 große Zwiebel, fein gehackt
- 2–3 Knoblauchzehen, zerdrückt
- 350 ml trockener Weißwein
- 150 ml Wasser
- 2 EL Zitronensaft
- 1 TL fein geriebene Zitronenschale
- 1 Bouquet garni
- Salz und Pfeffer
- 1 EL Mehl
- 4 EL Crème fraîche oder Crème double
- 2–3 EL frisch gehackte Petersilie
- warmes knuspriges Brot, zum Servieren

1

3

5

1 Die Muscheln mehrfach unter fließendem kaltem Wasser sorgfältig reinigen, um sämtliche Schmutz- und Sandpartikel zu entfernen. Dann die haarigen Bartfäden entfernen. Alle Muscheln mit zerbrochenen Schalen sowie geöffnete Muscheln, die sich bei Berührung nicht schließen, aussortieren und wegwerfen.

2 Die Hälfte der Butter in einem Topf zerlassen. Zwiebel und Knoblauch zufügen und glasig dünsten.

3 Wein, Wasser, Zitronensaft und -schale, Bouquet garni und reichlich Salz und Pfeffer zugeben, aufkochen, abdecken und 4–5 Minuten köcheln.

4 Die Muscheln in den Topf geben, sorgfältig abdecken und 5 Minuten köcheln, bis sich alle Muscheln geöffnet haben. Den Topf dabei regelmäßig schütteln. Nicht geöffnete Muscheln wegwerfen und das Bouquet garni entfernen.

5 Leere Muschelhälften entfernen. Die restliche Butter mit dem Mehl verrühren, unter den Muschelsud rühren und bei schwacher Hitze 2–3 Minuten köcheln, bis der Sud leicht andickt.

6 Crème fraîche und die Hälfte der Petersilie zum Sud geben, vorsichtig erhitzen und mit Salz und Pfeffer abschmecken. Die Muscheln mit dem Sud in große Suppenteller füllen, mit der restlichen Petersilie bestreuen und mit Brot servieren.

Frittierte Meeresfrüchte

Dank der großen Fülle an frischen Fischen und Meeresfrüchten sind frittierte Meeresfrüchte in allen Mittelmeerländern sehr beliebt.

NÄHRWERTANGABEN	
Kilokalorien 393	Zucker ....0,2 g
Eiweiß ....27 g	Fett ....26 g
Kohlenhydrate ..12 g	davon gesättigt .3 g

5 Min. 15 Min.

4 Personen

ZUTATEN

200 g Tintenfisch, ausgenommen und geputzt
200 g rohe Riesengarnelen, geschält
150 g Hering
Öl, zum Frittieren
50 g Mehl
1 TL getrocknetes Basilikum
Salz und Pfeffer

ZUM SERVIEREN

Knoblauchmayonnaise (s. S. 30)
Zitronenspalten

1 Tintenfisch, Riesengarnelen und Hering unter fließendem kaltem Wasser gründlich säubern.

2 Den Tintenfisch mit einem scharfen Messer in Ringe schneiden. Fangarme intakt lassen.

3 Das Öl in einem großen Topf auf 180–190 °C erhitzen (oder bis ein kleiner Brotwürfel innerhalb von 30 Sekunden goldbraun wird).

4 Das Mehl in eine Schüssel geben, Basilikum zufügen, mit Salz und Pfeffer abschmecken und sorgfältig verrühren.

5 Tintenfisch, Garnelen und Hering in der Mehlmischung wälzen, bis alle Seiten mit Mehl bestäubt sind. Überschüssiges Mehl sorgfältig abschütteln.

6 Die Meeresfrüchte nacheinander 2–3 Minuten in dem heißen Öl frittieren, bis sie goldbraun und knusprig sind. Dann mit einem Schaumlöffel herausnehmen und auf Küchenpapier sorgfältig abtropfen lassen.

7 Die frittierten Meeresfrüchte auf Servierteller verteilen und zusammen mit Knoblauchmayonnaise (s. S. 30) und Zitronenspalten servieren.

2

5

6

Crostini alla Fiorentina

Sie können diese knusprig gerösteten Brotscheiben als Vorspeise servieren oder abends als Cocktailhäppchen reichen.

NÄHRWERTANGABEN	
Kilokalorien 393	Zucker ....2 g
Eiweiß ....17 g	Fett ....25 g
Kohlenhydrate ..19 g	davon gesättigt .9 g

10 Min. — 40–45 Min.

4 Personen

ZUTATEN

- 3 EL Olivenöl
- 1 Zwiebel, gehackt
- 1 Selleriestange, gehackt
- 1 Karotte, gehackt
- 1–2 Knoblauchzehen, zerdrückt
- 150 g Hühnerleber
- 150 g Kalbs-, Lamm- oder Schweineleber
- 150 ml Rotwein
- 1 EL Tomatenmark
- 2 EL frische Petersilie, gehackt
- 3–4 Sardellenfilets aus der Dose, fein gehackt
- 2 EL Brühe oder Wasser
- Salz und Pfeffer
- 2–3 EL Butter
- 1 EL Kapern
- gehackte frische Petersilie, zum Garnieren
- frisches Brot, zum Servieren

1 Das Olivenöl in einer Pfanne erhitzen, Zwiebel, Sellerie, Karotte und Knoblauch zufügen und 4–5 Minuten bei schwacher Hitze dünsten.

2 In der Zwischenzeit die Hühnerleber abspülen und mit Küchenpapier trockentupfen. Dann die Kalbsleber trockentupfen und in Streifen schneiden. Die Leber in die Pfanne geben und bei schwacher Hitze ein paar Minuten braten, bis die Leber von allen Seiten gebräunt ist.

3 Die Hälfte des Weins zugeben und etwas einkochen lassen. Dann den restlichen Wein, Tomatenmark, die Hälfte der Petersilie, Sardellenfilets, Brühe oder Wasser sowie etwas Salz und reichlich schwarzen Pfeffer zufügen.

4 Die Pfanne abdecken. Unter gelegentlichem Rühren 15–20 Minuten köcheln.

5 Die Mischung etwas abkühlen lassen und grob hacken oder pürieren.

6 Das Püree wieder in die Pfanne geben. Butter, Kapern und restliche Petersilie unterrühren und vorsichtig erhitzen, bis die Butter schmilzt. Abschmecken und mit Petersilie bestreut servieren.

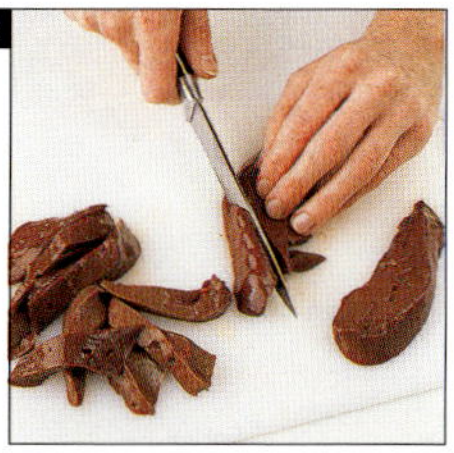

Frische Feigen mit Parmaschinken

Dieser frische, bunte Salat schmeckt zu jeder Jahreszeit. Prosciutto di Parma gilt als eine der besten Schinkensorten weltweit.

NÄHRWERTANGABEN

Kilokalorien	121	Zucker	6 g
Eiweiß	1 g	Fett	11 g
Kohlenhydrate	6 g	davon gesättigt	2 g

15 Min. 5 Min.

4 Personen

ZUTATEN

- 50 g Rucola
- 4 frische Feigen
- 4 Scheiben Parmaschinken
- 4 EL Olivenöl extra vergine
- 1 EL frischer Orangensaft
- 1 EL klarer Honig
- 1 kleine rote Chilischote

1 Den Rucola in mundgerechte Stücke zupfen und auf 4 Teller verteilen.

2 Die Feigen vierteln und auf den Rucolablättern anrichten.

3 Den Schinken in Streifen schneiden und ebenfalls auf dem Salat anrichten.

4 Öl, Orangensaft und Honig in ein Schraubglas füllen und durch kräftiges Schütteln so lange vermengen, bis ein dickflüssiges Dressing entsteht. Das Salatdressing in eine kleine Schüssel füllen.

5 Die Chilischote mit einem scharfen Messer in kleine Stücke schneiden, dabei die Kerne entfernen, zum Dressing geben und gut unterrühren. Das Gesicht nicht berühren, bevor man die Hände nicht gründlich gewaschen hat (siehe Tipp).

6 Das Dressing über den Feigen-Parmaschinken-Salat träufeln und sofort servieren.

2

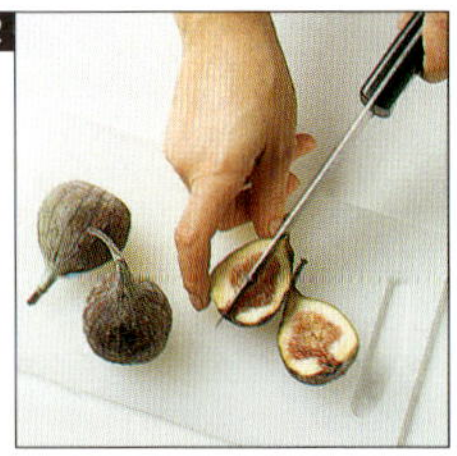

3

5

TIPP

Da der Saft der Chili eine ätzende Wirkung hat, ist es ratsam, bei ihrer Verarbeitung Gummihandschuhe zu tragen.

Salumi

Hier werden verschiedene Dauerwurst- und Aufschnittsorten *(salumi)* mit Oliven und Gemüse zu einer farbenfrohen Vorspeise kombiniert.

NÄHRWERTANGABEN

Kilokalorien	227	Zucker	5 g
Eiweiß	10 g	Fett	19 g
Kohlenhydrate	5 g	davon gesättigt	1 g

10 Min. 5–10 Min.

4 Personen

ZUTATEN

3 reife Tomaten
3 reife Feigen
1 kleine Melone
60 g italienische Salami, in dünne Scheiben geschnitten
4 dünne Scheiben Mortadella
6 Scheiben Parmaschinken
6 Scheiben Bresaola
4 frische Basilikumblätter, gehackt
Olivenöl extra vergine
90 g marinierte Oliven, entsteint
frisch gemahlener Pfeffer, zum Servieren

1 Die Tomaten in dünne Scheiben schneiden. Die Feigen vierteln.

2 Melone halbieren, entkernen und in Spalten schneiden.

3 Den Aufschnitt auf einer Hälfte der Platte arrangieren. Die Tomaten in der Mitte mit Basilikum bestreuen und mit Öl beträufeln.

4 Feigen und Melonenspalten sowie die Oliven dazulegen.

5 Mit Pfeffer bestreuen und mit etwas zusätzlichem Olivenöl servieren, um die Bresaolascheiben damit zu beträufeln.

1
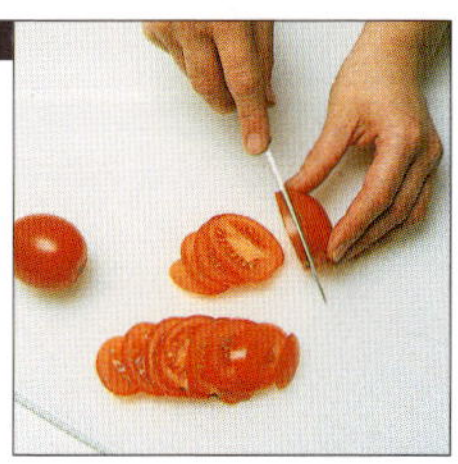

1

3

Snacks & Zwischenmahlzeiten

Die folgenden Rezepte für Snacks und leichte Zwischenmahlzeiten – einschließlich Gemüse-, Fleisch- und Fischgerichten – bieten etwas für jeden Geschmack. Sie eignen sich besonders für den kleinen Hunger

zwischendurch oder für hektische Zeiten, wenn Sie eine schnelle Mahlzeit benötigen, die trotzdem nahrhaft und schmackhaft ist. Versuchen Sie doch einmal die köstlichen Tomaten-Mozzarella-Bruschettas oder ein typisch italienisches Omelett – beides Gerichte, die selbst anspruchsvollste Gäste zufrieden stellen. Sämtliche hier vorgestellten Rezepte lassen sich leicht und schnell zubereiten und zählen sicherlich schon bald zu Ihren Lieblingsgerichten.

Tomaten-Mozzarella-Bruschetta

Diese überbackenen Toasts erfreuen durch ihre Geschmacksfülle und ihr farbenfrohes Äußeres.

NÄHRWERTANGABEN

Kilokalorien	232	Zucker	4 g
Eiweiß	4 g	Fett	15 g
Kohlenhydrate	20 g	davon gesättigt	8 g

5–10 Min. 10 Min.

4 Personen

ZUTATEN

- 8 runde Toasties
- 4 Knoblauchzehen, zerdrückt
- 2 EL Butter
- 1 EL frisches Basilikum, gehackt
- 4 große reife Tomaten
- 1 EL Tomatenmark
- 8 schwarze Oliven, entsteint und halbiert
- 50 g Mozzarella, in Scheiben geschnitten
- Salz und Pfeffer
- frische Basilikumblätter, zum Garnieren

DRESSING

- 1 EL Olivenöl extra vergine
- 2 TL Zitronensaft
- 1 TL Honig

2

3

4

1 Die Toasties 2–3 Minuten unter dem Grill bei 200 °C goldbraun rösten.

2 Knoblauch, Butter und Basilikum mischen und auf den Toasties verstreichen.

3 In der Zwischenzeit die Tomaten an der Unterseite kreuzförmig einritzen, in eine kleine Schüssel geben, mit kochendem Wasser begießen und 1 Minute ruhen lassen. Dann abtropfen lassen und in kaltes Wasser tauchen. Die Haut lässt sich jetzt mühelos abziehen. Fruchtfleisch hacken und mit Tomatenmark und Oliven mischen. Die Mischung auf den Toasties verteilen.

4 Die Zutaten für das Dressing verrühren und über die Toasties träufeln. Nun mit Mozzarella belegen und mit Salz und Pfeffer würzen.

5 Toasties erneut 1–2 Minuten bei 200 °C grillen, bis der Käse schmilzt.

6 Mit frischen Basilikumblättern garnieren und sofort servieren.

VARIATION

Für ein besonders intensives italienisches Aroma den Zitronensaft durch Balsamico-Essig ersetzen.

Bohnen in Tomatensauce

Diese Kasserolle ist schnell und einfach zubereitet, entweder als leichte Mittagsmahlzeit oder als Beilage zu Wurst oder gegrilltem Fisch.

NÄHRWERTANGABEN

Kilokalorien 273	Zucker ....8 g
Eiweiß ....15 g	Fett ....7 g
Kohlenhydrate ..40 g	davon gesättigt .1 g

10 Min. 15 Min.

4 Personen

ZUTATEN

400 g Cannellini-Bohnen aus der Dose
400 g Borlotti-Bohnen aus der Dose
2 EL Olivenöl
1 Selleriestange, in Scheiben geschnitten
2 Knoblauchzehen, zerdrückt
150 g Perlzwiebeln, halbiert
500 g Tomaten
80 g Rucola

1 Die Bohnen abgießen, dabei 6 Esslöffel der Abtropfflüssigkeit auffangen und beiseite stellen.

2 Das Öl in einem Topf erhitzen. Sellerie, Knoblauch und Zwiebeln darin 5 Minuten dünsten, bis die Zwiebeln goldbraun sind.

3 Die Tomaten von unten kreuzförmig einritzen. In eine hitzebeständige Schüssel geben, mit heißem Wasser übergießen und 30 Sekunden ruhen lassen, bis die Haut aufplatzt. Das Wasser abgießen, die Tomaten auskühlen lassen, enthäuten, hacken, mit der zurückbehaltenen Bohnenflüssigkeit zu dem Gemüse in die Pfanne geben und 5 Minuten mitkochen.

1

2

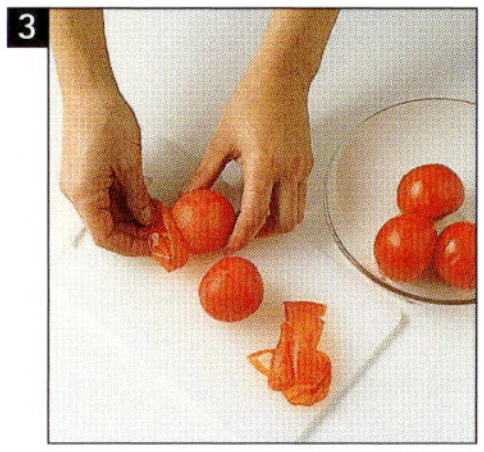
3

4 Die Bohnen zugeben und mit dem Gemüse weitere 3–4 Minuten kochen.

5 Die Rucolablätter zugeben und leicht zusammenfallen lassen, bevor die Bohnenkasserolle serviert wird.

VARIATION

Eine pikante Note erhält das Gericht, wenn bei Schritt 4 1–2 Teelöffel scharfe Pfeffersauce zugegeben werden.

Omelettstreifen in Tomate

Das köstliche Aroma von Tomate und Rosmarin machen den mediterranen Charakter dieses Omelettgerichts aus.

NÄHRWERTANGABEN

Kilokalorien	198	Zucker	6 g
Eiweiß	10 g	Fett	15 g
Kohlenhydrate	6 g	davon gesättigt	8 g

10 Min. 35 Min.

4 Personen

ZUTATEN

- 1 EL Butter
- 1 Zwiebel, fein gehackt
- 2 Knoblauchzehen, zerdrückt
- 4 Eier, verquirlt
- 150 ml Milch
- 80 g Gruyère, gewürfelt
- 400 g gehackte Tomaten aus der Dose
- 1 EL frisch gehackter Rosmarin
- 150 ml Gemüsebrühe
- frisch geriebener Parmesan, zum Bestreuen
- knuspriges Brot, zum Servieren

1 Die Butter in einer großen Pfanne zerlassen. Die Zwiebel und den Knoblauch darin 4–5 Minuten glasig dünsten.

VARIATION

Bei Schritt 1
100 g Pancetta oder ungeräucherten Speck zusammen mit den Zwiebeln anbraten.

1

3

5

2 Die Eier mit der Milch verquirlen und zu der Zwiebel-Knoblauch-Mischung in die Pfanne geben.

3 Während die Eimischung stockt, die angebackenen Teigränder immer wieder von der Pfanne lösen und die noch flüssige Masse darunter laufen lassen.

4 Den Gruyère über die fast vollständig gestockte Eimasse streuen und das Omelett unter einmaligem Wenden 5 Minuten backen, bis es auf beiden Seiten goldbraun ist. Aus der Pfanne nehmen und zusammenklappen.

5 Tomaten, Rosmarin und Brühe in die Pfanne geben und unter Rühren aufkochen.

6 Die Sauce etwa 10 Minuten einkochen.

7 Das Omelett in Streifen schneiden, zu der Sauce geben und 3–4 Minuten erhitzen.

8 Das fertige Gericht mit Parmesan bestreuen und mit dem frischen Brot servieren.

Gratinierter Fenchel

Fenchel ist in Norditalien sehr beliebt. Es ist ein sehr vielseitiges Gemüse, das sowohl gekocht als auch roh in Salaten gut schmeckt.

NÄHRWERTANGABEN

Kilokalorien 111	Zucker . . . . .6 g
Eiweiß . . . . .7 g	Fett . . . . .7 g
Kohlenhydrate . . .7 g	davon gesättigt .3 g

10 Min. 35 Min.

4 Personen

ZUTATEN

- 2 Fenchelknollen
- 2 Selleriestangen, in 8 cm langen Stücken
- 6 sonnengetrocknete Tomaten, halbiert
- 200 g Passata (passierte Tomaten)
- 2 TL getrockneter Oregano
- Salz und Pfeffer
- 50 g frisch geriebener Parmesan

1 Die Knollen waschen. Fenchelgrün, Stängel und Wurzelansatz abschneiden und die angetrockneten Schuppenblätter entfernen. Anschließend vierteln.

2 Wasser in einem großen Topf aufkochen, Fenchel und Sellerie darin 8–10 Minuten blanchieren. Aus dem Topf nehmen und abtropfen lassen.

3 Das Gemüse mit den Tomaten in eine feuerfeste Form geben.

4 Die Passata und den Oregano auf dem Gemüse verteilen und mit Salz und Pfeffer abschmecken.

5 Das so vorbereitete Gratin mit Parmesan bestreuen und im auf 190 °C vorgeheizten Ofen 20 Minuten backen.

6 Das fertige Gericht als Beilage oder mit etwas Brot als Vorspeise servieren.

1

3

4

Spinat-Ricotta-Muscheln

Hier kommt die klassische Kombination aus weich-cremigem Ricotta und kräftig gewürztem Spinat zum Tragen.

NÄHRWERTANGABEN

Kilokalorien	672	Zucker	10 g
Eiweiß	23 g	Fett	26 g
Kohlenhydrate	93 g	davon gesättigt	8 g

5 Min. 40 Min.

4 Personen

ZUTATEN

- 400 g Lumache rigate grande
- 5 EL Olivenöl
- 60 g frische weiße Semmelbrösel
- 125 ml Milch
- 300 g Spinat, Tiefkühlware aufgetaut und abgetropft
- 250 g Ricotta
- 1 Prise frisch geriebene Muskatnuss
- Salz und Pfeffer
- 400 g gehackte Tomaten aus der Dose, abgetropft
- 1 Knoblauchzehe, zerdrückt

1 Salzwasser in einem großen Topf aufkochen. Die Lumache darin mit 1 Esslöffel des Öls bissfest kochen. Abgießen, unter kaltem Wasser abschrecken und beiseite stellen.

2 Semmelbrösel, Milch und weitere 3 Esslöffel des Olivenöls im Mixer verrühren.

3 Spinat und Ricotta ebenfalls in den Mixer geben und glatt pürieren. In eine Schüssel geben, Muskat einrühren und mit Salz und Pfeffer abschmecken.

4 Tomaten, Knoblauch und das restliche Öl mischen und auf den Boden einer Auflaufform geben.

5 Die Lumache mithilfe eines Teelöffels mit der Spinatmischung füllen und auf die Tomatensauce setzen. Abdecken und 20 Minuten im vorgeheizten Backofen bei 180 °C backen. Heiß servieren.

TIPP

Ricotta ist ein cremiger italienischer Käse aus Schafs-, Kuh- oder Büffelmilch. Er ist weiß und geschmeidig und hat einen leicht süßlichen Geschmack. Er sollte innerhalb von 2–3 Tagen verbraucht werden.

Rotelle in pikanter Sauce

Die Sauce kann sehr gut vorab gekocht werden. Kochen Sie reichlich davon und frieren Sie sie portionsweise ein.

NÄHRWERTANGABEN

Kilokalorien 530	Zucker ....4 g
Eiweiß ....13 g	Fett ....18 g
Kohlenhydrate ..78 g	davon gesättigt .3 g

8¼ Std. | 40 Min.

4 Personen

ZUTATEN

200 ml Italienische Rotweinsauce (s. S. 29)
5 EL Olivenöl
3 Knoblauchzehen, zerdrückt
2 frische rote Chilischoten, gehackt
1 grüne Chilischote, gehackt
Salz und Pfeffer
400 g Rotelle
warmes Ciabatta, zum Servieren

1 Die Italienische Rotweinsauce zubereiten.

2 4 Esslöffel des Öls in einem Topf erhitzen. Knoblauch und Chili 3 Minuten darin anbraten.

3 Die Rotweinsauce zugießen, mit Salz und Pfeffer abschmecken und 20 Minuten sanft köcheln.

4 Die Rotelle und das restliche Öl 8 Minuten in einem großen Topf mit leicht gesalzenem Wasser bissfest kochen. Das Wasser abgießen.

5 Die Sauce über die Rotelle geben und vermengen, in eine vorgewärmte Schüssel geben und sofort mit dem warmen Brot servieren.

2

3

5

TIPP

Entfernen Sie die Chilisamen, bevor Sie die Schoten hacken oder in Ringe schneiden. Das schärfste an der Chili sind die Samen und die sollten nicht mit ins Essen geraten.

Tagliarini mit Gorgonzola

Bei dieser einfachen Sahnesauce handelt es sich um ein klassisches italienisches Rezept.

NÄHRWERTANGABEN

Kilokalorien	904	Zucker	4 g
Eiweiß	27 g	Fett	53 g
Kohlenhydrate	83 g	davon gesättigt	36 g

5 Min. 20 Min.

4 Personen

ZUTATEN

- 1 EL Butter
- 250 g Gorgonzola, zerkrümelt
- 150 g Sahne
- 2 EL trockener Weißwein
- 1 TL Speisestärke
- 4 frische Salbeizweige, fein gehackt
- Salz und weißer Pfeffer
- 400 g Tagliarini
- 2 EL Olivenöl
- frische Kräuterblätter, zum Garnieren

1 Die Butter in einem Topf zerlassen. 150 g Gorgonzola einrühren und 2 Minuten bei schwacher Hitze schmelzen.

2 Sahne, Wein und Stärke zugeben und gründlich verquirlen.

3 Den Salbei einrühren und die Sauce mit Salz und Pfeffer abschmecken. Unter ständigem Schlagen bei schwacher Hitze aufkochen, bis die Sauce eindickt. Vom Herd nehmen und beiseite stellen.

4 Salzwasser in einem großen Topf aufkochen. Die Tagliarini mit 1 Esslöffel des Olivenöls 12–14 Minuten bissfest kochen, gründlich abtropfen lassen und mit dem restlichen Olivenöl vermengen. In eine Servierschüssel geben und warm stellen.

5 Die Sauce unter ständigem Rühren bei niedriger Temperatur aufwärmen. Über die Tagliarini geben, mit dem restlichen Käse bestreuen, mit den Kräuterblättern garnieren und sofort servieren.

TIPP

Gorgonzola ist einer der ältesten und besten Blauschimmelkäse der Welt. Achten Sie beim Kauf auf die cremig-gelbe Farbe und feine blaugrüne Äderung. Meiden Sie harten oder verfärbten Käse. Er sollte ein volles, pikantes, aber nicht bitteres Aroma haben. Sie können ihn durch den milderen Danish blue ersetzen.

Auberginen auf Linguine

Die Auberginen werden im Voraus mariniert, so muss man unmittelbar vor dem Essen nur noch die Linguine kochen.

NÄHRWERTANGABEN

Kilokalorien	378	Zucker	3 g
Eiweiß	12 g	Fett	30 g
Kohlenhydrate	16 g	davon gesättigt	3 g

13¼ Std. — 15 Min.

4 Personen

ZUTATEN

150 ml Gemüsebrühe
150 ml Weißweinessig
2 TL Balsamico-Essig
3 EL Olivenöl
1 frischer Oreganozweig
500 g Auberginen, geschält und in dünne Scheiben geschnitten
400 g Linguine

MARINADE

2 EL Olivenöl, extra vergine
2 Knoblauchzehen, zerdrückt
2 EL frisch gehackter Oregano
2 EL fein gehackte, geröstete Mandeln
2 EL gewürfelte rote Paprika
2 EL Limettensaft
geriebene Schale und Saft von 1 Orange
Salz und Pfeffer

1 Brühe und die beiden Essigsorten in einen Topf geben und bei schwacher Hitze aufkochen. 2 Teelöffel des Olivenöls und den Oreganozweig zugeben und 1 Stunde sanft köcheln.

2 Die Auberginenscheiben in den Topf geben, vom Herd nehmen und 10 Minuten ziehen lassen.

3 Für die Marinade Öl, Knoblauch, Oregano, Mandeln, Paprika, Limettensaft, Orangenschale und -saft in einer großen Schüssel mischen. Mit Salz und Pfeffer abschmecken.

4 Die Auberginen mit einem Schaumlöffel aus dem Topf heben und gut abtropfen lassen. Die Scheiben in der Marinade wenden und 12 Stunden ziehen lassen.

5 Salzwasser in einem großen Topf aufkochen. Die Hälfte des restlichen Öls und die Linguine hineingeben und die Nudeln bissfest kochen. Abgießen und mit dem restlichen Öl vermengen. Die Nudeln auf einem Servierteller anrichten, die Auberginenscheiben und die Marinade darauf geben und servieren.

1

2

4

Dreifarbige Timballini

Nudeln einmal anders: Diese Käsetimbale schmecken mit einem frischen Salat vorzüglich als leichte Mittagsmahlzeit.

NÄHRWERTANGABEN

Kilokalorien	529	Zucker	7 g
Eiweiß	18 g	Fett	29 g
Kohlenhydrate	46 g	davon gesättigt	12 g

30 Min. 1 Std.

4 Personen

ZUTATEN

- 1 EL weiche Butter, zum Einfetten
- 60 g Paniermehl
- 200 g dreifarbige Spaghetti, in 5 cm lange Stücke gebrochen
- 3 EL Olivenöl
- 1 Eigelb
- 125 g geriebener Gruyère
- 300 ml Béchamel-Sauce (s. S. 28)
- 1 Zwiebel, fein gehackt
- 1 Lorbeerblatt
- 150 ml trockener Weißwein
- 150 g Passata (passierte Tomaten)
- 1 EL Tomatenmark
- Salz und Pfeffer
- frische Basilikumblätter, zum Garnieren

1

3

6

1 Vier 180-ml-Ramequin-Förmchen mit Butter einfetten. Gleichmäßig mit der Hälfte des Paniermehls ausstreuen.

2 Die Spaghetti mit 1 Esslöffel des Öls in Salzwasser bissfest kochen. Abtropfen lassen und in eine Rührschüssel geben.

3 Eigelb und Käse zu den Nudeln geben und abschmecken. Die Béchamel-Sauce zugeben und vermengen. Nudeln in die Förmchen geben und mit dem übrigen Paniermehl bestreuen.

4 Die Förmchen auf ein Backblech setzen und 20 Minuten im vorgeheizten Ofen bei 220 °C überbacken. Für 10 Minuten beiseite stellen.

5 Das restliche Öl für die Sauce in einem Topf erhitzen und Zwiebel und Lorbeerblatt 2–3 Minuten sanft anbraten.

6 Wein, Passata und Tomatenmark einrühren, mit Salz und Pfeffer abschmecken und 20 Minuten köcheln, bis die Sauce eindickt. Das Lorbeerblatt entfernen.

7 Die Timballini auf Teller verteilen, mit Basilikumblättern garnieren und mit Tomatensauce servieren.

Rigatoni mit Thunfischfüllung

Die gerillten Pastaröhren werden mit Thunfisch und Ricotta gefüllt, mit einer Sahnesauce übergossen und im Ofen überbacken.

NÄHRWERTANGABEN

Kilokalorien	949	Zucker	5 g
Eiweiß	51 g	Fett	48 g
Kohlenhydrate	85 g	davon gesättigt	26 g

10 Min. 45 Min.

4 Personen

ZUTATEN

- Butter, zum Einfetten
- 500 g Rigatoni
- 1 EL Olivenöl
- 200 g Thunfisch aus der Dose, abgetropft
- 250 g Ricotta
- 125 g Sahne
- 200 g frisch geriebener Parmesan
- Salz und Pfeffer
- 125 g sonnengetrocknete Tomaten in Öl, abgetropft und in Streifen geschnitten

3

3

4

1 Eine feuerfeste Form leicht einfetten.

2 Salzwasser in einem großen Topf aufkochen. Die Rigatoni darin mit Olivenöl bissfest kochen. Abgießen und zum Abkühlen beiseite stellen.

3 Thunfisch und Ricotta in einer Schüssel zu einer geschmeidigen Paste verrühren. Die Mischung in einen Spritzbeutel geben und die Rigatoni damit füllen. Die gefüllten Nudeln nebeneinander in die Form legen.

4 Für die Sauce Sahne und Parmesan mischen und mit Salz und Pfeffer abschmecken. Die Sauce über die Rigatoni geben und mit den getrockneten Tomaten kreuzförmig belegen. 20 Minuten im vorgeheizten Ofen bei 200 °C backen. Heiß direkt aus der Form servieren.

VARIATION

Für eine vegetarische Version dieses Gerichts ersetzen Sie den Thunfisch einfach durch entsteinte und gehackte schwarze Oliven und gehackte Walnüsse. An der weiteren Zubereitung ändert sich nichts.

Crespelles mit Räucherfisch

Crespelles schmecken gut als Vorspeise oder als leichtes Abendessen. Wandeln Sie die Füllung nach Ihrem Geschmack ab.

NÄHRWERTANGABEN

Kilokalorien 399	Zucker . . . . .6 g
Eiweiß . . . . .36 g	Fett . . . . .18 g
Kohlenhydrate . .25 g	davon gesättigt .10 g

15 Min. 1 Std. 20 Min.

Ergibt 12 Crespelles

ZUTATEN

CRESPELLES

100 g Mehl
1/2 TL Salz
1 Ei, verquirlt
300 ml Milch
1 EL Öl, zum Braten

FÜLLUNG

500 g geräucherter Schellfisch, gehäutet
300 ml Milch
2 EL Butter oder Margarine
2 EL Mehl
300 ml Fischfond (s. S. 30)
80 g frisch geriebener Parmesan
Salz und Pfeffer
100 g Erbsen, Tiefkühlware aufgetaut
100 g Riesengarnelen, gekocht und geschält
50 g geriebener Gruyère

1

2

5

1 Für die Crespelles Mehl und Salz in eine Schüssel sieben. Eine Vertiefung in die Mitte der Mischung drücken, das Ei hineingeben und vermengen. Während des Rührens langsam so viel Milch zugießen, bis ein glatter Teig entsteht.

2 Den Fisch in eine große Pfanne geben, die Milch zugießen, aufkochen und den Fisch darin etwa 10 Minuten köcheln, bis er zerfällt. Dann die Milch abgießen und auffangen. Den Fisch beiseite stellen.

3 Die Butter in einem Topf zerlassen, mit dem Mehl vermengen und 2–3 Minuten bräunen. Vom Herd nehmen, die aufgefangene Milch zugießen und zu einer glatten Sauce verrühren. Den Fischfond einrühren. Unter Rühren aufkochen. Parmesan zugeben und mit Salz und Pfeffer abschmecken.

4 In einer eingefetteten Pfanne 2 Esslöffel des Teigs bis zum Rand verstreichen und 2–3 Minuten von jeder Seite goldbraun backen. Mit dem übrigen Teig ebenso verfahren. Zwischen die Crespelles ein Stück Backpapier legen, stapeln und im Ofen warm halten.

5 Fisch, Erbsen und Garnelen mit der Hälfte der Fischsauce vermengen und die Crespelles mit der Mischung füllen. In eine feuerfeste Form geben, mit der übrigen Sauce übergießen, mit Gruyère bestreuen und 20 Minuten im auf 190 °C vorgeheizten Ofen goldbraun backen.

Spaghetti mit Sardellenpesto

Das ideale Gericht für Eilige. Die Zutaten sollten ohnehin jederzeit vorrätig sein.

NÄHRWERTANGABEN

Kilokalorien 712	Zucker . . . . .4 g
Eiweiß . . . . .25 g	Fett . . . . .34 g
Kohlenhydrate . .81 g	davon gesättigt .8 g

10 Min. 25 Min.

4 Personen

ZUTATEN

- 3 EL Olivenöl
- 2 Knoblauchzehen, zerdrückt
- 60 g Sardellenfilets aus der Dose, abgetropft
- 500 g Spaghetti
- 60 g Pesto (s. S. 37)
- 2 EL frisch gehackter Oregano
- Salz und schwarzer Pfeffer
- 100 g frisch geriebener Parmesan und etwas Parmesan zum Servieren (nach Wunsch)
- 2 frische Oreganozweige, zum Garnieren

1 1 Esslöffel des Öls in einem kleinen Topf erhitzen und den Knoblauch 3 Minuten darin anbraten.

2 Die Sardellen zugeben und unter Rühren braten, bis sie auseinander fallen.

3 Salzwasser in einem großen Topf aufkochen. Die Spaghetti mit dem restlichen Olivenöl bissfest kochen.

4 Pesto und Oregano zur Sardellenmischung geben und mit Salz und Pfeffer abschmecken.

1

2

4

5 Die Spaghetti mit einem Schaumlöffel abtropfen lassen und in eine vorgewärmte Schüssel geben. Die Sauce über die Nudeln verteilen und mit Parmesan bestreuen. Mit Oreganozweigen garnieren und nach Wunsch mit zusätzlichem Parmesan servieren.

TIPP

Wenn die Sardellen aus der Dose zu salzig sind, 5 Minuten in eine Schale mit kalter Milch legen, abtropfen lassen und trockentupfen. Die Milch entzieht den Sardellen das Salz.

Kartoffeln mit Oliven & Sardellen

Dies ist eine ideale Beilage zu Fisch oder Lammkoteletts. Der Fenchel verleiht dem Gericht einen leichten Anisgeschmack.

NÄHRWERTANGABEN

Kilokalorien	202	Zucker	2 g
Eiweiß	7 g	Fett	12 g
Kohlenhydrate	19 g	davon gesättigt	1 g

10 Min. 30 Min.

4 Personen

ZUTATEN

- 500 g kleine neue Kartoffeln
- 75 g gemischte Oliven
- 8 Sardellenfilets aus dem Glas, abgetropft
- 2 EL Olivenöl
- 2 Fenchelknollen, geputzt und in Scheiben geschnitten
- 2 EL frischer Rosmarin
- frisch gemahlener schwarzer Pfeffer

1 Wasser in einem großen Topf aufkochen und die Kartoffeln darin 12–15 Minuten garen. Dann das Wasser abgießen und die Kartoffeln etwas abkühlen lassen.

2 Die abgekühlten Kartoffeln mit einem Messer in Spalten schneiden.

2

4

5

3 Die Oliven entsteinen und halbieren.

4 Die Sardellen in schmale Streifen schneiden.

5 Das Öl in einer großen Pfanne erhitzen, Kartoffelspalten, Fenchel und Rosmarin zugeben und so lange braten, bis die Kartoffeln goldbraun sind.

6 Oliven und Sardellen zugeben und 1 Minute mitbraten. Leicht pfeffern.

7 Das fertige Gericht auf Teller verteilen und sofort servieren.

TIPP

Frischer Rosmarin ist in Italien sehr beliebt, je nach Geschmack können für dieses Gericht aber auch andere Kräuter verwendet werden.

Frittierte Mozzarellataschen

Mozzarellataschen sind eine leckere Zwischenmahlzeit. Um sie als Antipasto zu servieren, sollte man kleinere Dreiecke zubereiten.

NÄHRWERTANGABEN

Kilokalorien	379	Zucker	4 g
Eiweiß	20 g	Fett	22 g
Kohlenhydrate	28 g	davon gesättigt	5 g

20 Min. 5–10 Min.

4 Personen

ZUTATEN

8 Scheiben (am besten altbackenes) Brot, ohne Kruste
100 g Mozzarella, in dicke Scheiben geschnitten
8 Sardellenfilets, abgetropft und gehackt
16 frische Basilikumblätter
50 g schwarze Oliven, entsteint und gehackt
Salz und Pfeffer
4 Eier, verquirlt
150 ml Milch
Öl, zum Frittieren

1 Die Brotscheiben in je 2 Dreiecke schneiden. 8 der Dreiecke mit Mozzarella, Oliven und Sardellen belegen.

2 Basilikum darauf legen und mit Salz und Pfeffer würzen.

3 Die belegten Dreiecke mit den übrigen 8 Brotecken bedecken.

4 Diese Sandwiches zusammendrücken und in eine tiefe Schale legen.

5 Eier und Milch verquirlen, über die Sandwiches gießen und diese 5 Minuten einweichen lassen.

6 Das Öl in einem großen Topf so stark erhitzen, dass ein Brotwürfel innerhalb von 30 Sekunden darin bräunt.

7 Die Ränder der Sandwiches noch einmal kräftig zusammendrücken.

7 Die Sandwiches vorsichtig in das heiße Öl gleiten lassen und unter einmaligem Wenden von beiden Seiten goldbraun frittieren. Mit einer Schaumkelle aus dem Topf heben, auf Küchenpapier abtropfen lassen und noch heiß servieren.

Gefüllte Ciabatta-Brötchen

Wenn Ihnen Wurstbrötchen zu langweilig sind: Diese knusprigen Ciabattabrötchen mit gegrillten Paprika und Käse sind unwiderstehlich.

NÄHRWERTANGABEN

Kilokalorien 328	Zucker ....6 g
Eiweiß ....8 g	Fett ....19 g
Kohlenhydrate ..34 g	davon gesättigt .9 g

15 Min. 10 Min.

4 Personen

ZUTATEN

2 EL Olivenöl
1 Knoblauchzehe, zerdrückt
4 Ciabattabrötchen, aufgeschnitten

FÜLLUNG

1 rote Paprika
1 grüne Paprika
1 gelbe Paprika
4 Radieschen, in Scheiben geschnitten
1 Bund Brunnenkresse
100 g Frischkäse

1 Olivenöl und Knoblauch in einer Pfanne erhitzen, die Mischung über die Brötchenhälften geben. Beiseite stellen.

2 Die Paprika halbieren, mit der Schnittfläche nach unten auf ein Backblech legen und bei 200 °C etwa 10-12 Minuten grillen, bis die Haut leicht schwarz wird. Dann die Paprika vom Blech nehmen, die Haut mit einer Messerspitze abziehen und das Fruchtfleisch in dünne Scheiben schneiden.

3 Je eine Brötchenhälfte mit Radieschen und Brunnenkresse belegen, den Frischkäse darauf geben und mit den gegrillten Paprikascheiben belegen. Zum Schluss die anderen Brötchenhälften darauf legen und sofort servieren.

1

2

3

Überbackene Auberginen

Dieses köstliche Rezept stammt aus Parma. Wenn Sie die Tomatensauce etwas einkochen, schmeckt sie noch intensiver.

NÄHRWERTANGABEN

Kilokalorien	578	Zucker	22 g
Eiweiß	17 g	Fett	43 g
Kohlenhydrate	25 g	davon gesättigt	13 g

15 Min. | 1¼ Std.

4 Personen

ZUTATEN

- 4 Auberginen, geputzt
- 3 EL Olivenöl
- 300 g Mozzarella, in dünne Scheiben geschnitten
- 4 Scheiben Parmaschinken, in Streifen geschnitten
- 1 EL frischer Majoran, gehackt
- 1 EL frisches Basilikum, gehackt
- Salz und Pfeffer
- 1/2 Portion Béchamel-Sauce (s. S. 28)
- 3 EL frisch geriebener Parmesan

TOMATENSAUCE

- 4 EL Olivenöl
- 1 große Zwiebel, in Ringe geschnitten
- 4 Knoblauchzehen, zerdrückt
- 400 g gehackte Tomaten aus der Dose
- 500 g frische Tomaten, gehäutet und gehackt
- 4 EL frische Petersilie, gehackt
- 600 ml Gemüsefond, erhitzt
- 1 EL Zucker
- 2 EL Zitronensaft
- 150 ml trockener Weißwein
- Salz und Pfeffer

1 Für die Tomatensauce das Öl in einer großen Pfanne erhitzen und Zwiebel und Knoblauch darin glasig dünsten. Sämtliche Tomaten, Petersilie, Fond, Zucker und Zitronensaft zufügen, zudecken und 15 Minuten köcheln, dann den Wein einrühren. Mit Salz und Pfeffer abschmecken.

2 Die Auberginen längs in Scheiben schneiden. Eine großen Topf Wasser aufkochen und die Auberginen 5 Minuten blanchieren, dann abtropfen lassen und mit Küchenpapier trockentupfen.

3 Die Hälfte der Tomatensauce in eine gefettete Auflaufform geben, mit der Hälfte der Auberginenscheiben belegen und mit Olivenöl beträufeln. Dann die Hälfte des Mozzarellas, des Parmaschinkens und der Kräuter darüber geben und mit Salz und Pfeffer abschmecken.

4 Den Vorgang mit den restlichen Zutaten wiederholen, mit Béchamel-Sauce bedecken und mit Parmesan bestreuen. Bei 190 °C 35–40 Minuten garen, bis die Oberfläche goldbraun ist. Sofort servieren.

2

2

3

Pan Bagna

Ein besonders saftiges „Sandwich" für ein Picknick oder für zwischendurch, das ursprünglich von den Bauern mit aufs Feld genommen wurde.

NÄHRWERTANGABEN

Kilokalorien 377	Zucker . . . . .3 g
Eiweiß . . . . .20 g	Fett . . . . .25 g
Kohlenhydrate . .19 g	davon gesättigt .6 g

2½ Std. 30 Min.

4 Personen

ZUTATEN

1 rote Paprika, halbiert und entkernt
250 g Rumpsteak, 2,5 cm dick
1 kleines Ciabatta
4 EL Olivenöl
2 sehr große Tomaten, in Scheiben geschnitten
10 schwarze Oliven, halbiert
1/2 Salatgurke, geschält und in Scheiben geschnitten
6 Sardellenfilets, gehackt
Salz und Pfeffer

1 Die Paprikahälften mit der Schnittfläche nach unten 10–12 Minuten grillen, bis die Haut leicht schwarz wird. Dann die Paprika in einen Gefrierbeutel geben, den Beutel fest verschließen und die Hälften darin abkühlen lassen.

VARIATION

Je nach Geschmack können Sie auch andere Füllungen wie Pasteten, Würste oder andere Salate verwenden. Mozzarella bietet sich ebenfalls an, da er nicht so trocken ist wie andere Käsesorten. Zwiebeln verleihen dem Pan Bagna zusätzliche Schärfe.

3
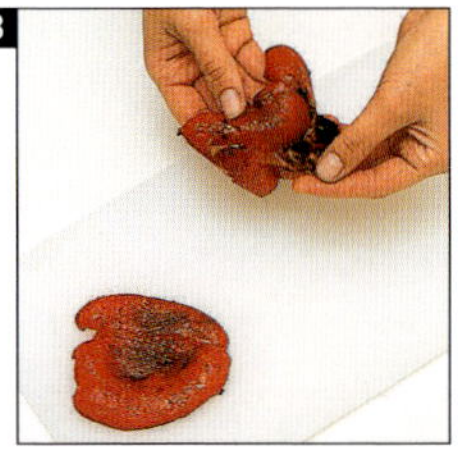

5

6
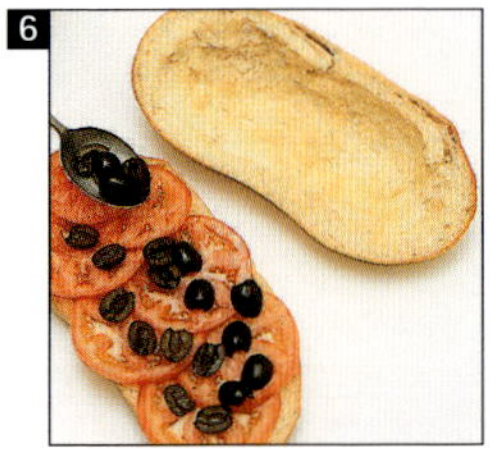

2 In der Zwischenzeit das Steak von beiden Seiten anbraten.

3 Die abgekühlte Paprika aus dem Beutel nehmen, die Haut abziehen und das Fruchtfleisch in Scheiben schneiden.

4 Das Steak mit einem scharfen Messer in dünne Scheiben schneiden.

5 Das Ciabatta längs aufschneiden, die Hälften etwas aushöhlen. Dann beide Hälften mit reichlich Olivenöl bestreichen.

6 Die untere Baguettehälfte mit Tomaten, Oliven, Gurke, Steakstreifen, Sardellenfilets und Paprika belegen, mit Salz und Pfeffer abschmecken und mit der oberen Baguettehälfte belegen.

7 Das Pan Bagna einmal fest zusammendrücken und in Frischhaltefolie wickeln. Für mindestens 2 Stunden in den Kühlschrank legen. Wenn Sie das Pan Bagna am Morgen zubereiten, können sich die Aromen bis zum Mittagessen wunderbar entfalten.

Orecchiette mit Specktomaten

Durch den Duft von Oregano und gebratenem Speck läuft dem Koch bereits bei der Zubereitung das Wasser im Mund zusammen.

NÄHRWERTANGABEN

Kilokalorien	431	Zucker	8 g
Eiweiß	10 g	Fett	29 g
Kohlenhydrate	34 g	davon gesättigt	14 g

10 Min. 35 Min.

4 Personen

ZUTATEN

1 kg kleine Tomaten
6 Scheiben Räucherspeck ohne Schwarte
60 g Butter
1 Zwiebel, gehackt
1 Knoblauchzehe, zerdrückt
4 frische Oreganozweige, fein gehackt
Salz und Pfeffer
500 g Orecchiette
1 EL Olivenöl
frische Basilikumzweige, zum Garnieren
frisch geriebener Pecorino, zum Servieren

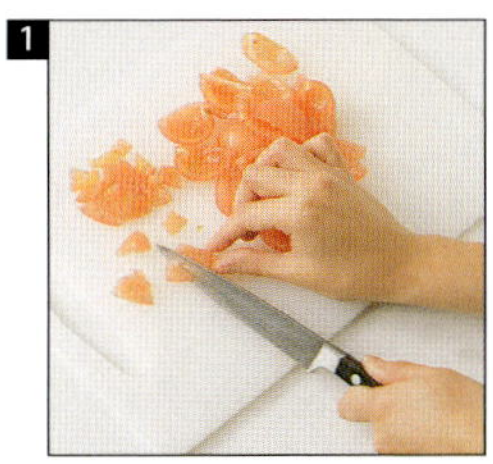

1 Die Tomaten in sprudelnd-kochendem Wasser blanchieren. Abtropfen, häuten und entkernen, dann grob hacken.

2 Den Speck klein würfeln.

3 Die Butter in einem Topf zerlassen und den Speck goldgelb anbraten.

4 Zwiebel und Knoblauch zugeben und 5–7 Minuten anbraten.

5 Tomaten und Oregano in den Topf geben und mit Salz und Pfeffer abschmecken. Temperatur reduzieren und 12 Minuten köcheln.

6 Salzwasser in einem großen Topf aufkochen. Die Orecchiette darin mit Öl bissfest kochen. Abgießen und in eine Schüssel geben.

7 Die Speck-Tomaten-Sauce darüber geben, vermengen und mit Basilikum garnieren. Sofort mit dem Pecorino servieren.

TIPP

Verwenden Sie für den echten italienischen Geschmack Pancetta anstelle von herkömmlichem Speck. Pancetta verleiht vielen traditionellen italienischen Gerichten eine ganz besondere Note. Sie ist geräuchert und ungeräuchert erhältlich.

Mozzarella-Schinken-Toast

So kann man den vielseitigen Mozzarella auch auf den Tisch bringen. Wenn man das Brot aufschneidet, sieht man den geschmolzenen Käse.

NÄHRWERTANGABEN			
Kilokalorien	461	Zucker	10 g
Eiweiß	19 g	Fett	2,8 g
Kohlenhydrate	37 g	davon gesättigt	7 g

15 Min. 40 Min.

4 Personen

ZUTATEN

200 g Mozzarella
4 Scheiben Parmaschinken (ca. 100 g)
8 Scheiben altbackenes Weißbrot, ohne Kruste
Butter, zum Bestreichen
2–3 Eier
3 EL Milch
Salz und Pfeffer
Pflanzenöl, zum Frittieren

TOMATEN-PAPRIKA-SAUCE

3 EL Olivenöl
1 Zwiebel, gehackt
2 Knoblauchzehen, zerdrückt
1 rote Paprika, entkernt und gehackt
400 g Tomaten aus der Dose
2 EL Tomatenmark
3 EL Wasser
1 EL Zitronensaft
Salz und Pfeffer
glatte Petersilie, zum Garnieren (nach Wunsch)

1 Für die Sauce das Öl in einem Topf erhitzen, Zwiebel und Knoblauch darin glasig dünsten, Paprika zufügen und einige Minuten kochen. Dann Tomaten, Tomatenmark, Wasser, Zitronensaft, Salz und Pfeffer zugeben, aufkochen, zudecken und 10–15 Minuten köcheln. Die Sauce etwas abkühlen lassen, anschließend pürieren und in einen Topf geben.

2 Den Mozzarella in 4 Scheiben schneiden, den Schinken auf die Größe der Mozzarellascheiben zuschneiden.

3 Dann die Brotscheiben mit Butter bestreichen, mit 4 Scheiben Mozzarella und Schinken belegen und die restlichen Brotscheiben darauf legen. Ränder fest zusammendrücken. Die Sandwiches nach Wunsch halbieren, in Frischhaltefolie wickeln und kühl stellen.

4 Die Eier mit Milch, Salz und Pfeffer verquirlen, die Toasts in die Eimischung tunken, bis sie gleichmäßig bedeckt sind und ein paar Minuten einweichen lassen.

5 Das Öl in einem Topf auf 180–190 °C erhitzen (oder bis ein kleiner Brotwürfel innerhalb von 30 Sekunden goldbraun wird). Die Sandwiches nacheinander darin von beiden Seiten goldbraun braten, dann abtropfen lassen und warm stellen. Die Tomaten-Paprika-Sauce kurz aufwärmen und zu den Sandwiches reichen. Mit Petersilie garnieren.

3

4

5

Linguine mit Räucherschinken

Für ein leichtes Mittagessen können Sie das Gericht mit frischem, mit Pesto bestrichenem Ciabatta servieren.

NÄHRWERTANGABEN

Kilokalorien	537	Zucker	4 g
Eiweiß	22 g	Fett	29 g
Kohlenhydrate	71 g	davon gesättigt	8 g

25 Min. 15 Min.

4 Personen

ZUTATEN

500 g Linguine
500 g Brokkoliröschen
150 ml Italienische Käsesauce (s. S. 30)
250 g italienischer Räucherschinken
Pfeffer
frisches Ciabatta und Pesto (s. S. 37), zum Servieren

1 Salzwasser in einem großen Topf aufkochen. Linguine und Brokkoliröschen hineingeben und 10 Minuten bissfest kochen.

2 Linguine und Brokkoli gründlich abtropfen lassen und warm stellen. In der Zwischenzeit die italienische Käsesauce zubereiten.

3 Den Schinken mit einem scharfen Messer in dünne Streifen schneiden.

4 Linguine, Brokkoli und Schinken mit der Käsesauce vermengen und bei sehr niedriger Temperatur sanft erwärmen.

5 Die Nudeln in eine vorgewärmte Schüssel geben. Mit Pfeffer bestreuen und mit den mit Pesto bestrichenen Ciabatta-Scheiben servieren.

1

3
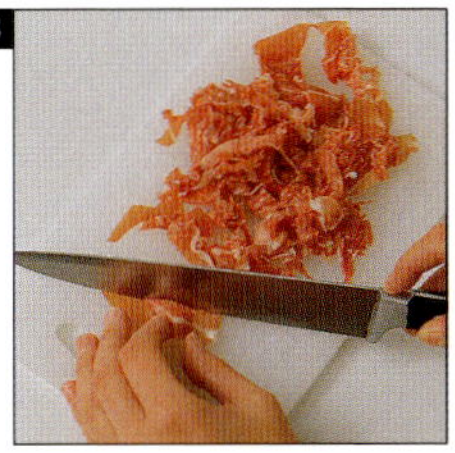

4

TIPP

Für dieses Gericht eignen sich viele italienische Brotsorten. Ciabatta wird mit Olivenöl zubereitet und ist mit verschiedenen Zutaten wie Oliven oder sonnengetrockneten Tomaten erhältlich.

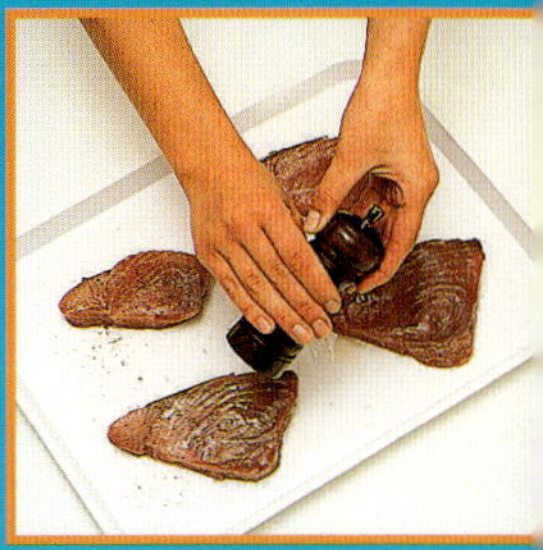

Fisch & Meeresfrüchte

Alles, was das Meer zu bieten hat, findet in der italienischen Küche Verwendung – von der kleinsten Sardine bis zum größten Thunfisch. Italiens Fischmärkte mit ihrer großen Vielfalt an Meeresfrüchten sind immer ein faszinierender Anblick. Die meisten Originalrezepte sehen natürlich Fische aus dem Mittelmeer vor, die jedoch nicht überall erhältlich sind. Daher können Sie selbstverständlich auch auf andere Fischsorten oder tiefgefrorenen Fisch zurückgreifen. Da Fisch neben Pasta zu den wichtigsten Bestandteilen der italienischen Küche zählt, kombiniert man ihn gerne mit Nudelgerichten – wobei oft neue aufregende Geschmackskombinationen entstehen!

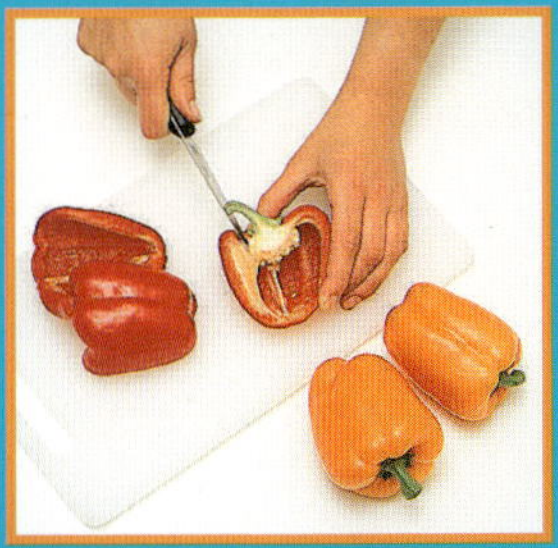

Orangenmakrele

Makrelen können ziemlich mächtig sein, aber mit Orangen und gerösteten Mandeln gefüllt schmecken sie leicht und würzig.

NÄHRWERTANGABEN

Kilokalorien 623	Zucker ....7 g
Eiweiß ....42 g	Fett ....47 g
Kohlenhydrate ...8 g	davon gesättigt .8 g

15 Min. — 35 Min.

4 Personen

ZUTATEN

- 2 EL Öl
- 4 Frühlingszwiebeln, in Ringe geschnitten
- 2 Orangen
- 50 g gemahlene Mandeln
- 1 EL Haferflocken
- 50 g gemischte grüne und schwarze Oliven, entsteint und klein gehackt
- 8 Makrelenfilets
- Salz und Pfeffer
- knackiger Salat, zum Servieren

1 Das Öl in einer Pfanne erhitzen und die Frühlingszwiebeln darin 2 Minuten andünsten.

2 Die Orangenschale fein reiben und die weißen Reste mit einem scharfen Messer entfernen.

3 Die Orange filieren. Dazu die Fruchtsegmente entlang der Hautlappen einschneiden, das Fleisch herauslösen und halbieren. Die Orangen dabei über eine Schüssel halten, um den auslaufenden Fruchtsaft aufzufangen.

4 Die Mandeln auf ein Backblech legen und 2–3 Minuten unter einem vorgeheizten Grill leicht anrösten. Aufpassen, dass sie nicht zu dunkel werden.

5 Frühlingszwiebeln, Orangen, Mandeln, Haferflocken und Oliven in einer Schüssel mischen. Dann mit Salz und Pfeffer abschmecken.

6 Die so entstandene Mischung auf die Makrelenfilets verteilen. Dann die Filets zusammenrollen und mit einem Zahnstocher fixieren.

7 Die Makrelenröllchen in einem auf 190 °C vorgeheizten Backofen 25 Minuten garen.

8 Die fertigen Röllchen auf Teller verteilen und warm mit Salat servieren.

Pesce marinati

Selbst kurzes Marinieren verleiht jedem Fisch ein feines Aroma und macht auch gegrillten Fisch zu einer Delikatesse.

NÄHRWERTANGABEN

Kilokalorien 361	Zucker . . . . .0 g
Eiweiß . . . . .26 g	Fett . . . . .29 g
Kohlenhydrate . . .0 g	davon gesättigt .5 g

45 Min. 15 Min.

4 Personen

ZUTATEN

- 4 ganze Makrelen
- 4 EL frisch gehackter Majoran
- 2 EL Olivenöl
- geriebene Schale und Saft von 1 Limette
- 2 Knoblauchzehen, zerdrückt
- Salz und Pfeffer

1 Die Schuppen der Makrelen mit der stumpfen Seite eines Messers in Richtung Kopf abschaben.

2 Die Bäuche der Makrelen mit einem scharfen Messer einstechen und den Bauchraum weit öffnen. Die Fische ausnehmen und unter kaltem Wasser abspülen. Die Köpfe können vor der weiteren Verarbeitung abgetrennt werden.

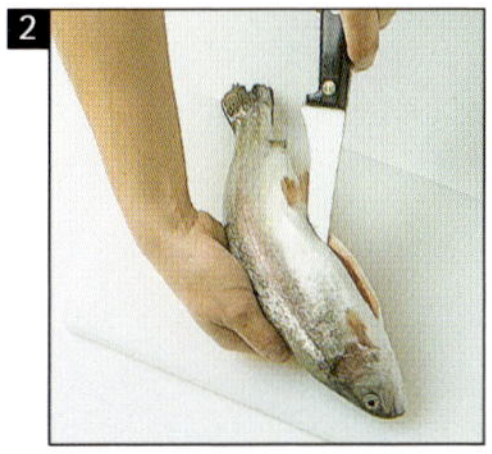

3 Die Makrelen auf beiden Seiten mit einem Messer je viermal diagonal einschneiden. Anschließend in eine tiefe Glasschale geben.

4 Für die Marinade Majoran, Olivenöl, Limettenschale und -saft, Knoblauch sowie Salz und Pfeffer in einer Schüssel vermengen.

5 Die fertige Marinade über die vorbereiteten Makrelen gießen und diese 30 Minuten im Kühlschrank marinieren.

6 Die marinierten Makrelen unter einem vorgeheizten Grill von jeder Seite 5–6 Minuten goldbraun rösten. Dabei gelegentlich mit der übrig gebliebenen Marinade bestreichen.

7 Die fertigen Makrelen auf Teller verteilen und vor dem Servieren mit eventuellen Marinaderesten übergießen.

TIPP

Ist die Limette hart und lässt sich nur schwer ausdrücken, kann sie für 30 Sekunden auf höchster Stufe in der Mikrowelle aufgeweicht werden.

Stockfischküchlein

Diese leckeren kleinen frittierten Küchlein schmecken als Zwischenmahlzeit oder als Hauptgericht. Weichen Sie den Stockfisch früh genug ein.

NÄHRWERTANGABEN

Kilokalorien	142	Zucker	2 g
Eiweiß	10 g	Fett	5 g
Kohlenhydrate	14 g	davon gesättigt	1 g

30 Min. 45 Min.

6 Personen

ZUTATEN

- 100 g Mehl
- 1 TL Backpulver
- 1 Ei, verquirlt
- 150 ml Milch
- 250 g Stockfisch, über Nacht in Wasser eingeweicht
- 1 kleine rote Zwiebel, fein gehackt
- 1 kleine Fenchelknolle, gehackt
- 1 rote Chilischote, fein gehackt
- 2 EL Öl

ZUM SERVIEREN

- knackiger Salat
- Chili-Relish
- gekochter Reis
- frisches Gemüse

TIPP
Für größere Küchlein: 2 Teelöffel Teig pro Portion verwenden und den Teig etwas länger braten.

1 Mehl und Backpulver in eine große Schüssel sieben. Mit der Faust eine Vertiefung in die Mitte der Mischung drücken und das Ei hineingeben.

2 Ei und Mehl mit einem Holzlöffel vermengen. Dann langsam die Milch zugießen und weiterrühren, bis ein glatter Teig entsteht. Diesen 10 Minuten ruhen lassen.

3 Den Stockfisch abtropfen lassen, unter kaltem Leitungswasser abwaschen und erneut gut abtropfen lassen.

4 Haut und Gräten des Stockfischs entfernen und die Filets mit einer Gabel in kleine Stücke zupfen.

5 Den zerkleinerten Fisch in eine große Schüssel geben und mit Zwiebel, Fenchel und Chili mischen. Anschließend mit dem fertigen Teig vermengen.

6 Das Öl in einer Pfanne erhitzen. Jeweils 1 Teelöffel des Teigs in die Pfanne geben, andrücken und die so entstandenen Küchlein von jeder Seite 3–4 Minuten goldbraun braten, bis sie leicht aufgegangen sind.

7 Die fertigen Küchlein mit Salat als Zwischenmahlzeit oder mit Reis und Gemüse als Hauptgericht servieren.

2

5

5

Stockfisch-Sellerie-Pfanne

Stockfisch wird zur Haltbarmachung getrocknet und gesalzen. Sein etwas eigenwilliger Geschmack passt sehr gut zu Sellerie.

NÄHRWERTANGABEN

Kilokalorien	173	Zucker	3 g
Eiweiß	14 g	Fett	12 g
Kohlenhydrate	3 g	davon gesättigt	1 g

25 Min. 25 Min.

4 Personen

ZUTATEN

250 g Stockfisch, über Nacht in Wasser eingeweicht
1 EL Öl
4 Schalotten, fein gehackt
2 Knoblauchzehen, zerdrückt
3 Selleriestangen, in Scheiben geschnitten
400 g gehackte Tomaten aus der Dose
150 ml Fischfond (s. S. 30)
50 g Pinienkerne
2 EL frisch gehackter Estragon
2 EL Kapern
knuspriges Brot oder Kartoffelpüree, zum Servieren

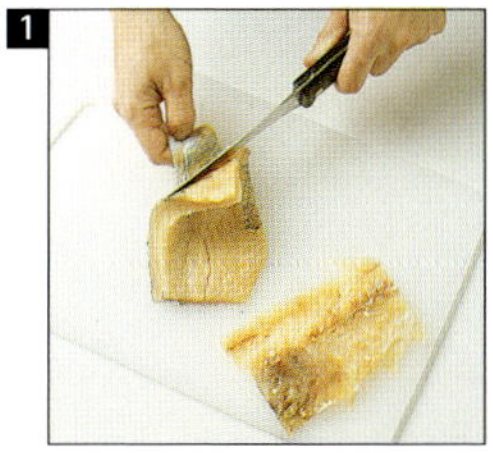

1 Den Stockfisch abtropfen lassen, abwaschen und noch einmal gut abtropfen lassen. Dann Haut und Gräten entfernen und die Filets in Stücke schneiden.

2 Das Öl in einer Pfanne erhitzen. Schalotten und Knoblauch darin 2–3 Minuten andünsten. Sellerie zugeben und weitere 2 Minuten dünsten, dann Tomaten und Fischfond zufügen.

3 Die Mischung aufkochen, Hitze reduzieren und 5 Minuten köcheln.

4 Die Fischstücke zugeben und 10 Minuten in der Sauce garen.

5 Währenddessen die Pinienkerne auf ein Backblech legen und unter einem vorgeheizten Grill 2–3 Minuten goldbraun rösten.

6 Estragon, Kapern und Pinienkerne in die Pfanne geben und zusammen mit dem Fisch vorsichtig erhitzen. Das fertige Gericht auf Teller verteilen und mit etwas frischem Brot oder Kartoffelpüree servieren.

TIPP

Der im Fachhandel erhältliche Stockfisch kann lange gelagert werden. Nachdem er eingeweicht wurde, kann er wie jeder andere Fisch verarbeitet werden. Er hat jedoch einen intensiveren und etwas salzigeren Geschmack als frischer Fisch.

Spaghetti alla Bucaniera

Meerbutt galt einst als Armeleuteessen. Mittlerweile hat man jedoch erkannt, dass er ausgesprochen delikat schmeckt.

NÄHRWERTANGABEN

Kilokalorien	588	Zucker	5 g
Eiweiß	36 g	Fett	18 g
Kohlenhydrate	68 g	davon gesättigt	9 g

25 Min. 50 Min.

4 Personen

ZUTATEN

- 100 g Mehl
- Salz und Pfeffer
- 500 g Meerbutt- oder Seezungenfilets, gehäutet und gehackt
- 400 g Seehechtfilet, gehäutet und gehackt
- 100 g Butter
- 4 Schalotten, fein gehackt
- 2 Knoblauchzehen, zerdrückt
- 1 Karotte, gewürfelt
- 1 Porreestange, fein gehackt
- 300 ml trockener Cidre
- 300 ml halbtrockener Cidre
- 1 EL Estragonessig
- 2 TL Fischsauce
- 500 g Spaghetti
- 1 EL Olivenöl
- frisch gehackte Petersilie, zum Garnieren
- ofenfrisches Graubrot, zum Servieren

1 Das Mehl mit Salz und Pfeffer würzen. 1 Esslöffel dieser Mischung auf einen flachen Teller streuen und die Fischstücke darin wenden.

2 Die Butter in einem feuerfesten Topf zerlassen. Fisch, Schalotten, Knoblauch, Karotte und Porree hineingeben und unter regelmäßigem Rühren 10 Minuten bei schwacher Hitze dünsten.

3 Mit dem restlichen Würzmehl bestreuen und unter ständigem Rühren 2 Minuten dünsten. Nach und nach Cidre, Essig und Fischsauce einrühren. Aufkochen und 30 Minuten bei schwacher Hitze köcheln. Alternativ 30 Minuten im vorgeheizten Backofen bei 180 °C garen.

4 Etwa 15 Minuten vor Ende der Garzeit Salzwasser in einem Topf aufkochen. Die Spaghetti darin mit dem Olivenöl bissfest kochen. Abgießen und in eine Servierschale geben.

5 Die Sauce mit dem Fisch über die Spaghetti geben. Mit gehackter Petersilie garnieren und sofort mit ofenfrischem Brot servieren.

Gefüllte Seezunge

Die köstliche Füllung aus sonnengetrockneten Tomaten und Zitronenthymian wird Ihre Gäste begeistern.

NÄHRWERTANGABEN

Kilokalorien	207	Zucker	0,2 g
Eiweiß	24 g	Fett	10 g
Kohlenhydrate	8 g	davon gesättigt	4 g

25 Min. 20 Min.

4 Personen

ZUTATEN

1 EL Olivenöl

1 EL Butter

1 kleine Zwiebel, fein gehackt

1 Knoblauchzehe, gehackt

3 sonnengetrocknete Tomaten, gehackt

2 EL frischer Zitronenthymian

50 g Semmelbrösel

1 EL Zitronensaft

Salz und Pfeffer

4 kleine Seezungen, ausgenommen

GARNIERUNG

Zitronenspalten und grüne Salatblätter

1 Öl und Butter in einer Pfanne erhitzen, bis die Mischung schäumt.

2 Zwiebel und Knoblauch zufügen und unter Rühren 5 Minuten dünsten.

3 Für die Füllung Tomaten, Zitronenthymian, Semmelbrösel und Zitronensaft in einer Schüssel vermengen und mit Salz und Pfeffer abschmecken.

4 Die Füllung in die Pfanne geben und unter die Zwiebelmischung rühren.

5 Die Haut hinter dem Kopf der Seezunge mit einem scharfen Messer von den Gräten lösen. Die Tomaten-Kräuter-Mischung in die Öffnungen der Fische füllen.

6 Die Seezungen unter einem vorgeheizten Grill von jeder Seite 6 Minuten goldbraun rösten.

7 Die fertigen Fische auf Teller verteilen, mit Zitronenspalten und ein paar Salatblättern garnieren und sofort servieren.

TIPP

Zitronenthymian *(Thymus × citriodorus)* eventuell durch einfachen Thymian ersetzen. Um dem Zitronenaroma näher zu kommen, der Füllung 1 Teelöffel geriebene Zitronenschale beigeben.

Rotzungen-Schellfisch-Ravioli

Diese köstliche Nudelspeise ist recht sättigend. Kochen Sie die italienische Rotweinsauce im Voraus.

NÄHRWERTANGABEN

Kilokalorien	977	Zucker	7 g
Eiweiß	67 g	Fett	40 g
Kohlenhydrate	93 g	davon gesättigt	17 g

9 3/4 Std. 25 Min.

4 Personen

ZUTATEN

- 500 g Rotzungenfilets, gehäutet
- 400 g Schellfischfilets, gehäutet
- 3 Eier, verquirlt
- 500 g gekochte Gnocchi
- 175 g frische Semmelbrösel
- 50 g Sahne
- Salz und Pfeffer
- 450 g Nudelteig-Grundrezept (s. S. 24)
- 300 ml Italienische Rotweinsauce (s. S. 29)
- 60 g frisch geriebener Parmesan

1 Die Fischfilets mit einer Gabel zerkleinern und beiseite stellen.

2 Eier, Gnocchi, Semmelbrösel und Sahne in einer Schüssel mischen. Den Fisch zugeben und die Füllung nach Wunsch mit Salz und Pfeffer abschmecken.

3 Den Nudelteig auf einer leicht bemehlten Arbeitsfläche ausrollen und 8 cm große Scheiben ausstechen.

4 Je einen Löffel Füllung auf jede Scheibe geben. Die Ränder leicht befeuchten, den Teig über die Füllung schlagen und die Ränder rundum andrücken.

5 Die Ravioli in kochendem Salzwasser etwa 15 Minuten garen.

6 Die Nudeln mit einem Schaumlöffel aus dem Wasser heben, abtropfen lassen und in eine Servierschale geben. Mit der Rotweinsauce übergießen, mit Parmesan bestreuen und sofort servieren.

2

3
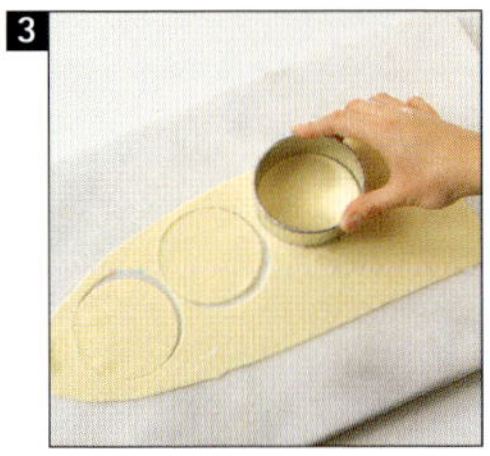

4

TIPP

Für viereckige Ravioli den Teig halbieren. Beide Hälften dünn ausrollen und bis zum nächsten Schritt mit einem feuchten Handtuch abdecken. Die Füllung in regelmäßigen Abständen auf einem Teigblatt verteilen, die Zwischenräume mit Wasser bestreichen. Mit dem zweiten Teigblatt bedecken, zwischen den Füllungen andrücken und ausschneiden.

Forelle in Rotwein

Dieses Gericht aus der Gegend um Trient schmeckt am besten mit fangfrischen Forellen – es eignet sich aber auch für andere Fischsorten.

NÄHRWERTANGABEN

Kilokalorien	489	Zucker	0,6 g
Eiweiß	48 g	Fett	27 g
Kohlenhydrate	0,6 g	davon gesättigt	14 g

20 Min. 45 Min.

4 Personen

ZUTATEN

- 4 frische Forellen (à ca. 300 g)
- 250 ml Rot- oder Weißweinessig
- 300 ml trockener Rot- oder Weißwein
- 150 ml Wasser
- 1 Karotte, in Scheiben geschnitten
- 2–4 Lorbeerblätter
- fein geriebene Schale von 1 Zitrone
- 1 kleine Zwiebel, in sehr dünne Ringe geschnitten
- 4 Zweige frische Petersilie
- 4 Zweige frischer Thymian
- 1 TL schwarze Pfefferkörner
- 6–8 Gewürznelken
- 1 Prise Meersalz
- 90 g Butter
- Salz und Pfeffer

GARNIERUNG

- Kräuterzweige
- Zitronenscheiben

1 Die Fische ausnehmen, Köpfe nicht entfernen. Mit Küchenpapier trockentupfen und auf ein Backblech legen.

2 Den Essig aufkochen, langsam über die Fische gießen und diese 20 Minuten im Kühlschrank marinieren.

3 In der Zwischenzeit Wein, Wasser, Karotte, Lorbeerblätter, Zitronenschale, Zwiebel, Kräuter, Pfeffer und Nelken mit einer kräftigen Prise Meersalz in einem Topf langsam erhitzen.

4 Die Fische sorgfältig abtropfen lassen (den Essigsud wegschütten) und nebeneinander in eine große Pfanne legen. Die kochende Weinmischung durch ein Sieb gießen und über die Fische geben, bis sie zur Hälfte bedeckt sind. Dann das Ganze zudecken und 15 Minuten bei schwacher Hitze köcheln.

5 Den Fisch aus der Pfanne nehmen, sorgfältig abtropfen lassen, auf eine Servierplatte geben und warm stellen.

6 Den Kochsud auf 4–6 Esslöffel einkochen. Die Butter in einer Pfanne zerlassen, den Kochsud durch ein Sieb seihen, zur Butter geben und mit Salz und Pfeffer abschmecken. Die fertige Sauce über die Fische gießen, mit Kräutern und Zitronenscheiben garnieren und sofort servieren.

1

3

4

Merluzzo italiano

Mit einer Kruste aus Kräutern, Zitrone und Rosmarin ist Kabeljau ein exzellentes Hauptgericht.

NÄHRWERTANGABEN

Kilokalorien	313	Zucker	0,4 g
Eiweiß	29 g	Fett	20 g
Kohlenhydrate	6 g	davon gesättigt	5 g

10 Min. 35 Min.

4 Personen

ZUTATEN

- 1 EL Butter
- 50 g Vollkornsemmelbrösel
- 2 EL Walnüsse, gehackt
- geriebene Schale und Saft von 2 Zitronen
- 2 EL frisch gezupfter Rosmarin
- 2 EL frisch gehackte Petersilie
- 4 Kabeljaufilets à ca. 150 g
- 1 Knoblauchzehe, zerdrückt
- 1 kleine rote Chilischote, gewürfelt
- 3 EL Walnussöl
- Salatblätter, zum Servieren

1 Die Butter unter Rühren in einer Stielkasserolle zerlassen.

2 Den Topf vom Herd nehmen. Semmelbrösel, Nüsse, Schale und Saft von 1 Zitrone sowie die Hälfte des Rosmarins und der Petersilie mit der Butter verrühren.

3 Die Kabeljaufilets mit der so entstandenen Mischung bestreichen und in einen flachen Bräter legen.

4 Die Filets 25–30 Minuten in einem auf 200 °C vorgeheizten Ofen backen.

5 Knoblauch, Chili und den Rest von Rosmarin, Petersilie, Zitronenschale und -saft in einer Schüssel mischen. Dann das Walnussöl zugeben und gut unterrühren. Das so entstandene Dressing über die Filets geben.

6 Den fertigen Fisch mit Salatblättern auf Teller verteilen und servieren.

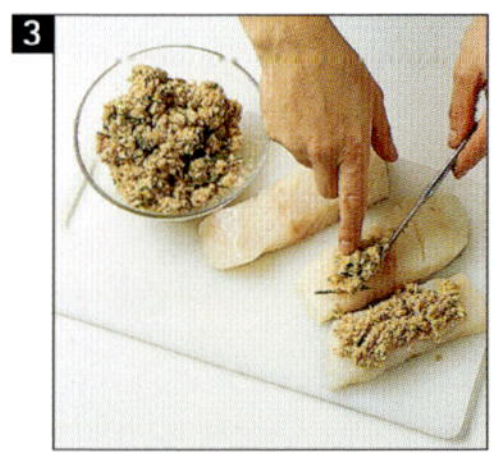

VARIATION

Nach Belieben können Sie die Walnüsse weglassen. Das Walnussöl lässt sich durch Olivenöl ersetzen.

Lasagne mit Räucherfisch

Mit diesem Rezept verwandeln Sie einfache Zutaten wie geräucherten Kabeljau oder Schellfisch in eine köstliche Lasagne.

NÄHRWERTANGABEN

Kilokalorien 483	Zucker ....8 g
Eiweiß ....36 g	Fett ....24 g
Kohlenhydrate ..32 g	davon gesättigt 12 g

20 Min. — $1\frac{1}{4}$ Std.

4 Personen

ZUTATEN

- 2 TL Olivenöl
- 1 Knoblauchzehe, zerdrückt
- 1 kleine Zwiebel, fein gehackt
- 125 g Champignons, in Scheiben geschnitten
- 400 g Tomaten aus der Dose, gehackt
- 1 kleine Zucchini, in Scheiben geschnitten
- 150 ml Gemüsefond oder Wasser
- Salz und Pfeffer
- 1 EL Butter oder Margarine
- 300 ml Magermilch
- 1 EL Mehl
- 125 g geriebener mittelalter Gouda
- 1 EL frisch gehackte Petersilie
- 125 g Lasagneplatten, vorgekocht
- 350 g geräuchertes Kabeljau- oder Schellfischfilet, in Stücke geschnitten
- frische Petersilienzweige, zum Garnieren

1

2

4

1 Das Öl in einem Topf erhitzen, Knoblauch und Zwiebel darin ca. 5 Minuten glasig dünsten, Champignons zufügen und unter ständigem Rühren 3 Minuten garen.

2 Tomaten, Zucchini, Fond oder Wasser zugeben und 15–20 Minuten ohne Deckel köcheln, bis das Gemüse gar ist. Mit Salz und Pfeffer abschmecken.

3 Butter oder Margarine, Milch und Mehl in einem kleinen Topf unter ständigem Rühren erhitzen, bis die Sauce kocht und andickt. Den Topf vom Herd nehmen, die Hälfte des Goudas sowie die Petersilie unterrühren, bis der Käse zerläuft, dann mit Salz und Pfeffer abschmecken.

4 Die Tomatenmischung in eine große flache feuerfeste Auflaufform geben, die Hälfte der Lasagneplatten darauf legen und die Fischstücke gleichmäßig über die Lasagneplatten verteilen. Dann die Hälfte der Käsesauce zugießen, die restlichen Lasagneplatten darüber verteilen, die restliche Käsesauce zugießen und alles mit dem zurückbehaltenen Käse bestreuen.

5 Die so vorbereitete Lasagne in einem auf 190 °C vorgeheizten Backofen 40 Minuten garen, bis die oberste Schicht goldbraun ist und Blasen wirft. Das fertige Gericht mit Petersilienzweigen garnieren und sofort servieren.

Mediterraner Fischeintopf

Das feine Aroma und die saftige Konsistenz von Fisch und Meeresfrüchten werden durch sanftes Schmoren besonders gut bewahrt.

NÄHRWERTANGABEN

Kilokalorien	533	Zucker	11 g
Eiweiß	71 g	Fett	10 g
Kohlenhydrate	30 g	davon gesättigt	2 g

1¼ Std.   25 Min.

4 Personen

ZUTATEN

- 2 TL Olivenöl
- 2 rote Zwiebeln, in Scheiben geschnitten
- 2 Knoblauchzehen, zerdrückt
- 2 EL Rotweinessig
- 2 TL feiner Zucker
- 300 ml Fischfond (s. S. 30)
- 300 ml trockener Rotwein
- 800 g gehackte Tomaten aus der Dose
- 250 g Babyauberginen, geviertelt
- 200 g gelbe Zucchini, geviertelt oder in Scheiben geschnitten
- 1 grüne Paprika, in Scheiben geschnitten
- 1 EL frisch gehackter Rosmarin
- 500 g Heilbuttfilet, gehäutet und in 2 cm große Stücke geschnitten
- 750 g frische Miesmuscheln, geputzt
- 225 g Babytintenfisch, geputzt und in Ringe geschnitten
- 225 g rohe Riesengarnelen, geschält und geputzt
- Salz und Pfeffer
- 4 geröstete Baguettescheiben, mit einer halbierten Knoblauchzehe eingerieben
- Zitronenspalten, zum Servieren

1 Das Öl in einem großen beschichteten Topf erhitzen und Zwiebeln und Knoblauch darin 3 Minuten glasig dünsten.

2 Essig und Zucker unterrühren und alles weitere 2 Minuten kochen.

3 Dann Fond, Wein, Tomaten, Auberginen, Zucchini, Paprika und Rosmarin zugeben. Die Mischung aufkochen und 10 Minuten ohne Deckel köcheln.

4 Heilbutt, Muscheln und Tintenfisch zufügen, sorgfältig verrühren, zudecken und 5 Minuten köcheln, bis der Fisch nicht mehr durchsichtig schimmert.

5 Die Garnelen unterrühren und alles weitere 2–3 Minuten zugedeckt köcheln, bis die Garnelen gar sind.

6 Nicht geöffnete Muscheln wegwerfen. Den Eintopf mit Salz und Pfeffer abschmecken.

7 Je 1 Scheibe Knoblauchbrot auf 4 vorgewärmte Suppenteller verteilen, den Eintopf darüber geben und mit Zitronenspalten servieren.

3

4

5

Pizza Frutti di Mare

Bringen Sie Abwechslung in Ihre Küche: Belegen Sie Ihre Pizza doch einmal mit frischen Meeresfrüchten auf einer Tomaten-Paprika-Sauce.

NÄHRWERTANGABEN

Kilokalorien	248	Zucker	7 g
Eiweiß	27 g	Fett	6 g
Kohlenhydrate	22 g	davon gesättigt	2 g

25 Min. 55 Min.

4 Personen

ZUTATEN

150 g Fertigmischung für Pizzateig
4 EL frisch gehackter Dill oder
2 EL getrockneter Dill
frischer Dill, zum Garnieren

SAUCE

1 große rote Paprika
400 g fertige Tomatensauce mit Zwiebeln und Kräutern
3 EL Tomatenmark
Salz und Pfeffer

BELAG

350 g vorgegarte Meeresfrüchtemischung, Tiefkühlware aufgetaut
1 EL eingelegte Kapern, abgetropft
25 g schwarze Oliven, entsteint
25 g geriebener Mozzarella aus der Tüte
1 EL frisch geriebener Parmesan

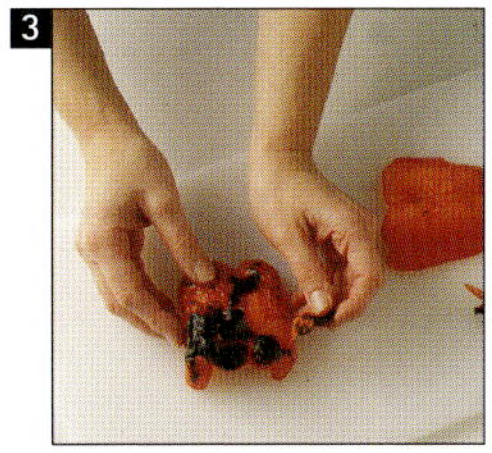

1 Den Backofen auf 200 °C vorheizen. In der Zwischenzeit die Fertigmischung für den Pizzateig in einer Schüssel mit dem Dill verrühren und den Teig entsprechend der Packungsanleitung zubereiten.

2 Den Teig zu einem Boden (25 cm Durchmesser) ausrollen, auf ein gefettetes Backblech legen und beiseite stellen, damit der Teig aufgehen kann.

3 Die Paprika halbieren, mit der Schnittfläche nach unten auf ein Backblech legen und 10-12 Minuten grillen, bis die Haut Blasen wirft und schwarz wird. Dann die Paprika vom Blech nehmen, die verkohlte Haut mit einer Messerspitze abziehen und das Fruchtfleisch fein hacken.

4 Tomatensauce und Paprika in einem Topf aufkochen, 10 Minuten köcheln, Tomatenmark zufügen und alles mit Salz und Pfeffer abschmecken.

5 Die Sauce auf dem Pizzaboden verstreichen, die Meeresfrüchte darauf verteilen. Mit Kapern, Oliven und Käse bestreuen und 25–30 Minuten backen.

6 Die fertige Pizza mit frischem Dill garnieren und sofort servieren.

Spaghetti al Tonno

Pasta und Thunfisch bilden eine klassische italienische Kombination, die hier mit einer feinen Petersiliensauce serviert wird.

NÄHRWERTANGABEN

Kilokalorien ...1065	Zucker ....3 g
Eiweiß ....27 g	Fett ....85 g
Kohlenhydrate ..52 g	davon gesättigt 18 g

10 Min. 15 Min.

4 Personen

ZUTATEN

- 200 g Thunfisch aus der Dose, abgetropft
- 50 g Sardellenfilets, abgetropft
- 250 ml Olivenöl
- 50 g glatte Petersilie, grob gehackt
- 150 ml Crème fraîche
- Salz und Pfeffer
- 500 g Spaghetti
- 1 EL Butter
- knuspriges Brot, zum Servieren

GARNIERUNG

- schwarze Oliven und glatte Petersilie

1 Eventuelle Gräten aus dem Thunfisch entfernen. Den Fisch in eine Küchenmaschine geben und zusammen mit den Sardellen, 225 ml Olivenöl und der Petersilie zu einer cremigen Masse verarbeiten.

2

4

4

2 Die Crème fraîche in den Mixer geben und gründlich mit der Thunfischpaste verrühren. Dann mit Salz und Pfeffer abschmecken.

3 Salzwasser in einem großen Topf aufkochen. Die Spaghetti darin mit dem restlichen Olivenöl bissfest kochen.

4 Die Nudeln abgießen, in den Topf zurückgeben und bei mittlerer Hitze erneut erwärmen. Die Butter zugeben und gut mit den Nudeln vermengen. Dann die Sauce zugeben und ebenfalls gründlich mit den Nudeln mischen.

5 Den Topf vom Herd nehmen und die Spaghetti auf 4 vorgewärmte Teller verteilen. Mit Oliven und Petersilie garnieren und mit etwas Brot servieren.

VARIATION

Geben Sie in Schritt 1 1–2 Knoblauchzehen mit in den Mixer und ersetzen Sie die Hälfte der Petersilie durch frisches Basilikum. Zum Garnieren Oliven durch Kapern ersetzen.

Thunfisch mit Paprika

Für dieses Gericht benötigen Sie frischen Thunfisch. Bitten Sie Ihren Fischhändler um helle Steaks, da sie delikater schmecken.

NÄHRWERTANGABEN

Kilokalorien 428	Zucker ....5 g
Eiweiß ....60 g	Fett ....19 g
Kohlenhydrate ...5 g	davon gesättigt .3 g

20 Min. 30 Min.

4 Personen

ZUTATEN

4 Thunfischsteaks (à ca. 250 g)
3 EL Zitronensaft
1 l Wasser
6 EL Olivenöl
Salz und Pfeffer
2 orangegelbe Paprika
2 rote Paprika
12 schwarze Oliven
1 TL Balsamico-Essig

2

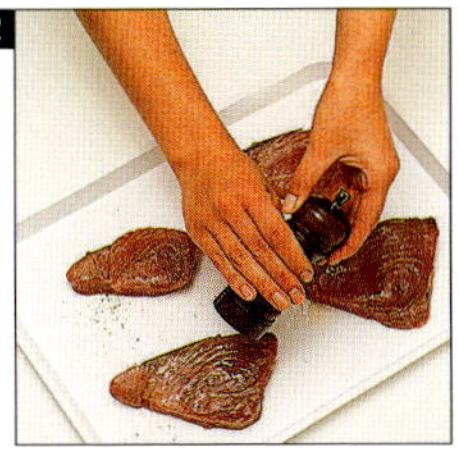

3

4

1 Den Thunfisch mit Zitronensaft und Wasser in eine Schüssel geben und 15 Minuten marinieren.

2 Dann den Fisch abtropfen lassen, von allen Seiten mit Öl bestreichen und mit Salz und Pfeffer würzen.

3 Die Paprikaschoten halbieren, entkernen, mit der Schnittfläche nach unten auf ein Backblech legen und bei 200 °C 10-12 Minuten grillen, bis die Haut Blasen wirft und stellenweise schwarz wird. Dann die Paprika in einen Gefrierbeutel geben, den Beutel fest verschließen und die Hälften darin abkühlen lassen.

4 Derweil die Thunfischsteaks auf einem heißen Grill 12-15 Minuten garen, nach etwa 7 Minuten einmal wenden.

5 Wenn die Paprikaschoten abgekühlt sind, aus dem Beutel nehmen, die verkohlte Haut mit einer Messerspitze abziehen und das Fruchtfleisch in je 4 Streifen schneiden. Die Paprikastreifen mit dem restlichen Öl, den Oliven und dem Balsamico-Essig verrühren.

6 Die fertigen Thunfischsteaks sofort servieren und dazu den Paprikasalat reichen.

TIPP

Wenn es einmal besonders schnell gehen soll, verwenden Sie doch einfach eingelegte Paprika, die in gut sortierten Supermärkten oder bei Ihrem italienischen Lebens-mittelhändler erhältlich sind.

Lachs mit Kapernsauce

Das volle Aroma des Lachses harmoniert hervorragend mit den scharfwürzigen Kapern in dieser sahnigen Kräutersauce.

NÄHRWERTANGABEN			
Kilokalorien	302	Zucker	0 g
Eiweiß	21 g	Fett	24 g
Kohlenhydrate	1 g	davon gesättigt	9 g

5 Min. 25 Min.

4 Personen

ZUTATEN

4 Lachsfilets, gehäutet
1 frisches Lorbeerblatt
1 TL schwarze Pfefferkörner
1 TL Weißweinessig
150 ml Fischfond (s. S. 30)
3 EL Crème double
1 EL Kapern
1 EL frisch gehackter Dill
1 EL frisch gehackter Schnittlauch
1 TL Speisestärke
2 EL Magermilch
Salz und Pfeffer
neue Kartoffeln, zum Servieren

GARNIERUNG

frische Dillzweige
Schnittlauchblüten

TIPP

Bitten Sie Ihren Fischhändler, die Filets für Sie zu häuten. Die Garzeit richtet sich nach der Dicke des Lachses: Das dünne Schwanzende gart am schnellsten.

1 Die Lachsfilets in eine flache feuerfeste Auflaufform legen, dann Lorbeerblatt, Pfefferkörner, Essig und Fond zufügen.

2 Den Fisch mit Alufolie bedecken und im vorgeheizten Backofen bei 180 °C 15–20 Minuten garen, bis der Fisch nicht mehr durchsichtig schimmert und sich mit einer Gabel leicht auseinander zupfen lässt.

3 Die Filets auf vorgewärmte Teller legen, zudecken und warm halten.

4 Den Kochsud durch ein Sieb in einen Topf gießen, Crème double, Kapern, Dill und Schnittlauch unterrühren und alles mit Salz und Pfeffer abschmecken.

5 Die Speisestärke mit der Milch verrühren, zur Sauce geben und unter ständigem Rühren erhitzen, bis die Sauce leicht andickt. Dann 1 Minute kochen.

6 Die Sauce über die Lachsfilets geben und mit Dillzweigen und Schnittlauchblüten garnieren.

7 Als Beilage neue Kartoffeln reichen.

1

3

4

Lachsfilet mit Kräutern

Dieses Gericht wird jede Party bereichern. Die Kombination aus Kräutern und Grillaroma sorgt für eine ganz besondere Note.

NÄHRWERTANGABEN

Kilokalorien 507	Zucker . . . . . . .0,4 g
Eiweiß . . . . .46 g	Fett . . . . .35 g
Kohlenhydrate . .0,5 g	davon gesättigt .6 g

5 Min. — 30 Min.

4 Personen

ZUTATEN

- 1/2 Bund getrockneter Thymian
- 5 Zweige frischer Rosmarin
- 8 Lorbeerblätter
- 1 kg Lachsfilet
- 1 Fenchelknolle, geachtelt
- 2 EL Zitronensaft
- 2 EL Olivenöl

ZUM SERVIEREN

- knuspriges Brot
- grüner Salat

1

2

3

1 Thymian, Rosmarin und Lorbeer so auf einen heißen Grill legen, dass die Kräuter einander überlappen und eine Fläche bedecken, die etwas größer ist als der Lachs.

2 Den Lachs vorsichtig auf das Kräuterbett legen.

3 Den Fenchel rund um den Lachs herum verteilen.

4 Zitronensaft und Öl mischen und den Lachs damit bestreichen.

5 Den Fisch locker mit Alufolie bedecken, damit er saftig bleibt.

6 Den Lachs ca. 20–30 Minuten garen; dabei regelmäßig mit der Zitronenmischung bestreichen.

7 Den fertigen Lachs vom Grill nehmen, in Scheiben schneiden und zusammen mit dem Fenchel servieren.

8 Dazu knuspriges Brot und einen grünen Salat reichen.

VARIATION

Sie können auch andere getrocknete Kräuter verwenden; geschmacklich sehr intensive Kräuter wie Salbei und Majoran eignen sich allerdings nicht für Fisch.

Cannelloni Salmone

Dieses wundervolle Gericht mit einer Füllung aus frischem Lachs und Austernpilzen wurde speziell für die Mikrowelle entwickelt.

NÄHRWERTANGABEN			
Kilokalorien	352	Zucker	5 g
Eiweiß	19 g	Fett	19 g
Kohlenhydrate	25 g	davon gesättigt	9 g

20 Min. 35 Min.

4 Personen

ZUTATEN

- 8 grüne Lasagneplatten
- 1 Zwiebel, in Ringe geschnitten
- 1 EL Butter
- 1/2 rote Paprika, gehackt
- 1 Zucchini, gewürfelt
- 1 TL frisch geriebener Ingwer
- 125 g Austernpilze, grob gehackt
- 250 g frische Lachsfilets, gehäutet und in Stücke geschnitten
- 2 EL trockener Sherry
- 2 TL Speisestärke
- Salz und Pfeffer
- 1 EL Mehl
- 2 EL Butter
- 300 ml Milch
- 1 EL geriebener Emmentaler
- 1/2 EL frische Semmelbrösel
- Salatblätter, zum Servieren

1 Die Lasagneplatten in eine große Schüssel geben, mit kochendem Wasser bedecken und 5 Minuten auf höchster Stufe in der Mikrowelle garen. Dann ein paar Minuten zugedeckt ruhen lassen. Die Lasagneplatten unter fließendem kaltem Wasser abspülen und auf einer sauberen Arbeitsfläche ausbreiten.

2 Zwiebel und Butter zugedeckt 2 Minuten auf höchster Stufe in der Mikrowelle erhitzen. Paprika, Zucchini und Ingwer zufügen und weitere 3 Minuten garen.

3 Pilze und Lachs in eine Schüssel geben. Den Sherry mit der Speisestärke mischen und zugießen. Alles 4 Minuten auf höchster Stufe in der Mikrowelle garen, bis sich der Fisch mit einer Gabel leicht auseinander zupfen lässt. Dann mit Salz und Pfeffer abschmecken.

4 Mehl, Butter und Milch in einer Schüssel verrühren, 3–4 Minuten auf höchster Stufe in der Mikrowelle garen; dabei nach jeder Minute durchrühren. Die Hälfte des Käses unterrühren und alles mit Salz und Pfeffer abschmecken.

5 Die Lachsfüllung auf einer kurzen Seite jeder Lasagneplatte verteilen. Dann die Platten vorsichtig aufrollen. Die fertigen Canneloni in eine gefettete rechteckige Auflaufform legen, die Sauce darüber gießen und alles mit dem restlichen Käse und den Semmelbröseln bestreuen.

6 Die Röllchen 3 Minuten auf höchster Stufe in der Mikrowelle garen und kurz unter dem vorgeheizten Grill bräunen. Auf den Salatblättern anrichten und servieren.

1

3

5

Spaghetti al Salmone

Mit diesem exklusiven Gericht können Sie unerwartete Gäste besonders gut in Erstaunen versetzen.

NÄHRWERTANGABEN

Kilokalorien	803	Zucker	3 g
Eiweiß	21 g	Fett	49 g
Kohlenhydrate	52 g	davon gesättigt	27 g

10 Min. 20 Min.

4 Personen

ZUTATEN

- 500 g Buchweizen-Spaghetti
- 2 EL Olivenöl
- 100 g Feta, zerbröselt
- frische Koriander- oder Petersilienblätter, zum Garnieren

SAUCE

- 300 g Sahne
- 150 ml Whisky oder Weinbrand
- 125 g Räucherlachs
- 1 Prise Cayennepfeffer
- schwarzer Pfeffer
- 2 EL frisch gehackter Koriander oder frisch gehackte Petersilie

1 Salzwasser in einem großen Topf aufkochen. Die Spaghetti darin mit 1 Esslöffel Öl bissfest garen. Abgießen, in den Topf zurückgeben, mit dem restlichen Öl vermengen, abdecken und warm stellen.

2 Die Sahne in einen kleinen Topf geben und bis zum Siedepunkt erhitzen, aber nicht aufkochen. Whisky oder Weinbrand in einem zweiten Topf ebenfalls ohne aufzukochen bis zum Siedepunkt erhitzen. Beide Töpfe vom Herd nehmen, dann Sahne und Alkohol miteinander mischen.

3 Den Räucherlachs in schmale Streifen schneiden und zu der Sahnesauce geben. Mit Cayennepfeffer und schwarzem Pfeffer würzen und kurz vor dem Servieren frischen Koriander oder Petersilie unterrühren.

4 Die Spaghetti in eine vorgewärmte Schüssel füllen, mit der Sauce übergießen und alles gründlich vermengen. Den Feta über die Nudeln streuen, das fertige Gericht mit Petersilie oder Koriander garnieren und sofort servieren.

Tintenfisch mit Makkaroni

Dieses leckere Fischgericht ist leicht und schnell zubereitet.

NÄHRWERTANGABEN

Kilokalorien	292	Zucker	3 g
Eiweiß	13 g	Fett	14 g
Kohlenhydrate	24 g	davon gesättigt	2 g

15 Min. 35 Min.

6 Personen

ZUTATEN

- 350 g Makkaroni oder andere kurze Nudeln
- 7 EL Olivenöl
- 2 Zwiebeln, in Ringe geschnitten
- 350 g Tintenfisch, geputzt und in Ringe geschnitten (s. Tipp)
- 250 ml Fischfond (s. S. 30)
- 150 ml Rotwein
- 2 EL Tomatenmark
- 350 g Tomaten, gehäutet und in Scheiben geschnitten
- 1 TL getrockneter Oregano
- 2 Lorbeerblätter
- Salz und Pfeffer
- 2 EL frisch gehackte Petersilie
- knuspriges Brot, zum Servieren

1 Salzwasser in einem großen Topf aufkochen. Die Makkaroni darin mit 1 Esslöffel Olivenöl 3 Minuten kochen. Abgießen, beiseite stellen und warm halten.

2 Das restliche Öl in einem zweiten Topf erhitzen. Die Zwiebeln darin glasig dünsten. Tintenfisch und Fond zugeben und 5 Minuten köcheln. Dann Wein, Tomatenmark, Tomaten, Oregano und Lorbeer zufügen. Diese Sauce mit Salz und Pfeffer abschmecken und weitere 5 Minuten kochen.

3 Die Nudeln untermischen. Den Topf abdecken und den Inhalt 10 Minuten köcheln, bis der Tintenfisch und die Nudeln weich sind und die Sauce eingedickt ist. Ist die Sauce zu flüssig, einige Minuten im offenen Topf einkochen.

4 Lorbeerblätter entfernen. Etwas Petersilie beiseite legen, den Rest in die Sauce rühren. Das fertige Gericht mit der restlichen Petersilie bestreuen und mit Brot servieren.

TIPP

Um Tintenfisch vorzubereiten, die äußere Haut abziehen, Kopf und Tentakel abschneiden, den flachen Knochen auslösen. Tintenbeutel entfernen, Körper umstülpen und auswaschen. Tentakel klein hacken, Körper in Ringe schneiden, Kopf wegwerfen.

Gefüllter Tintenfisch

Die Tintenfische werden mit einer Mischung aus frischen Kräutern und sonnengetrockneten Tomaten gefüllt und in einer Weinsauce gegart.

NÄHRWERTANGABEN

Kilokalorien	276	Zucker	1 g
Eiweiß	23 g	Fett	8 g
Kohlenhydrate	20 g	davon gesättigt	1 g

25 Min. 35 Min.

4 Personen

ZUTATEN

8 Tintenfische, geputzt und ausgenommen, aber am Stück (eventuell den Fischhändler bitten, diese Aufgabe zu übernehmen)
6 Sardellenfilets, gehackt
2 Knoblauchzehen, zerdrückt
2 EL frisch gehackter Rosmarin
2 sonnengetrocknete Tomaten, gehackt
150 g Semmelbrösel
1 EL Olivenöl
1 Zwiebel, fein gehackt
200 ml Weißwein
200 ml Fischfond (s. S. 30)
gekochter Reis, zum Servieren

1

2

4
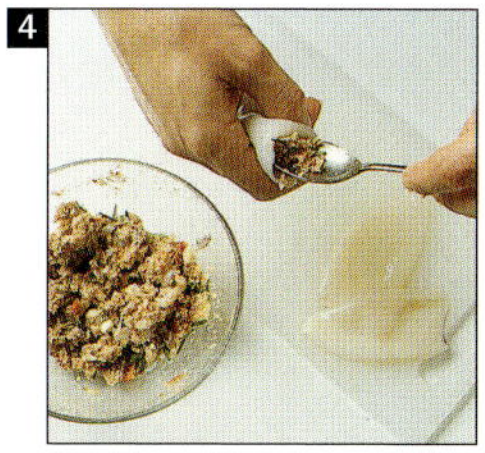

1 Die Tentakel vom Körper der Tintenfische abtrennen und fein hacken.

2 Sardellen, Knoblauch, Rosmarin und Tomaten in einem Mörser zerstoßen.

3 Semmelbrösel und gehackte Tintenfischstücke unterrühren. Falls keine dickflüssige Paste entsteht, 1 Teelöffel Wasser zugeben.

4 Die Körperbeutel der Tintenfische mit der fertigen Paste füllen. Die Öffnung mit Küchengarn verschließen. Die Tintenfische nicht überfüllen, weil sich die Füllung beim Kochen noch ausdehnt.

5 Das Öl in einer Pfanne erhitzen. Die Zwiebel unter Rühren darin 3–4 Minuten goldbraun anbraten.

6 Die gefüllten Tintenfische zugeben und ebenfalls 3–4 Minuten braten, bis sie von allen Seiten gut gebräunt sind.

7 Wein und Fischfond zugießen und aufkochen. Dann die Hitze reduzieren, die Pfanne abdecken und die Tintenfische 15 Minuten in der Brühe köcheln.

8 Den Deckel von der Pfanne nehmen und die Tintenfische weitere 5 Minuten garen, bis die Brühe eingekocht ist. Mit gekochtem Reis servieren.

Zweierlei Muscheln

Servieren Sie dieses Gericht der Familie oder Freunden, die gerne Knoblauch mögen.

NÄHRWERTANGABEN

Kilokalorien	686	Zucker	2 g
Eiweiß	30 g	Fett	45 g
Kohlenhydrate	36 g	davon gesättigt	27 g

15 Min. 25 Min.

6 Personen

ZUTATEN

- 1250 g Miesmuscheln, gesäubert, ohne Bart, geöffnete Exemplare aussortiert
- 1/4 l trockener Weißwein
- 2 große Zwiebeln, gehackt
- 125 g Butter
- 6 große Knoblauchzehen, fein gehackt
- 5 EL frisch gehackte Petersilie
- 300 g Sahne
- Salz und Pfeffer
- 400 g Conchiglie
- 1 EL Olivenöl
- knuspriges Brot, zum Servieren

1 Die Muscheln mit dem Wein und der Hälfte der Zwiebeln in einem geschlossenen Topf garen, bis sich ihre Schalen öffnen – den Topf gelegentlich rütteln.

2 Die Muscheln abgießen – den Sud auffangen. Alle noch geschlossenen Muscheln aussortieren.

3 Die restliche Zwiebel 2–3 Minuten in der Butter andünsten. Den Knoblauch zugeben und 1 Minute mitbraten. Nach und nach Muschelsud, Petersilie und Sahne einrühren. Alles mit Salz und Pfeffer abschmecken und einige Minuten köcheln.

4 Salzwasser in einem großen Topf aufkochen. Die Nudeln darin mit dem Olivenöl bissfest garen. Anschließend die Nudeln abgießen, in den Topf zurückgeben und warm halten.

5 Einige Muscheln für die Garnitur beiseite legen. Die übrigen aus den Schalen lösen, zur Sauce geben und kurz erwärmen. Die Nudeln mit der Sauce mischen und in eine Servierschüssel geben. Das fertige Gericht mit den zurückbehaltenen Muscheln garnieren und mit warmem, knusprigem Brot servieren.

Miesmuscheln Pomodoro

Das Rezept für dieses mediterrane Muschelgericht mit frischer Tomatensauce wurde speziell für die Mikrowelle entwickelt.

NÄHRWERTANGABEN			
Kilokalorien	254	Zucker	1 g
Eiweiß	37 g	Fett	10 g
Kohlenhydrate	4 g	davon gesättigt	3 g

20 Min. 15 Min.

4 Personen

ZUTATEN

1/2 kleine Zwiebel, gehackt
1 Knoblauchzehe, zerdrückt
1 EL Olivenöl
3 Tomaten
1 EL frisch gehackte Petersilie
Salz und Pfeffer
900 g Miesmuscheln
1 EL frisch geriebener Parmesan
1 EL frische Semmelbrösel
frisch gehackte Petersilie, zum Garnieren

5

6

6

1 Zwiebel, Knoblauch und Öl in eine Schüssel geben und 3 Minuten auf höchster Stufe in der Mikrowelle garen.

2 Die Tomaten leicht einritzen, in eine kleine Schüssel geben, mit kochendem Wasser begießen und 1 Minute ruhen lassen. Dann in kaltes Wasser tauchen. Die Haut lässt sich nun mühelos abziehen. Kerne entfernen und das Fruchtfleisch hacken.

3 Die Tomaten zur Zwiebelmischung geben und zugedeckt 3 Minuten garen. Anschließend die Petersilie unterrühren und mit Salz und Pfeffer abschmecken.

4 Die Muscheln unter fließendem kaltem Wasser sorgfältig reinigen. Die haarigen Bartfäden entfernen. Alle Muscheln mit zerbrochenen Schalen sowie geöffnete Muscheln, die sich bei Berührung nicht schließen, aussortieren und wegwerfen.

5 Die Muscheln in eine große Schüssel geben, mit kochendem Wasser bedecken, zudecken und 2 Minuten auf höchster Stufe in der Mikrowelle garen, bis sich alle Muscheln geöffnet haben; dabei nach 1 Minute einmal umrühren. Muscheln, die sich nicht geöffnet haben, wegwerfen. Dann abtropfen lassen, die leeren Muschelhälften entfernen und die Muscheln auf einem Teller nebeneinander ausbreiten.

6 Auf jede Muschelhälfte Tomatensauce geben. Parmesan und Semmelbrösel darüber streuen und alles 2 Minuten in der Mikrowelle garen. Mit Petersilie garnieren und servieren.

TIPP

Für eine besonders knusprige Kruste die Semmelbrösel in der Mikrowelle trocknen. Dazu die Semmelbrösel auf einen Teller geben und 2 Minuten auf höchster Stufe garen; dabei einmal umrühren. Dann unbedeckt eine Weile ruhen lassen.

Vermicelli Vongole

Eine schnelle Mahlzeit mit Venusmuscheln, bei der Zutaten aus dem Vorratsschrank ihren großen Auftritt haben.

NÄHRWERTANGABEN

Kilokalorien	520	Zucker	2 g
Eiweiß	26 g	Fett	13 g
Kohlenhydrate	71 g	davon gesättigt	4 g

10 Min. 25 Min.

4 Personen

ZUTATEN

- 400 g Vermicelli, Spaghetti oder andere lange Nudeln
- 2 EL Olivenöl
- 1 EL Butter
- 2 Zwiebeln, gehackt
- 2 Knoblauchzehen, gehackt
- 400 g Venusmuscheln aus der Dose, abgetropft, Sud auffangen
- 125 ml Weißwein
- 4 EL frisch gehackte Petersilie
- 1/2 TL getrockneter Oregano
- Pfeffer
- 1 Prise frisch geriebene Muskatnuss
- 2 EL frisch geriebener Parmesan
- frische Basilikumblätter, zum Garnieren

1 Die Vermicelli mit der Hälfte des Olivenöls bissfest garen. Abgießen, in den Topf zurückgeben und mit der Butter mischen. Den Topf abdecken und die Nudeln warm halten.

2 Die Zwiebeln im restlichen Öl glasig dünsten. Den Knoblauch zugeben und 1 Minute mitdünsten.

3 Die Hälfte des Muschelsuds mit dem Wein zur Zwiebelmischung geben. (Der restliche Muschelsud wird nicht mehr benötigt.) Die Flüssigkeit aufkochen und 3 Minuten köcheln.

4 Muscheln, Petersilie und Oregano zur Sauce geben und alles mit Pfeffer und Muskatnuss würzen. Die Hitze reduzieren und die Sauce so lange sanft köcheln, bis alle Zutaten gleichmäßig erwärmt sind.

5 Die Nudeln in eine Schüssel füllen und mit der Sauce übergießen. Das fertige Gericht mit Parmesan bestreuen, mit Basilikum garnieren und sofort servieren.

2

3

4

TIPP

Venusmuscheln findet man an fast allen Küsten der Welt. Für dieses Rezept wird normalerweise eine nur etwa 3–5 cm große Art verwendet. Auf Italienisch heißen Muscheln allgemein *vongole*.

Gebutterter Hummer

Dieses Gericht sieht fast zu gut aus, um es zu essen. Man sollte es aber trotzdem unbedingt kosten.

NÄHRWERTANGABEN

Kilokalorien	686	Zucker	1 g
Eiweiß	45 g	Fett	36 g
Kohlenhydrate	44 g	davon gesättigt	19 g

30 Min. 25 Min.

4 Personen

ZUTATEN

2 Hummer (à 700 g), längs halbiert
Saft und geriebene Schale von 1 Zitrone
125 g Butter
4 EL frische Semmelbrösel
2 EL Weinbrand
5 EL Sahne oder Crème fraîche
Salz und Pfeffer
500 g Farfallini
1 EL Olivenöl
60 g frisch geriebener Parmesan

GARNIERUNG

1 Kiwi, in Scheiben geschnitten
4 ungeschälte Riesengarnelen, gekocht
frische Dillzweige

1 Die Hummer sorgfältig ausnehmen. Das Fleisch aus dem Schwanz lösen und hacken. Scheren und Beine aufbrechen, das Fleisch auslösen und hacken. Das Fleisch in einer Schüssel mit Zitronensaft und -schale mischen.

2 Die Hummerpanzer gut säubern und bei 170 °C im Ofen trocknen.

3 1 EL Butter in einer Pfanne zerlassen und die Semmelbrösel darin 3 Minuten knusprig und goldbraun rösten.

4 Die restliche Butter in einem Topf zerlassen und das Hummerfleisch sanft anbraten. Den Weinbrand zugießen und alles 3 Minuten kochen, dann mit Sahne oder Crème fraîche verfeinern und mit Salz und Pfeffer abschmecken.

5 Salzwasser in einem großen Topf aufkochen. Die Farfallini darin mit dem Olivenöl bissfest kochen.

6 Abgießen und in die sauberen Hummerpanzer füllen. Mit dem gebutterten Hummer belegen und mit Parmesan und Semmelbröseln bestreuen. 2–3 Minuten goldbraun grillen.

7 Die Hummerpanzer auf einem vorgewärmten Servierteller anrichten, garnieren und sofort servieren.

1

3

6

Gebackene Jakobsmuscheln

Ein weiteres unwiderstehliches Gericht mit Meeresfrüchten, bei dem sowohl Optik als auch Geschmack stimmen.

NÄHRWERTANGABEN

Kilokalorien 725	Zucker ....2 g
Eiweiß ....38 g	Fett ....48 g
Kohlenhydrate ..38 g	davon gesättigt 25 g

20 Min. 30 Min.

4 Personen

ZUTATEN

12 Jakobsmuscheln
3 EL Olivenöl
350 g kleine Vollkornnudeln
1 Zwiebel, gehackt
150 ml Fischfond (s. S. 30)
Salz und Pfeffer
Saft von 2 Zitronen
150 g Sahne
250 g geriebener Emmentaler
ofenfrisches Graubrot und Butter,
zum Servieren

1 Die Muscheln aus ihren Schalen lösen. Die Schürze und den schwarzen Darmfaden entfernen. Den weißen Teil (das Fleisch) und den orangfarbenen Teil (den Rogen) vorsichtig mit einem kurzen, kräftigen Messer aus der Schale lösen.

2 Die Schalen gründlich waschen und trocknen. Dann auf ein Backblech legen, leicht mit etwa zwei Drittel des Olivenöls beträufeln und beiseite stellen.

3 Salzwasser in einem großen Topf aufkochen. Die Nudeln darin mit dem restlichen Olivenöl bissfest kochen. Abgießen und etwa 2 EL Nudeln in jede Schale geben.

4

5

5

4 Muscheln, Zwiebel und Fond in eine feuerfeste Form geben und mit Salz und Pfeffer abschmecken. Mit Alufolie abdecken und 8 Minuten im vorgeheizten Backofen bei 180 °C backen.

5 Die Form aus dem Ofen nehmen, die Alufolie entfernen und die Muscheln mit einem Schaumlöffel in die Schalen füllen. Je 1 Esslöffel des Kochsuds in jede Schale geben, alles mit Zitronensaft und etwas Sahne beträufeln und mit Käse bestreuen.

6 Die Temperatur auf 230 °C erhöhen und die Muscheln für 4 Minuten in den Ofen geben. Anschließend mit ofenfrischem Brot und Butter servieren.

Lasagne Frutti di Mare

Für diese Lasagne eignet sich nahezu jeder Fisch und jede Sauce: Versuchen Sie doch einmal geräucherten Heilbutt und Whiskysauce.

NÄHRWERTANGABEN	
Kilokalorien 790	Zucker ....23 g
Eiweiß ....55 g	Fett ....32 g
Kohlenhydrate ..74 g	davon gesättigt 19 g

30 Min · 45 Min.

4 Personen

ZUTATEN

- 500 g gegrillter, geräucherter Schellfisch, filetiert, gehäutet und zerkleinert
- 120 g Seezungenfilet, gehäutet und in Streifen geschnitten
- 120 g Garnelen
- schwarzer Pfeffer
- Saft von 1 Zitrone
- 60 g Butter
- 3 Porreestangen, in sehr dünne Scheiben geschnitten
- 60 g Mehl
- 600 ml Milch
- 2 EL klarer Honig
- 200 g geriebener Mozzarella
- 500 g Lasagneplatten, vorgekocht
- 60 g frisch geriebener Parmesan

1

3

3

1 Fischfilets und Garnelen in einer Schüssel mit schwarzem Pfeffer und Zitronensaft würzen und beiseite stellen.

2 Die Butter in einem großen Topf zerlassen. Den Porree unter gelegentlichem Rühren 8 Minuten darin anbraten. Das Mehl zugeben und alles unter ständigem Rühren 1 Minute braten. Nach und nach mit Milch zu einer cremigen Sauce verrühren.

3 Honig und Mozzarella einrühren und weitere 3 Minuten kochen. Vom Herd nehmen und Fisch und Garnelen einrühren.

4 Fischsauce und Lasagneplatten abwechselnd in eine feuerfeste Form schichten und mit einer Lage Fischsauce abschließen. Mit Parmesan bestreuen und 30 Minuten im vorgeheizten Backofen bei 180 °C überbacken. Sofort servieren.

VARIATION

Für eine Apfelsauce den Porree durch 1 fein gehackte Schalotte, die Milch durch 300 ml Cidre und 300 g Sahne und den Honig durch 1 Teelöffel Senf ersetzen. Für eine toskanische Sauce den Porree durch 1 fein gehackte Fenchelknolle ersetzen und den Honig weglassen.

Fleisch

In Italien werden Tiere auf besondere Weise geschlachtet und verarbeitet, sodass die beim Metzger angebotenen Fleischwaren meistens entbeint und quer zur Faser geschnitten sind. Kalbsfleisch zählt zu den beliebtesten Fleischsorten der Italiener, aber auch Schweinefleisch erfreut sich großer Beliebtheit – von Schweinebraten, dem Traditionsgericht Umbriens, bis hin zu Spanferkel, das häufig mit Rosmarin, gegrillt wird, bis die Schwarte braun und knusprig ist. Bei besonderen Gelegenheiten steht auch Lammfleisch hoch im Kurs – am Spieß gegrillt oder im Ofen mit Wein, Knoblauch und Kräutern zubereitet. In Italien isst man aber auch gerne Innereien, daher sind Leber, Hirn, Bries, Zunge, Herz, Kutteln und Nieren im ganzen Land erhältlich. Unter den Fleischrezepten in diesem Kapitel werden auch Sie Ihr Lieblingsgericht finden.

Hackfleischrolle Sorpresa

Dieser „Rollbraten" hält in seinem Inneren eine Überraschung bereit. Er bildet eine herzhafte und vollständige Hauptmahlzeit.

NÄHRWERTANGABEN

Kilokalorien 412	Zucker . . . . .3 g
Eiweiß . . . . .21 g	Fett . . . . .30 g
Kohlenhydrate . .15 g	davon gesättigt 13 g

35 Min. 1 1/2 Std.

6 Personen

ZUTATEN

- 1 EL Butter und etwas Butter zum Einfetten
- 1 kleine Zwiebel, fein gehackt
- 1 kleine rote Paprika, entkernt und gehackt
- 1 Knoblauchzehe, zerdrückt
- 500 g Rinderhack
- 2 EL Semmelbrösel
- 1/2 TL Cayennepfeffer
- 1 EL Zitronensaft
- 1/2 TL geriebene Zitronenschale
- 2 EL frisch gehackte Petersilie
- Salz und Pfeffer
- 100 g kurze Nudeln, z. B. Fusilli
- 1 EL Olivenöl
- 250 ml Käsesauce (s. S. 29)
- 4 Lorbeerblätter
- 150 g durchwachsener Speck ohne Schwarte
- Salatblätter, zum Garnieren

2

2

4

1 Den Backofen auf 180 °C vorheizen. Die Butter in einem Topf zerlassen, Zwiebel und Paprika 3 Minuten anbraten. Den Knoblauch 1 Minute andünsten.

2 Das Fleisch mit einem Holzlöffel zerdrücken, bis es klebt. Mit Zwiebelmischung, Semmelbröseln, Cayennepfeffer, Zitronensaft und -schale, Petersilie und Gewürzen mischen.

3 Salzwasser in einem großen Topf aufkochen. Die Nudeln darin mit dem Öl bissfest kochen. Abgießen und in die Käsesauce rühren.

4 Eine kleine 1-kg-Kastenform einfetten und den Boden mit Lorbeerblättern auslegen. Die Speckscheiben strecken und Boden und Seiten der Form damit auslegen. Die Hälfte des Hackfleischs hineingeben und glatt streichen. Mit Nudeln und Sauce bedecken, dann das restliche Hackfleisch darüber geben. Glatt streichen und mit Alufolie abdecken.

5 Den Hackbraten 1 Stunde backen, bis beim Einstechen klarer Saft austritt. Überschüssiges Fett abgießen und den Braten auf einen Servierteller stürzen. Mit Salatblättern garnieren.

Deftiges Rindsgulasch

Dieses Gulasch schmeckt wunderbar nach Orangen und Rotwein.

NÄHRWERTANGABEN

Kilokalorien	388	Zucker	15 g
Eiweiß	30 g	Fett	21 g
Kohlenhydrate	16 g	davon gesättigt	9 g

45 Min. 1¾ Std.

4 Personen

ZUTATEN

- 1 EL Öl
- 1 EL Butter
- 250 g Perlzwiebeln, geschält und halbiert
- 600 g Schmorfleisch, in 4 cm dicke Würfel geschnitten
- 300 ml Rindfleischbrühe
- 150 ml Rotwein
- 4 EL frisch gehackter Oregano
- 1 EL Zucker
- 1 Orange
- 25 g getrocknete Steinpilze
- 250 g Eiertomaten
- gekochter Reis oder Salzkartoffeln, zum Servieren

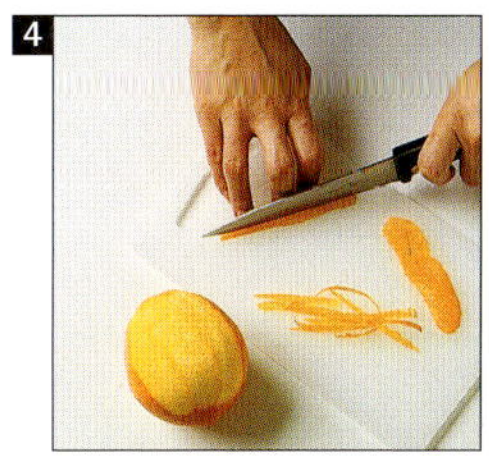

1 Öl und Butter in einer Pfanne erhitzen. Die Zwiebeln zugeben und 5 Minuten goldbraun dünsten. Dann mit einer Schöpfkelle aus der Pfanne nehmen, beiseite stellen und warm halten.

2 Das Fleisch in die Pfanne geben und unter Rühren 5 Minuten von allen Seiten kräftig anbraten.

3 Die Zwiebeln zurück in die Pfanne geben. Dann Brühe, Wein, Oregano und Zucker zufügen, gut unterrühren und die Mischung in einen Bräter geben.

4 Die Schale der Orange dünn abschälen und in feine Streifen schneiden. Das Fruchtfleisch in Ringe schneiden. Beides mit der Fleischmischung vermengen und diese für 75 Minuten in einem auf 180 °C vorgeheizten Backofen backen.

5 Die getrockneten Pilze 30 Minuten mit 4 Esslöffeln Wasser in einer kleinen Schüssel einweichen.

6 Die Tomaten häuten, halbieren und mit den Pilzen und ihrer Einweichflüssigkeit unter die Fleischmischung rühren. Das Fleisch weitere 20 Minuten im Backofen garen, bis es zart geworden und die Sauce eingedickt ist. Das fertige Gericht mit Reis oder Kartoffeln servieren.

Rindergeschnetzeltes mit Rigatoni

Dieses Gericht ist schnell und einfach zubereitet und doch einem besonderen Ereignis angemessen.

NÄHRWERTANGABEN

Kilokalorien	796	Zucker	2 g
Eiweiß	29 g	Fett	63 g
Kohlenhydrate	26 g	davon gesättigt	39 g

15 Min. 30 Min.

4 Personen

ZUTATEN

- 80 g Butter
- 500 g mageres Rindfleisch, in dünne Streifen geschnitten
- 180 g kleine Champignons, in Scheiben geschnitten
- 1 TL Senf
- 1 Msp. frisch geriebene Ingwerwurzel
- Salz und Pfeffer
- 2 EL trockener Sherry
- 150 g Sahne
- 4 Scheiben Weißbrot, getoastet und in Dreiecke geschnitten, zum Servieren

NUDELN

- 500 g Rigatoni
- 2 EL Olivenöl
- 2 frische Basilikumzweige
- 125 g Butter

1 Die Butter in einer Pfanne zerlassen und das Fleisch darin bei mittlerer Hitze anbraten. In eine Auflaufform füllen, beiseite stellen und warm halten.

2 Die Pilze in die Pfanne geben und kurz im Bratensatz anbraten. Senf, Ingwer, Salz und Pfeffer zugeben und weitere 2 Minuten köcheln, Sherry und Sahne zugießen. Alles 3 Minuten kochen, dann die Sahnesauce über das Fleisch gießen.

3 Das Fleisch mit der Sauce in einem auf 180 °C vorgeheizten Ofen 5–10 Minuten backen.

4 Salzwasser in einem großen Topf aufkochen. Die Rigatoni, das Öl und einen Basilikumzweig zugeben und die Nudeln bissfest kochen. Dann abgießen und auf vorgewärmte Teller verteilen. Die Nudeln mit der Butter mischen und mit dem restlichen Basilikum garnieren.

5 Das Geschnetzelte mit den Nudeln und getoastetem Weißbrot servieren.

TIPP

Getrocknete Nudeln halten sich mindestens sechs Monate. Den Rest aus einer geöffneten Packung füllen Sie am besten in einen luftdicht schließenden Behälter.

Steak di Napoli

Am besten verwenden Sie für dieses Gericht frische, sehr reife Tomaten, die typisch für die Gegend um Neapel sind.

NÄHRWERTANGABEN

Kilokalorien 371	Zucker . . . . .7 g
Eiweiß . . . . .43 g	Fett . . . . .19 g
Kohlenhydrate . . .7 g	davon gesättigt .5 g

25 Min. 30 Min.

4 Personen

Z U T A T E N

- 800 g frische Tomaten, gehäutet
- 4 EL Olivenöl
- 1 Zwiebel, fein gehackt
- 2–3 Knoblauchzehen, zerdrückt
- 1 EL Tomatenmark
- 2 TL frisch gehackter oder 1 TL getrockneter Majoran, ersatzweise Oregano
- 4 dünne Rumpsteaks
- Salz und Pfeffer
- 2 EL frisch gehackte Petersilie
- 1 TL Zucker
- frische Kräuter, zum Garnieren
- Schwenkkartoffeln und grünes Gemüse, zum Servieren

1 Tomaten pürieren und durch ein Sieb streichen, um die Kerne zu entfernen.

2 Die Hälfte des Öls in einem Topf erhitzen und Zwiebel und Knoblauch darin bei schwacher Hitze glasig dünsten.

3 Tomaten, Tomatenmark, Majoran oder Oregano zufügen und bei schwacher Hitze 8–10 Minuten köcheln; dabei gelegentlich umrühren.

4 In der Zwischenzeit die Steaks mit Salz und Pfeffer würzen. Das restliche Öl in einer Pfanne erhitzen und die Steaks rasch von beiden Seiten darin anbraten, damit sich die Fleischporen schließen. Danach nach Wunsch weitergaren: 2 Minuten für „blutig", 3–4 Minuten für „medium" und 5 Minuten für „durch". Oder die Steaks mit etwas Öl einpinseln und unter einem heißen Grill braten.

5 Sobald die Tomatensauce eindickt, mit Salz und Pfeffer abschmecken und Petersilie und Zucker unterrühren.

6 Überschüssiges Fett aus der Steakpfanne gießen, die Tomatensauce zu den Steaks geben, bei schwacher Hitze wieder aufwärmen. Dann mit frischen Kräutern garnieren und sofort servieren. Dazu Schwenkkartoffeln und grünes Gemüse reichen.

Spaghetti mit Fleischbällchen

Dieses italienische Gericht ist weltweit bekannt und beliebt. Für eine exzellente Qualität bereiten Sie das Hack aus Filetfleisch selbst zu.

NÄHRWERTANGABEN

Kilokalorien	665	Zucker	9 g
Eiweiß	39 g	Fett	24 g
Kohlenhydrate	77 g	davon gesättigt	8 g

45 Min. 1 1/4 Std.

4 Personen

ZUTATEN

150 g Vollkorn-Semmelbrösel
150 ml Milch
1 EL Butter
1 EL Vollkornmehl
200 ml Rinderfond
400 g gehackte Tomaten aus der Dose
2 EL Tomatenmark
1 TL Zucker
1 EL fein gehackter frischer Estragon
Salz und Pfeffer
1 große Zwiebel, gehackt
500 g Rinderhack
1 TL Paprika
4 EL Olivenöl
500 g frische Spaghetti
1 EL Öl
frische Estragonzweige, zum Garnieren

1 Die Semmelbrösel 30 Minuten in Milch einweichen.

2 Die Hälfte der Butter in einem Topf zerlassen. Das Mehl 2 Minuten anschwitzen. Den Fond zugießen und 5 Minuten kochen. Tomaten, Tomatenmark, Zucker und Estragon zugeben. Kräftig mit Salz und Pfeffer abschmecken und 25 Minuten köcheln.

3 Zwiebel, Fleisch und Paprika mit den Semmelbröseln mischen und mit Salz und Pfeffer abschmecken. Zu 14 Kugeln formen.

4 Die Fleischbällchen im Öl und der restlichen Butter rundum anbräunen. In einen Topf geben, mit der Sauce übergießen, abdecken und 25 Minuten im vorgeheizten Backofen bei 180 °C backen.

5 Salzwasser in einem großen Topf aufkochen. Die Spaghetti darin mit dem Öl bissfest kochen.

6 Die Fleischbällchen aus dem Ofen nehmen und 3 Minuten abkühlen lassen. Fleischbällchen, Sauce und Spaghetti mit Estragonzweigen garnieren und servieren.

Kartoffelravioli mit Rinderhack

Bei diesem Rezept wird der „Nudelteig" aus Kartoffeln statt aus Mehl zubereitet und danach mit einer kräftigen Bolognese-Sauce gefüllt.

NÄHRWERTANGABEN

Kilokalorien 618	Zucker ....4 g
Eiweiß ....16 g	Fett ....31 g
Kohlenhydrate ..74 g	davon gesättigt 12 g

30 Min. 50 Min.

4 Personen

ZUTATEN

FÜLLUNG

- 1 EL Pflanzenöl
- 125 g Rinderhack
- 1 Schalotte, gewürfelt
- 1 Knoblauchzehe, zerdrückt
- 1 EL Mehl
- 1 EL Tomatenmark
- 150 ml Rinderfond
- 1 Selleriestange, gehackt
- 2 Tomaten, gehäutet und gewürfelt
- 2 TL frisch gehacktes Basilikum
- Salz und Pfeffer

RAVIOLI

- 450 g mehlig kochende Kartoffeln, gewürfelt
- 3 kleine Eigelb
- 3 EL Olivenöl
- Salz und Pfeffer
- 175 g Mehl
- 60 g Butter, zum Braten
- Basilikumblätter, in Streifen, zum Garnieren

1 Öl in einer Pfanne erhitzen und das Hackfleisch darin 3–4 Minuten braten.

2 Schalotte und Knoblauch zufügen und glasig dünsten.

3 Dann Mehl und Tomatenmark unterrühren und 1 Minute garen. Rinderfond, Sellerie, Tomaten und Basilikum zufügen, mit Salz und Pfeffer abschmecken.

4 Die Bolognese-Sauce bei schwacher Hitze 20 Minuten köcheln, dann vom Herd nehmen und abkühlen lassen.

5 Für die Ravioli die Kartoffeln in kochendem Salzwasser garen.

6 Die Kartoffeln zerdrücken, in eine Schüssel geben und Eigelb sowie Öl zufügen. Mit Salz und Pfeffer abschmecken, dann das Mehl unterrühren und zu einem Teig kneten.

7 Den Teig auf einer leicht bemehlten Arbeitsfläche in 24 Stücke teilen und diese zu flachen Kreisen formen. Etwas Füllung auf eine Hälfte der Teigkreise geben, die andere Teighälfte darüber klappen und an den Rändern fest zusammendrücken.

8 Die Butter in einer Pfanne zerlassen und die Ravioli darin 6–8 Minuten goldbraun braten; dabei einmal wenden. Dann mit Basilikum garnieren und sofort servieren.

Rinderrouladen mit Speck

Dünne Scheiben zartes Rindfleisch mit einer Füllung aus Knoblauch und Speck und einem Hauch Orange.

NÄHRWERTANGABEN

Kilokalorien 379	Zucker ....4 g
Eiweiß ....26 g	Fett ....24 g
Kohlenhydrate ...4 g	davon gesättigt .8 g

20 Min. — 20 Min.

4 Personen

ZUTATEN

- 8 dünne Rinderrouladen
- 4 EL frisch gehackte Petersilie
- 4 Knoblauchzehen, zerdrückt
- 125 g geräucherter durchwachsener Speck, ohne Schwarte, fein gehackt
- 1 EL fein geriebene Orangenschale
- Salz und Pfeffer
- 2 EL Olivenöl
- 300 ml trockener Rotwein
- 1 Lorbeerblatt
- 1 TL Zucker
- 60 g schwarze Oliven, entsteint

GARNIERUNG

- Orangenscheiben
- frisch gehackte Petersilie

1 Die Rinderrouladen auf einer Arbeitsfläche ausbreiten und mit einem Fleischhammer flach klopfen.

2 Petersilie, Knoblauch, Speck, Orangenschale, Salz und Pfeffer mischen und gleichmäßig auf jede Roulade streichen.

3 Die Rouladen fest zusammenrollen und mit Zahnstochern fixieren. Das Öl in einer Pfanne erhitzen und das Fleisch darin ca. 10 Minuten rundum anbraten.

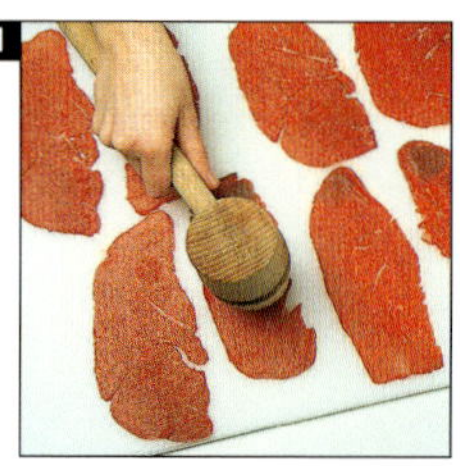

1

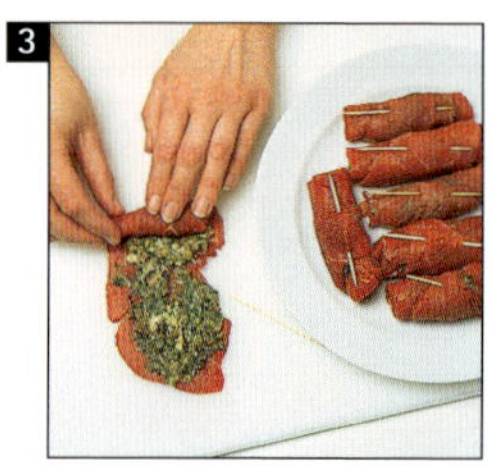

3

4

4 Die Rouladen abtropfen lassen, den Bratensud beiseite stellen und das Fleisch warm halten. Den Wein zum Bratensud geben, Lorbeerblatt und Zucker zufügen und mit Salz und Pfeffer abschmecken. Dann aufkochen und 5 Minuten unter ständigem Rühren bei starker Hitze kochen, um die Sauce etwas anzudicken.

5 Die Rouladen zusammen mit den Oliven in die Pfanne geben und 2 Minuten aufwärmen. Dann das Lorbeerblatt und die Zahnstocher entfernen.

6 Zum Schluss die Rouladen auf einen Servierteller legen, die Sauce darüber geben, mit Orangenscheiben und Petersilie garnieren und sofort servieren.

Fleischbällchen in Rotweinsauce

Die raffinierte Sauce gibt diesem traditionellen Gericht eine neue Note.

NÄHRWERTANGABEN

Kilokalorien 811	Zucker ....7 g
Eiweiß ....30 g	Fett ....43 g
Kohlenhydrate ..76 g	davon gesättigt 12 g

45 Min. 1½ Std.

4 Personen

ZUTATEN

- 150 g Semmelbrösel
- 150 ml Milch
- 250 g Austernpilze, in Streifen geschnitten
- 1 EL Butter
- 9 EL Olivenöl
- 1 EL Vollkornmehl
- 200 ml Rinderfond
- 150 ml Rotwein
- 4 Tomaten, gehäutet und gehackt
- 1 EL Tomatenmark
- 1 TL brauner Zucker
- 1 EL frisch gehacktes Basilikum
- 12 Schalotten, gehackt
- 500 g Rinderhack
- 1 TL Paprika
- Salz und Pfeffer
- 500 g Eier-Tagliarini
- frische Basilikumzweige, zum Garnieren

1 Die Semmelbrösel 30 Minuten in Milch einweichen.

2 Die Pilze in der Hälfte der Butter und 4 Esslöffeln Öl andünsten. Mehl einrühren. Brühe und Wein zugießen und 15 Minuten köcheln. Tomaten, Tomatenmark, Zucker und Basilikum zugeben und 30 Minuten köcheln.

3 Schalotten, Hackfleisch und Paprika mit den Semmelbröseln mischen. Mit Salz und Pfeffer abschmecken und zu 14 Kugeln formen.

4 4 Esslöffel Öl und die restliche Butter in einer Pfanne erhitzen. Die Fleischbällchen rundum anbräunen. In eine Kasserolle geben, mit der Rotwein-Pilz-Sauce übergießen, abdecken und 30 Minuten im vorgeheizten Backofen bei 180 °C backen.

5 Salzwasser in einem großen Topf aufkochen. Die Nudeln darin mit 1 EL Öl bissfest kochen. Abgießen und in eine Schüssel geben. Fleischbällchen und Sauce über die Nudeln geben, mit Basilikum garnieren und servieren.

3

3

4

Neapolitanische Schweinesteaks

Zu italienischen Schweinesteaks gehören unbedingt Tomaten. Das Gericht ist einfach zuzubereiten und schmeckt köstlich.

NÄHRWERTANGABEN

Kilokalorien	353	Zucker	3 g
Eiweiß	39 g	Fett	20 g
Kohlenhydrate	4 g	davon gesättigt	5 g

10 Min. 25 Min.

4 Personen

ZUTATEN

2 EL Olivenöl
1 große Zwiebel, grob gehackt
1 Knoblauchzehe, zerdrückt
400 g Tomaten aus der Dose
2 EL Hefeextrakt
4 Lendensteaks vom Schwein (à ca. 125 g)
75 g schwarze Oliven, entsteint
2 EL frisch gezupftes Basilikum
Salz und Pfeffer
frisch geriebener Parmesan, zum Servieren

1 Das Öl in einer großen Pfanne erhitzen. Die Zwiebel und den Knoblauch zugeben und unter Rühren 3–4 Minuten weich dünsten.

2 Tomaten und Hefeextrakt zugeben und etwa 5 Minuten kochen, bis der Tomatensaft einzudicken beginnt.

3 Die Steaks unter einem vorgeheizten Grill von beiden Seiten 5 Minuten garen, bis sie goldbraun und knusprig sind. Dann beiseite stellen und warm halten.

4 Oliven und Basilikum zu der Sauce in die Pfanne geben und unterrühren, dann mit Salz und Pfeffer abschmecken.

5 Die Steaks auf vorgewärmte Teller verteilen. Die Sauce darüber gießen. Mit Parmesan bestreuen und sofort servieren.

TIPP

Parmesan ist ein lange gereifter italienischer Hartkäse mit sehr kräftigem Geschmack. Es reicht aus, ihn in kleinen Mengen zu verwenden.

Schweinekoteletts mit Salbei

Das frische Aroma des Salbeis passt hervorragend zum kräftigen Geschmack der Schweinekoteletts.

NÄHRWERTANGABEN

Kilokalorien 364	Zucker ....5 g
Eiweiß ....34 g	Fett ....19 g
Kohlenhydrate ..14 g	davon gesättigt .7 g

10 Min. 15 Min.

4 Personen

Z U T A T E N

2 EL Mehl

1 EL frisch gehackter Salbei oder

1 TL getrockneter Salbei

Salz und Pfeffer

4 magere Schweinekoteletts, ohne Knochen, überschüssiges Fett entfernt

2 EL Olivenöl

1/2 EL Butter

2 rote Zwiebeln, in Ringe geschnitten

1 EL Zitronensaft

2 TL feiner Zucker

4 Flaschentomaten, geviertelt

1 Mehl, Salbei, Salz und Pfeffer auf einem Teller mischen. Die Schweinekoteletts von beiden Seiten mit dieser Mehlmischung bestreuen.

2 Öl und Butter in einer Pfanne erhitzen, die Koteletts darin von beiden Seiten 6–7 Minuten braten, bis das Fleisch gar ist. Dann abtropfen lassen und warm halten.

3 Zwiebeln und Zitronensaft mischen und zusammen mit Zucker und Tomaten 5 Minuten in der Pfanne braten.

4 Die Schweinekoteletts zusammen mit der Tomaten-Zwiebel-Sauce servieren und dazu einen grünen Salat reichen.

1

2

3

Koteletts mit Wacholderbeeren

Die nicht alltägliche Kombination von Fenchel und Wacholderbeeren gibt den Schweinekoteletts ein interessantes Aroma.

NÄHRWERTANGABEN

Kilokalorien	277	Zucker	0,4 g
Eiweiß	32 g	Fett	16 g
Kohlenhydrate	0,4 g	davon gesättigt	5 g

$2^1/_4$ Std. 15 Min.

4 Personen

ZUTATEN

- 1/2 Fenchelknolle
- 1 EL Wacholderbeeren
- 2 EL Olivenöl
- geriebene Schale und Saft von 1 Orange
- 4 Schweinekoteletts (à ca. 150 g)
- frisches Brot und knackiger Salat, zum Servieren

1 Den Fenchel mit einem Wiegemesser fein hacken. Die grünen Stiele der Knolle entfernen.

2 Die Wachholderbeeren in einem Mörser zerstoßen, dann mit Fenchel, Olivenöl und Orangenschale mischen.

3 Jedes Kotelett mit einem scharfen Messer leicht einritzen.

4 Die Koteletts in einen flachen Bräter oder eine Auflaufform geben und mit der Fenchel-Wacholder-Mischung belegen.

5 Den Orangensaft nun vorsichtig über die einzelnen Koteletts gießen. Den Bräter bzw. die Form abdecken und das Fleisch etwa 2 Stunden im Kühlschrank marinieren.

6 Das marinierte Fleisch 10–15 Minuten unter einem vorgeheizten Grill garen; dabei gelegentlich wenden. Die tatsächliche Garzeit hängt von der Dicke der Koteletts ab.

7 Das fertig gegarte Fleisch auf Teller verteilen und mit Salat und Brot zum Aufnehmen der Sauce servieren.

TIPP

In Italien werden Wacholderbeeren relativ oft zum Kochen verwendet, um Speisen ein leichtes Zitrusaroma zu verleihen. Sie sind in getrockneter Form im Fachhandel oder im Supermarkt erhältlich.

Schweinegeschnetzeltes

Dieses Gericht sieht nicht nur gut aus, es schmeckt auch so. Bereiten Sie die Rotweinsauce im Voraus zu.

NÄHRWERTANGABEN

Kilokalorien 735	Zucker ....4 g
Eiweiß ....31 g	Fett ....52 g
Kohlenhydrate ..37 g	davon gesättigt 19 g

8³/₄ Std. 35 Min.

4 Personen

ZUTATEN

4 EL Olivenöl
500 g Schweinefilet, in feine Streifen geschnitten
250 g kleine Champignons, in Scheiben geschnitten
200 ml Italienische Rotweinsauce (s. S. 29)
350 g Orecchiette
1 EL Zitronensaft
1 Msp. Safran
4 EL Sahne
Salz und Pfeffer
12 Wachteleier (s. Tipp)

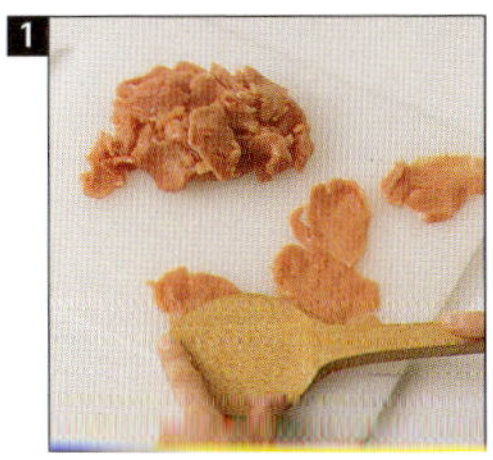

1 Das Öl in einer Pfanne erhitzen. Das Fleisch darin 5 Minuten anbraten. Die Pilze zugeben und 2 Minuten braten.

2 Die Rotweinsauce zugießen und alles 20 Minuten köcheln.

3 Währenddessen Salzwasser in einem großen Topf aufkochen. Die Orecchiette mit Zitronensaft und Safran bissfest garen. Abgießen, beiseite stellen und warm halten.

4 Die Sahne in die Pfanne geben, mit den anderen Zutaten verrühren, mit Salz und Pfeffer abschmecken und 3 Minuten köcheln.

5 Die Wachteleier 3 Minuten kochen, abschrecken, völlig abkühlen lassen, schälen und halbieren.

6 Die Nudeln auf Teller verteilen, das Geschnetzelte darauf anrichten, mit den Eiern garnieren und sofort servieren.

TIPP

Für dieses Rezept werden die Wachteleier wachsweich gekocht. Sie müssen ganz abkühlen, weil sie sich in heißem Zustand kaum schälen lassen und sehr leicht zerbrechen.

Geschmorte Lammkeule

Dieses Gericht aus den Abruzzen gart sehr langsam, sodass das Fleisch alle Aromen aufnimmt und besonders zart wird.

NÄHRWERTANGABEN

Kilokalorien	734	Zucker	6 g
Eiweiß	71 g	Fett	42 g
Kohlenhydrate	7 g	davon gesättigt	15 g

35 Min. 3 Std.

4 Personen

Z U T A T E N

- 1,75 kg Lammkeule
- Salz und Pfeffer
- 3–4 Zweige frischer Rosmarin
- 125 g Speckstreifen
- 4 EL Olivenöl
- 2–3 Knoblauchzehen, zerdrückt
- 2 Zwiebeln, in Ringe geschnitten
- 2 Karotten, in Scheiben geschnitten
- 2 Selleriestangen, in Scheiben geschnitten
- 300 ml trockener Weißwein
- 1 EL Tomatenmark
- 300 ml Lammfond oder Gemüsebrühe
- 350 g Tomaten, gehäutet, geviertelt und entkernt
- 1 EL frisch gehackte Petersilie
- 1 EL frisch gehackter Oregano oder Majoran
- frische Rosmarinzweige, zum Garnieren

1 Die Lammkeule mit Küchenpapier trockentupfen, überschüssiges Fett entfernen und mit Salz und Pfeffer einreiben. Die Rosmarinzweige über die Keule legen, gleichmäßig mit den Speckstreifen bedecken und mit Küchengarn festbinden.

2 Öl in einer Pfanne erhitzen und die Keule darin etwa 10 Minuten von allen Seiten anbraten, bis sie gleichmäßig gebräunt ist. Dann aus der Pfanne nehmen.

3 Das Öl aus der Pfanne in eine große feuerfeste Kasserolle geben und Knoblauch und Zwiebeln darin 3–4 Minuten glasig dünsten. Karotten und Sellerie zufügen und ein paar Minuten köcheln.

4 Die Keule in das Gemüsebett drücken, Wein und Tomatenmark zufügen und weitere 3–4 Minuten köcheln. Dann Fond (oder Brühe), Tomaten und Kräuter zugeben, mit Salz und Pfeffer würzen, aufkochen und weitere 3–4 Minuten köcheln.

5 Die Kasserolle fest schließen und die Keule im auf 180 °C vorgeheizten Backofen $2–2^{1}/_{2}$ Stunden garen, bis das Fleisch sehr zart ist.

6 Die Lammkeule aus der Kasserolle nehmen und Speck und Kräuter zusammen mit dem Küchengarn entfernen. Das Fleisch warm halten. Den Bratensud durch ein Sieb geben, überschüssiges Fett abgießen und in einer Sauciere servieren. Das Gemüse um die Keule herum arrangieren oder in einer separaten Schüssel reichen. Zum Schluss mit frischen Rosmarinzweigen garnieren.

1

4

6

Lammfleisch Roma

Zarte Lammstücke werden in der Pfanne mit Knoblauch angebraten und in Rotwein geschmort – ein typisch römisches Gericht.

NÄHRWERTANGABEN

Kilokalorien	299	Zucker	1 g
Eiweiß	31 g	Fett	16 g
Kohlenhydrate	1 g	davon gesättigt	7 g

15 Min. 50 Min.

4 Personen

ZUTATEN

- 1 El Öl
- 1 EL Butter
- 600 g Lammgulasch (Schulter oder Keule)
- 4 Knoblauchzehen, geschält
- 1 EL frisch gezupfter Thymian
- 6 Sardellenfilets
- 150 ml Rotwein
- 150 ml Lammfond oder Gemüsebrühe
- 1 TL Zucker
- 50 g schwarze Oliven, entsteint und halbiert
- 2 EL frisch gehackte Petersilie, zum Garnieren
- Kartoffelpüree, zum Servieren

1

2

3

1 Öl und Butter in einer großen Pfanne erhitzen. Das Lammfleisch zugeben und 4–5 Minuten unter Rühren von allen Seiten kräftig anbraten.

2 Knoblauch, Thymian und Sardellen in einem Mörser zu einer glatten Paste verarbeiten.

3 Den Wein und die Brühe über das Fleisch in die Pfanne gießen und die Knoblauch-Sardellen-Paste sowie den Zucker zugeben.

4 Alles aufkochen. Dann die Hitze reduzieren, die Pfanne abdecken und das Fleisch 30–40 Minuten schmoren, bis es gar ist. Während der letzten 10 Minuten die Sauce offen einkochen lassen.

5 Oliven zugeben und gut unterrühren.

6 Das fertige Gericht in eine Servierschüssel geben, mit Petersilie bestreuen und mit Kartoffelpüree servieren.

TIPP

Die Gerichte aus Rom und Umgebung sind meist sehr einfach zuzubereiten. Sie werden mit vielen aromatischen Kräutern und Gewürzen angereichert und lassen sich schnell auf den Tisch bringen.

Nudel-Lamm-Hackbraten

Für dieses köstliche, speziell für die Mikrowelle entwickelte Rezept eignet sich jede getrocknete Nudelsorte.

NÄHRWERTANGABEN

Kilokalorien	245	Zucker	2 g
Eiweiß	15 g	Fett	18 g
Kohlenhydrate	6 g	davon gesättigt	7 g

35 Min. 35 Min.

4 Personen

ZUTATEN

1 EL Butter
1/2 kleine Aubergine, gewürfelt
Salz
3 EL bunte Fusilli
2 TL Olivenöl
250 g Lammhack
1/2 kleine Zwiebel, gehackt
1/2 rote Paprika, gehackt
1 Knoblauchzehe, zerdrückt
1 TL getrocknete Kräutermischung
2 Eier, verquirlt
2 EL Crème fraîche
Pfeffer

ZUM SERVIEREN

Salat
Nudelsauce nach Wahl

3

6

6

1 Die Butter in eine Brotform (1 l Volumen) geben und in der Mikrowelle zerlassen. Die Form innen damit einfetten.

2 Die Auberginenwürfel nebeneinander in ein Sieb legen, gleichmäßig mit Salz bestreuen und 20 Minuten ruhen lassen. Unter Wasser abspülen und trockentupfen.

ludeln in eine Schüssel geben und endes Wasser zugießen, bis die Nudeln 2 cm hoch bedeckt sind. Salzen, zudecken und 8 Minuten auf höchster Stufe in der Mikrowelle garen; nach 4 Minuten umrühren. 3 Minuten ruhen lassen.

4 Öl, Lammhack und Zwiebel in eine Schüssel geben, zudecken und 2 Minuten in der Mikrowelle garen.

5 Eventuelle Fleischklumpen zerdrücken. Paprika, Knoblauch, Kräuter und Aubergine zufügen und 5 Minuten garen.

6 Die Nudeln abtropfen lassen, mit den Eiern und der Crème fraîche zum Lammhack geben, mit Salz und Pfeffer würzen und in die gefettete Brotform geben. Dabei die Masse mit der Rückseite eines Löffels glatt klopfen.

7 Den Hackbraten 10 Minuten auf mittlerer Stufe in der Mikrowelle garen, bis er fest wird. Weitere 5 Minuten ruhen lassen, dann in Scheiben schneiden und mit Salat und Nudelsauce servieren.

Lammkoteletts mit Rosmarin

Dieses Gericht eignet sich perfekt für ein köstliches Sonntagsessen. Reichen Sie es mit einem Tomaten-Zwiebel-Salat und Folienkartoffeln.

NÄHRWERTANGABEN

Kilokalorien	560	Zucker	1 g
Eiweiß	48 g	Fett	40 g
Kohlenhydrate	1 g	davon gesättigt	13 g

1¼ Std. 15 Min.

4 Personen

ZUTATEN

8 Lammkoteletts
5 EL Olivenöl
2 EL Zitronensaft
1 Knoblauchzehe, zerdrückt
½ TL Zitronenpfeffer-Gewürzmischung
Salz
8 Rosmarinzweige
Folienkartoffeln, zum Servieren

SALAT

4 Tomaten, in Scheiben geschnitten
4 Frühlingszwiebeln, in schrägen Scheiben

DRESSING

2 EL Olivenöl extra vergine
1 EL Zitronensaft
1 Knoblauchzehe, zerdrückt
¼ TL frisch gehackter Rosmarin

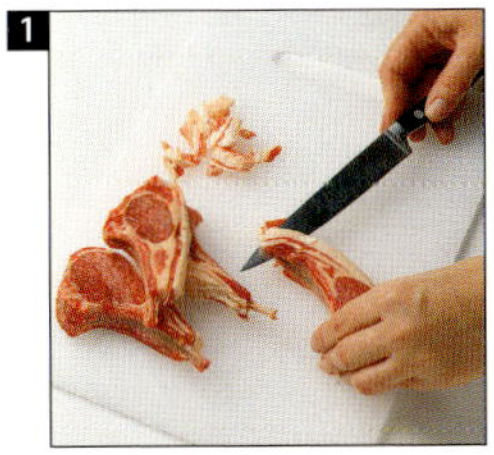

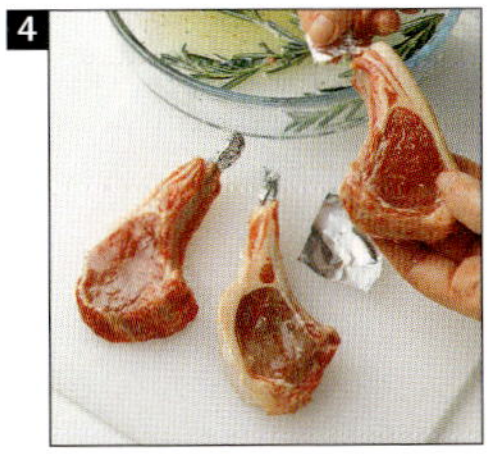

1 Die Koteletts vorbereiten: Dazu die Spitze des Knochens freilegen und überschüssiges Fleisch entfernen.

2 Öl, Zitronensaft, Knoblauch, Zitronenpfeffer-Gewürzmischung und Salz in einer flachen Glasschüssel verrühren.

3 Die Rosmarinzweige in die Schüssel geben, die Lammkoteletts hineinlegen und mindestens 1 Stunde marinieren.

4 Die Koteletts aus der Marinade nehmen und die freigelegten Knochen mit etwas Alufolie umwickeln, damit sie nicht verbrennen.

5 Die Rosmarinzweige auf einen Rost legen und die Koteletts darauf platzieren, dann 10–15 Minuten grillen; dabei einmal wenden.

6 Derweil den Salat und das Dressing zubereiten. Die Tomaten auf einem Servierteller arrangieren und mit den Frühlingszwiebeln belegen. Die Zutaten für das Dressing in ein Glas mit Schraubverschluss geben, sorgfältig schütteln und über den Salat gießen. Zusammen mit den Lammkoteletts und Folienkartoffeln servieren.

TIPP

Wenn Sie die Folienkartoffeln auf dem Grill zubereiten möchten, nehmen Sie kleine bis mittelgroße Kartoffeln. Die sauberen Kartoffeln mit einer Gabel einstechen und in mit Butter gefettete Alufolie wickeln. Die Kartoffeln zwischen der heißen Holzkohle 50–60 Minuten garen.

Saltimbocca

Der Name dieses Gerichts heißt wörtlich übersetzt: „Spring in den Mund!". Es ist leicht und schnell zuzubereiten und schmeckt hervorragend.

NÄHRWERTANGABEN

Kilokalorien	303	Zucker	0,3 g
Eiweiß	29 g	Fett	17 g
Kohlenhydrate	1 g	davon gesättigt	1 g

15 Min. 20 Min.

4 Personen

ZUTATEN

- 4 Putenfilets oder 4 Kalbsschnitzel, insgesamt 500 g
- 100 g Parmaschinken
- 8 Salbeiblätter
- 1 EL Olivenöl
- 1 Zwiebel, fein gehackt
- 200 ml Weißwein
- 200 ml Hühnerbrühe
- Salz und Pfeffer

1 Das Fleisch zwischen Pergamentpapier legen und mit einem Fleischhammer flach klopfen. Dann die Schnitzel längs halbieren.

2 Den Parmaschinken so zuschneiden, dass er die halbierten Schnitzel genau bedeckt. Jeweils ein Salbeiblatt auf den Schinken und diesen auf die Schnitzel legen. Die Schnitzel zusammenrollen und mit 2 Zahnstochern fixieren.

3 Das Öl in einer Pfanne erhitzen. Die Zwiebel darin 3–4 Minuten weich dünsten. Dann das Fleisch zugeben und 5 Minuten braten, bis es gut gebräunt ist.

4 Wein und Brühe in die Pfanne gießen und die Putenfilets darin 15 Minuten garen, Kalbsschnitzel benötigen weniger Zeit. Mit Salz und Pfeffer abschmecken und sofort servieren.

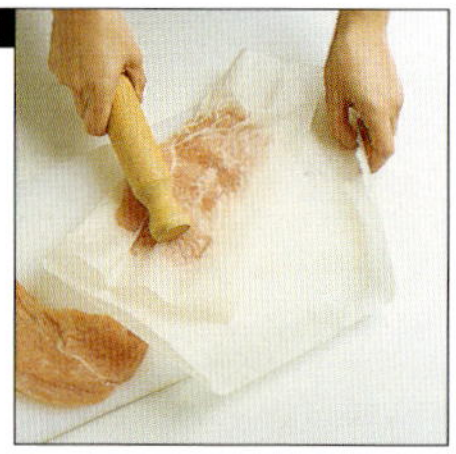
1

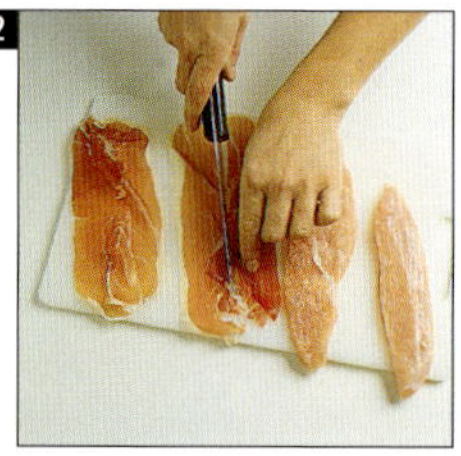
2

2

VARIATION

Das Gericht Bocconcini, was so viel wie „kleine Häppchen" heißt, wird wie Saltimbocca zubereitet, nur wird der Salbei durch kleine Stückchen Gruyère ersetzt.

Kalbsfilet in Rosenbutter-Sauce

Dieses exklusive Gericht können Sie mit Kalbs- oder Schweinefilet zubereiten. Nehmen Sie nur Rosen, die nicht chemisch behandelt sind.

NÄHRWERTANGABEN

Kilokalorien 810	Zucker ....2 g
Eiweiß ....31 g	Fett ....56 g
Kohlenhydrate ..49 g	davon gesättigt 28 g

10 Min. 35 Min.

4 Personen

ZUTATEN

- 500 g Fettuccine
- 7 EL Olivenöl
- 1 TL frisch gehackter Oregano
- 1 TL frisch gehackter Majoran
- 150 g Butter
- 400 g Kalbsfilet, dünn aufgeschnitten
- 150 ml Rosenblütenessig (s. Tipp)
- 150 ml Heller Kalbsfond (s. S. 30)
- 50 ml Grapefruitsaft
- 50 g Sahne
- Salz

GARNIERUNG

- 12 Pink-Grapefruit-Filets
- 12 rosa Pfefferkörner
- Rosenblätter
- frische Kräuterblätter

1 Salzwasser in einem großen Topf aufkochen. Die Fettuccine darin mit 1 Esslöffel Öl bissfest kochen. Abgießen, in eine vorgewärmte Servierschüssel geben, mit 2 Esslöffeln Olivenöl besprenkeln und mit Oregano und Majoran bestreuen.

2 50 g Butter mit dem restlichen Öl in einer Pfanne erhitzen und das Fleisch 6 Minuten darin anbraten. Auf die Nudeln geben.

3 Essig und Kalbsfond in einen Topf geben und, sprudelnd kochend, um zwei Drittel reduzieren. Grapefruitsaft und Sahne zugeben und 4 Minuten köcheln. Die restliche Butter unter Rühren in der Sauce zerlassen. Mit Salz abschmecken.

4 Die Sauce um das Fleisch gießen, garnieren und servieren.

TIPP

Rosenblütenessig: Die Blütenblätter von 8 ungespritzten Rosen 48 Stunden in 150 ml Weißweinessig einlegen.

Italienische Kalbsschnitzel

Dieses Gericht gelingt besonders gut mit zartem Kalbsfleisch, aber natürlich können Sie auch Schweine- oder Putenschnitzel verwenden.

NÄHRWERTANGABEN

Kilokalorien	592	Zucker	5 g
Eiweiß	44 g	Fett	23 g
Kohlenhydrate	48 g	davon gesättigt	9 g

25 Min. 80 Min.

4 Personen

ZUTATEN

- 2–3 EL Butter
- 1 EL Olivenöl
- 700 g Kartoffeln, gewürfelt
- 4 Kalbsschnitzel (à 175 g)
- 1 Zwiebel, geachtelt
- 2 Knoblauchzehen, zerdrückt
- 2 EL Mehl
- 2 EL Tomatenmark
- 150 ml Rotwein
- 300 ml Kalbs- oder Hühnerfond
- 8 reife Tomaten, gehäutet, entkernt und gewürfelt
- 1–2 EL schwarze Oliven, entsteint, halbiert
- 2 EL frisch gehacktes Basilikum
- Salz und Pfeffer
- frische Basilikumblätter, zum Garnieren

1 Butter und Öl in einer großen Pfanne erhitzen, Kartoffeln zufügen und unter ständigem Rühren 5–7 Minuten braten, bis sie leicht gebräunt sind.

2 Die Kartoffeln mit einem Schaumlöffel aus der Pfanne nehmen und beiseite stellen.

3 Die Schnitzel in die Pfanne geben und 2–3 Minuten von jeder Seite anbraten, dann wieder herausnehmen und beiseite stellen.

4 Zwiebel und Knoblauch in der Pfanne 2–3 Minuten dünsten.

5 Mehl und Tomatenmark unterrühren und 1 Minute garen. Dann Rotwein und Fond zufügen und unter ständigem Rühren garen, damit eine glatte Sauce entsteht.

6 Kartoffeln und Schnitzel wieder in die Pfanne geben. Tomaten, Oliven und Basilikum zufügen und mit Salz und Pfeffer abschmecken.

7 Das Ganze in einer Kasserolle im vorgeheizten Backofen bei 180 °C 1 Stunde backen, bis Kartoffeln und Fleisch gar sind. Mit Basilikum garnieren und sofort servieren.

3

5

6

TIPP

Besonders zart werden die Schnitzel, wenn Sie sie vor der Zubereitung mit einem Fleischhammer flach klopfen. Dadurch verringert sich übrigens auch die Garzeit.

Schnitzel mit Salami & Kapern

Sardellen geben Fleisch einen besonders würzigen Geschmack. Kalbs- oder Truthahnschnitzel sind für dieses Rezept am besten geeignet.

NÄHRWERTANGABEN

Kilokalorien	233	Zucker	1 g
Eiweiß	28 g	Fett	13 g
Kohlenhydrate	1 g	davon gesättigt	1 g

10 Min. 20 Min.

4 Personen

ZUTATEN

1 EL Olivenöl
6 Sardellenfilets aus der Dose, abgetropft
1 EL Kapern, abgetropft
1 EL frisch gezupfter Rosmarin
geriebene Schale und Saft von 1 Orange
75 g italienische Salami, gewürfelt
3 Tomaten, enthäutet und gehackt
4 Puten- oder Kalbsschnitzel (à 125 g)
Salz und Pfeffer
knuspriges Brot oder gekochte Polenta, zum Servieren

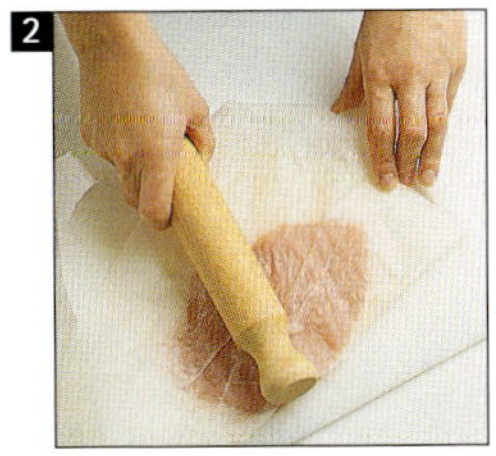

1 Das Öl in einer Pfanne erhitzen. Sardellen, Kapern, Rosmarin, Orangenschale und -saft sowie Salami und Tomaten zugeben und 5–6 Minuten unter gelegentlichem Rühren anbraten.

2 Währendessen das Fleisch zwischen 2 Blätter Pergamentpapier legen und mit einem Fleischhammer oder ähnlichem flach klopfen.

3 Die so vorbereiteten Schnitzel in die Pfanne geben, mit Salz und Pfeffer würzen, abdecken und von jeder Seite 3–5 Minuten braten. Dickere Fleischstücke benötigen eine etwas längere Garzeit.

4 Die fertigen Schnitzel auf Teller verteilen und mit Brot oder Polenta servieren.

VARIATION

Statt der Schnitzel Minutensteaks verwenden. Sie benötigen eine Gesamtgarzeit von etwa 4–5 Minuten.

Würstchen mit Bohnen

In diesem Rezept aus der Toskana werden italienische Würste mit Cannellini-Bohnen und Tomaten geschmort.

NÄHRWERTANGABEN

Kilokalorien 609	Zucker ....7 g
Eiweiß ....27 g	Fett ....47 g
Kohlenhydrate ..20 g	davon gesättigt 16 g

15 Min. 35 Min.

4 Personen

ZUTATEN

- 1 grüne Paprika
- 8 italienische Würstchen
- 1 EL Olivenöl
- 1 große Zwiebel, gehackt
- 2 Knoblauchzehen, zerdrückt
- 400 g frische Tomaten, enthäutet und gehackt, oder 400 g gehackte Tomaten aus der Dose
- 2 EL Paste von sonnengetrockneten Tomaten
- 400 g Cannellini-Bohnen aus der Dose
- Kartoffelpüree oder Reis, zum Servieren

1 Die Paprika entkernen und in lange Streifen schneiden.

2 Die Würstchen von allen Seiten mit einer Gabel einstechen. Dann unter einen vorgeheizten Grill geben und 10–12 Minuten von allen Seiten goldbraun rösten; dabei gelegentlich wenden. Anschließend beiseite stellen und warm halten.

3 Das Öl in einer großen Pfanne erhitzen. Zwiebel, Knoblauch und Paprika darin 5 Minuten unter gelegentlichem Rühren weich dünsten.

4 Die Tomaten zugeben und die Sauce 5 Minuten einkochen. Dabei gelegentlich umrühren.

5 Die Tomatenpaste und die Bohnen einrühren und 4–5 Minuten in der Sauce kochen. Falls die Sauce zu dickflüssig wird, 4–5 Esslöffel Wasser zufügen.

6 Die Würstchen und das Gemüse in eine Servierschüssel geben und wahlweise mit Kartoffelpüree oder Reis reichen.

TIPP

Italienische Würstchen sind sehr aromatisch und grobkörnig. Sie werden im Fachhandel oder in gut sortierten Lebensmittelläden angeboten. In diesem Rezept lassen sie sich nur durch Wildwürste ersetzen.

Kalbsleber in Weinsauce

Die italienische Küche kennt diverse Zubereitungsmöglichkeiten für Leber. Für dieses Gericht verwenden Sie am besten zarte Kalbsleber.

NÄHRWERTANGABEN

Kilokalorien 435	Zucker ....2 g
Eiweiß ....30 g	Fett ....31 g
Kohlenhydrate ...4 g	davon gesättigt 12 g

25 Min. 20 Min.

4 Personen

ZUTATEN

- 4 Scheiben Kalbsleber oder 8 Scheiben Lammleber (ca. 500 g)
- Salz und Pfeffer
- Mehl, zum Bestäuben
- 1 EL Olivenöl
- 1–2 EL Butter
- 125 g magere Speckstreifen, ohne Schwarte und in dünne Streifen geschnitten
- 1 Knoblauchzehe, zerdrückt
- 1 Zwiebel, gehackt
- 1 Selleriestange, in dünne Scheiben geschnitten
- 150 ml Rotwein
- 150 ml Rinderfond
- 1 kräftige Prise Piment
- 1 TL Worcester-Sauce
- 1 TL frisch gehackter Salbei
- 3–4 Tomaten, gehäutet, geviertelt und entkernt
- frische Salbeiblätter, zum Garnieren
- neue Kartoffeln, zum Servieren

1

2

4

1 Die Leber mit Küchenpapier trockentupfen, mit Salz und Pfeffer würzen, leicht mit Mehl bestäuben und überschüssiges Mehl abschütteln.

2 Öl und Butter in einer Pfanne erhitzen und die Leber darin von beiden Seiten anbraten; dabei darauf achten, dass sie nicht zu lange brät und hart wird. Dann die Leber aus der Pfanne nehmen, zudecken und warm halten.

3 Den Speck zum Fett in die Pfanne geben und mit Knoblauch, Zwiebel und Sellerie bei schwacher Hitze dünsten.

4 Rotwein, Rinderfond, Piment, Worcester-Sauce und Salbei zufügen, mit Salz und Pfeffer abschmecken, aufkochen und 3–4 Minuten köcheln.

5 Die Tomatenviertel halbieren, zur Sauce geben und weitere 2–3 Minuten köcheln.

6 Etwas Sauce auf jeden Teller geben, dann die Leber darauf legen und mit der restlichen Sauce begießen. Mit frischen Salbeiblättern garnieren und mit kleinen neuen Kartoffeln oder Schwenkkartoffeln servieren.

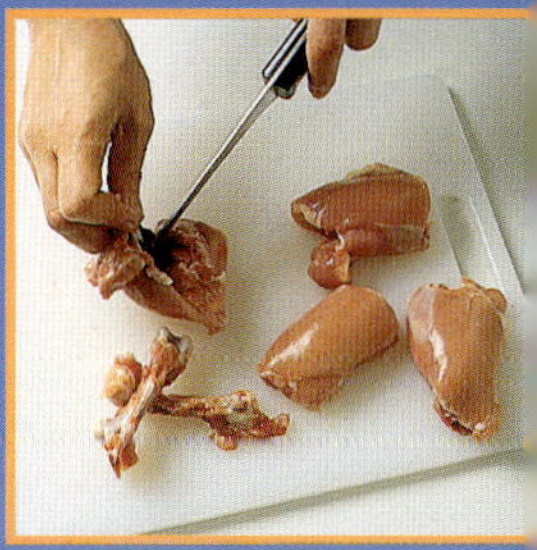

Geflügel & Wild

Die italienische Küche hat ihren exzellenten Ruf nicht zuletzt den Geflügelgerichten zu verdanken. Dabei findet nicht nur das Fleisch Verwendung, sondern – zur Herstellung von Suppen – auch die Füße und Innereien. Heute gilt am Spieß gebratenes Hähnchen mit kräftigem Rosmarinaroma fast schon als Nationalgericht. Neben Puter, Kapaun, Ente, Gans und Perlhuhn kommt aber auch Wild wie Kaninchen, Hase, Wildschwein und Reh regelmäßig auf den Tisch, vor allem auf Sardinien. Dieses Kapitel enthält Rezepte, die Ihnen nicht nur das Wasser im Munde zusammenlaufen lassen, sondern auch noch leicht zuzubereiten sind.

Fusilli mit Hähnchen

In diesen kleinen Folienpäckchen bleibt das Fleisch besonders saftig.

NÄHRWERTANGABEN

Kilokalorien	367	Zucker	1 g
Eiweiß	33 g	Fett	12 g
Kohlenhydrate	35 g	davon gesättigt	2 g

20 Min. 20 Min.

4 Personen

ZUTATEN

- 4 Hähnchenbrustfilets
- 25 g frische Basilikumblätter
- 1 EL Haselnüsse
- 1 Knoblauchzehe, zerdrückt
- Salz und Pfeffer
- 250 g Vollkorn-Fusilli
- 2 EL Olivenöl
- 2 sonnengetrocknete Tomaten
- 1 EL Zitronensaft
- 1 EL Kapern
- 60 g schwarze Oliven

1 Die Hühnerbrüste mit einem Nudelholz gleichmäßig flach drücken.

2 Basilikum und Haselnüsse im Mixer fein hacken und mit Knoblauch, Salz und Pfeffer mischen.

3 Die Hähnchenbrüste mit der Basilikummischung bestreichen und von der Schmalseite her aufrollen. Die Rollen fest in Alufolie einpacken und die Enden fest zudrehen.

4 Salzwasser in einem großen Topf aufkochen. Die Nudeln darin mit 1 Esslöffel Öl bissfest kochen.

5 Die Hähnchenpakete in einem Dämpfeinsatz oder Sieb über kochendes Wasser stellen, fest abdecken und 10 Minuten dämpfen. In der Zwischenzeit die Tomaten würfeln.

6 Die Nudeln abtropfen lassen und mit Zitronensaft, Olivenöl, Tomaten, Kapern und Oliven wieder im Topf erhitzen.

7 Die Hähnchenrouladen zur Garprobe mit einem Spieß einstechen, um sicherzustellen, dass der Fleischsaft klar ist. Dann aufschneiden, anrichten und servieren.

2

3

6

TIPP

Sonnengetrocknete Toma- ehr aromatisch. Als e können Sie frische erwenden.

Hähnchen Marengo

Napoleons Koch sollte am Vorabend der Schlacht von Marengo ein üppiges Mahl bereiten. Dieses Festessen wurde ihm kredenzt.

NÄHRWERTANGABEN

Kilokalorien 521	Zucker . . . . .6 g
Eiweiß . . . . .47 g	Fett . . . . .19 g
Kohlenhydrate . .34 g	davon gesättigt .8 g

20 Min. 50 Min.

4 Personen

ZUTATEN

8 Hähnchenteile (Flügel und Schenkel, à ca. 120 g)
3 EL Olivenöl
300 g Passata (passierte Tomaten)
200 ml Weißwein
2 TL getrocknete italienische Kräuter (Majoran, Basilikum, Oregano, Thymian)
2 EL Butter, zerlassen
2 Knoblauchzehen, zerdrückt
8 Scheiben Weißbrot
100 g gemischte Pilze
40 g schwarze Oliven, entsteint und gehackt
1 TL Zucker
Salz und Pfeffer
frisches Basilikum, zum Garnieren

1 Das Hähnchenfleisch mit einem scharfen Messer entbeinen.

2 2 Esslöffel Öl in einer Pfanne erhitzen. Das Fleisch 4–5 Minuten darin rundum goldbraun anbraten.

3 Passata, Wein und Kräuter zugeben und aufkochen. Die Hitze reduzieren und das Fleisch etwa 30 Minuten garen. Gegen Ende der Garzeit mit einem Metallspieß prüfen, ob das Fleisch gar.

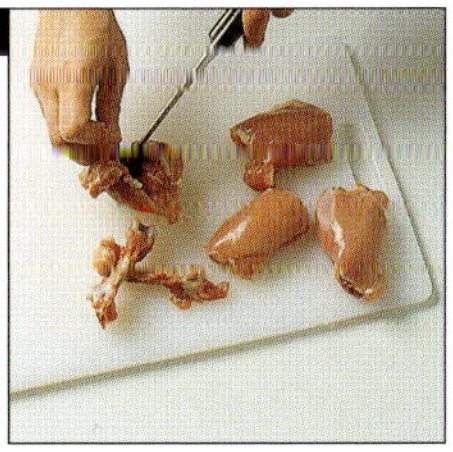

1

3

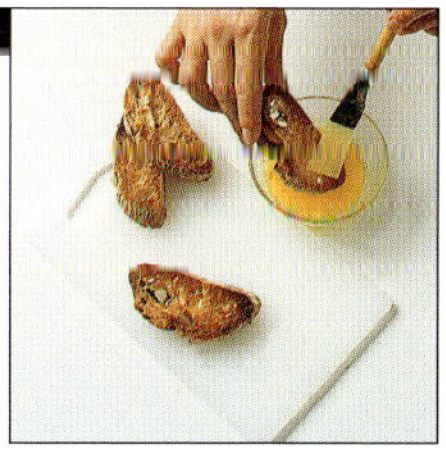

4

4 Butter und Knoblauch vermengen. Das Brot leicht anrösten und mit der Knoblauchbutter bestreichen.

5 Das restliche Öl in eine zweite Pfanne geben und die Pilze darin 2–3 Minuten weich dünsten.

6 Oliven und Zucker zu dem Fleisch in die Pfanne geben, unterrühren, mit Salz und Pfeffer abschmecken und alles gut erwärmen.

7 Das Fleisch auf Tellern mit Sauce übergießen und mit Basilikum garnieren. Mit dem Brot und den Pilzen servieren.

Senfhähnchen mit Lumaconi

Hähnchenstücke werden in einer milden Senfsauce gekocht, in Mohnsamen gewendet und auf einem Nudelbett serviert.

NÄHRWERTANGABEN

Kilokalorien	652	Zucker	5 g
Eiweiß	51 g	Fett	31 g
Kohlenhydrate	46 g	davon gesättigt	12 g

10 Min. 35 Min.

4 Personen

ZUTATEN

- 8 Hähnchenteile (Flügel, Schenkel, à ca. 120 g)
- 3 EL Butter, zerlassen
- 4 EL mittelscharfer Senf (s. Tipp)
- 2 EL Zitronensaft
- 1 EL brauner Zucker
- 1 TL Paprika
- Salz und Pfeffer
- 3 EL Mohnsamen
- 400 g frische Lumaconi
- 1 EL Olivenöl

1 Die Hähnchenteile mit der Haut nach unten in eine feuerfeste Form geben.

2 Butter, Senf, Zitronensaft, Zucker und Paprika mit Salz und Pfeffer mischen. Die oben liegenden Seiten der Hähnchenteile mit der Senfglasur bestreichen und 15 Minuten im vorgeheizten Backofen bei 200 °C garen.

3 Die Form aus dem Ofen nehmen und die Hähnchenteile wenden. Die Oberseiten mit der restlichen Glasur bestreichen, mit Mohnsamen bestreuen und für weitere 15 Minuten in den Ofen schieben.

4 Salzwasser in einem großen Topf aufkochen. Die Nudeln darin mit dem Olivenöl bissfest kochen.

5 Die Nudeln abgießen und auf einem vorgewärmten Servierteller anrichten. Mit dem Hähnchen belegen, mit der Sauce übergießen und sofort servieren.

TIPP

Dijon-Senf wird häufig zum Kochen verwendet, weil er einen klaren und nur mild scharfen Geschmack hat. Düsseldorfer Senf ist scharf, bayerischer Senf etwas milder und süß. Amerikanischer Senf besitzt eine milde Schärfe.

Hähnchenbrust mit Artischocken

Bei diesem Gericht verleihen Artischocken – eine beliebte Zutat in der italienischen Küche – den zarten Hähnchenbrüsten ein besonderes Aroma.

NÄHRWERTANGABEN

Kilokalorien	296	Zucker	2 g
Eiweiß	27 g	Fett	15 g
Kohlenhydrate	7 g	davon gesättigt	6 g

15 Min. 55 Min.

4 Personen

ZUTATEN

4 Hähnchenbrustfilets
Salz und Pfeffer
2 EL Butter
2 EL Olivenöl
2 rote Zwiebeln, in Spalten geschnitten
2 EL Zitronensaft
150 ml trockener Weißwein
150 ml Hühnerfond
2 TL Mehl
400 g Artischockenböden aus der Dose, abgetropft und halbiert
frisch gehackte Petersilie, zum Garnieren

1 Die Hähnchenbrüste mit Salz und Pfeffer würzen. Das Öl und 1 Esslöffel Butter in einer Pfanne erhitzen, das Hähnchenfleisch hineingeben und 4–5 Minuten von jeder Seite goldbraun braten. Dann mit einem Schaumlöffel herausnehmen.

2 Zwiebeln und Zitronensaft mischen, in die Pfanne geben und unter ständigem Rühren 3–4 Minuten glasig dünsten.

3 Das Hähnchenfleisch zurück in die Pfanne geben, Wein und Fond zufügen, aufkochen, zudecken und 30 Minuten bei schwacher Hitze köcheln.

4 Das Fleisch herausnehmen und warm halten. Den Bratensud aufkochen und 5 Minuten bei starker Hitze kochen.

5 Die restliche Butter mit dem Mehl zu einer Paste verrühren. Die Hitze reduzieren und die Mehlmischung nach und nach in die Pfanne rühren, bis die Sauce andickt.

6 Dann mit Salz und Pfeffer abschmecken, die Artischocken zufügen und weitere 2 Minuten köcheln. Die Mischung über die Hähnchenbrüste geben und mit frisch gehackter Petersilie garnieren.

Parmesanhähnchen

Es ist nicht sehr schwer, ein ganzes Hähnchen zu entbeinen. Wenn Sie es sich jedoch nicht zutrauen, können Sie auch Ihren Metzger darum bitten.

NÄHRWERTANGABEN

Kilokalorien	578	Zucker	0,4 g
Eiweiß	42 g	Fett	42 g
Kohlenhydrate	9 g	davon gesättigt	15 g

35 Min. 1 1/2 Std.

6 Personen

ZUTATEN

1 ganzes Hähnchen (etwa 2,25 kg)
8 Scheiben Mortadella oder Salami
125 g frische Semmelbrösel
125 g frisch geriebener Parmesan
2 Knoblauchzehen, zerdrückt
6 EL frisch gehacktes Basilikum, ersatzweise Petersilie
Pfeffer
1 Ei, verquirlt
frisches Frühlingsgemüse, zum Servieren

1 Das Hähnchen entbeinen, aber nicht häuten. Die Beine am Hüftgelenk ausdrehen. Beiderseits entlang des Rückgrats schneiden, ohne die Brusthaut zu be-schädigen.

VARIATION

Ersetzen Sie die Mortadella durch durchwachsenen Speck.

2 Das Rückgrat herausziehen und wegwerfen. Die Rippen mit einem scharfen Messer auslösen.

3 Das Fleisch von den Beinknochen lösen und den Knochen am Gelenk mit einem Messer auslösen.

4 Die Knochen für Brühe verwenden. Das entbeinte Hähnchen mit der Haut nach unten auf ein Brett legen und die Wurstscheiben überlappend darauf legen.

5 Semmelbrösel, Parmesan, Knoblauch und Basilikum in eine Schüssel geben. Kräftig mit Pfeffer abschmecken und mischen. Zum Binden das Ei einrühren. Die Mischung in das Hähnchen geben, das Fleisch darüber zusammenschlagen und mit einer Schnur zusammenbinden.

6 Das Hähnchen in einen Bräter geben und leicht einölen. 90 Minuten im vorgeheizten Ofen bei 200 °C backen, bis beim Einstechen klarer Saft austritt.

7 Aufgeschnitten heiß oder kalt mit frischem Gemüse servieren.

1
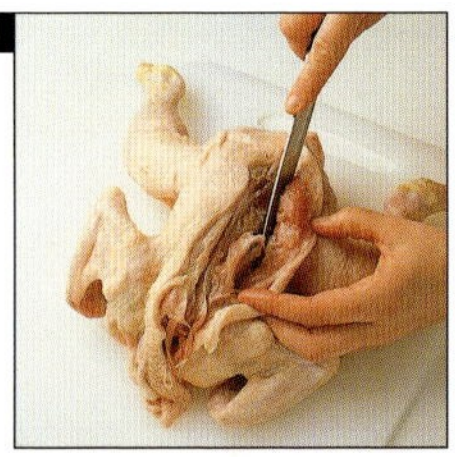

2
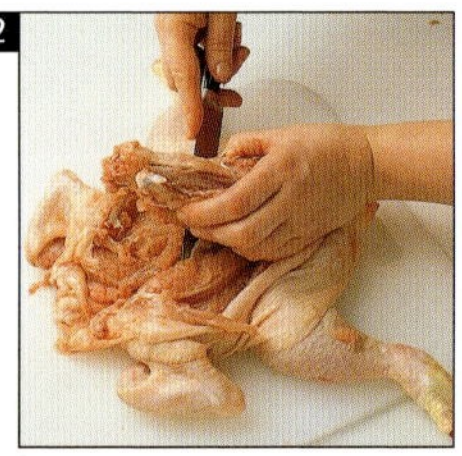

3
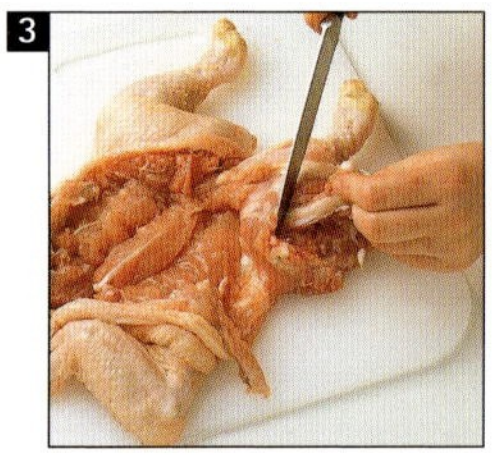

Hähnchen Cacciatora

Bei diesem beliebten italienischen Klassiker werden leicht gebräunte Hähnchenteile in einer Tomaten-Paprika-Sauce zubereitet.

NÄHRWERTANGABEN

Kilokalorien	397	Zucker	4 g
Eiweiß	37 g	Fett	17 g
Kohlenhydrate	22 g	davon gesättigt	4 g

20 Min. 1 Std.

4 Personen

ZUTATEN

1 Brathähnchen (ca. 1,5 kg), in 6 oder 8 Portionen geschnitten

125 g Mehl

3 EL Olivenöl

150 ml trockener Weißwein

je 1 grüne und rote Paprika, entkernt und in Ringe geschnitten

1 Karotte, fein gehackt

1 Selleriestange, fein gehackt

1 Knoblauchzehe, zerdrückt

Salz und Pfeffer

200 g gehackte Tomaten aus der Dose

1

2

4

1 Die Hähnchenteile unter fließendem kaltem Wasser abspülen, mit Küchenpapier trockentupfen und leicht mit Mehl bestäuben.

2 Öl in einer Pfanne erhitzen, das Fleisch zufügen und bei mittlerer Hitze rundum anbraten, bis es goldbraun ist. Dann aus der Pfanne nehmen und beiseite stellen.

3 Das Fett bis auf 2 Esslöffel aus der Pfanne abgießen, Wein zufügen und ein paar Minuten durchrühren. Dann Paprika, Karotte, Sellerie und Knoblauch zugeben, mit Salz und Pfeffer abschmecken und einige Minuten köcheln.

4 Tomaten und Hähnchenteile in die Pfanne geben, zudecken und 30 Minuten köcheln, bis das Fleisch vollkommen gar ist; dabei regelmäßig rühren.

5 Erneut mit Salz und Pfeffer abschmecken und sofort servieren.

Hähnchen-Wildpilz-Lasagne

Für dieses Gericht können Sie einfach Ihre Lieblingspilze nehmen. Austernpilze sind ebenso geeignet wie Champignons oder Pfifferlinge.

NÄHRWERTANGABEN

Kilokalorien 708	Zucker . . . . . . .17 g
Eiweiß . . . . .35 g	Fett . . . . .35 g
Kohlenhydrate . .57 g	davon gesättigt 14 g

40 Min. 1 3/4 Std.

4 Personen

ZUTATEN

Butter, zum Einfetten
14 Lasagneplatten, vorgekocht
800 ml Béchamel-Sauce (s. S. 28)
80 g frisch geriebener Parmesan

HÄHNCHEN-WILDPILZ-SAUCE

2 EL Olivenöl
2 Knoblauchzehen, zerdrückt
1 große Zwiebel, fein gehackt
250 g Wildpilze, in Streifen geschnitten
300 g Geflügelhack
(ggf. selbst durchdrehen)
80 g Hähnchenleber, fein gehackt
120 g Parmaschinken, gewürfelt
150 ml Marsala
300 g gehackte Tomaten aus der Dose
1 EL frisch gehacktes Basilikum
2 EL Tomatenmark
Salz und Pfeffer

1 Das Olivenöl für die Sauce in einem großen Topf erhitzen. Knoblauch, Zwiebel und Pilze hineingeben und 6 Minuten anbraten.

2 Hackfleisch, Leber und Schinken zugeben und 12 Minuten braten, bis das Fleisch gebräunt ist.

3 Marsala, Tomaten, Basilikum und Tomatenmark einrühren und 4 Minuten kochen. Mit Salz und Pfeffer abschmecken, abdecken und 30 Minuten köcheln. Durchrühren und weitere 15 Minuten köcheln.

4 Den Boden einer eingefetteten Auflaufform mit Lasagneblättern auslegen, eine Schicht Hackfleischsauce, dann eine Schicht Béchamel-Sauce darauf geben. Mit einer Lage Lasagne bedecken, den Vorgang zweimal wiederholen und mit einer Schicht Béchamel-Sauce abschließen. Mit geriebenem Käse bestreuen und 35 Minuten im vorgeheizten Backofen bei 190 °C goldbraun backen. Sofort servieren.

Grillhähnchen

Die Vorbereitung des Hähnchens macht etwas Mühe, aber wenn das Fleisch mariniert ist, lässt es sich leicht auf dem Grill zubereiten.

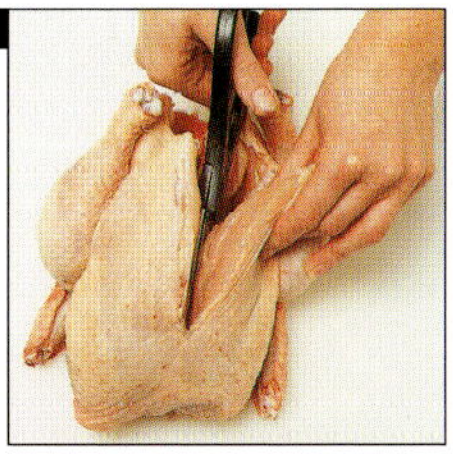

1

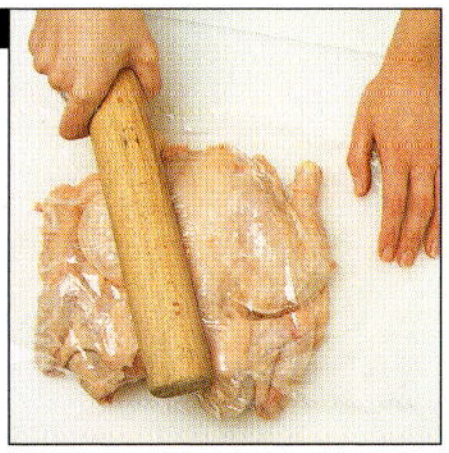

1

3

NÄHRWERTANGABEN

Kilokalorien 129	Zucker ....0 g
Eiweiß ....22 g	Fett ....5 g
Kohlenhydrate ...0 g	davon gesättigt .1 g

2 1/2 Std. | 30 Min.

4 Personen

ZUTATEN

- 1 Brathähnchen (ca. 1,5 kg)
- fein geriebene Schale von 1 Zitrone
- 4 EL Zitronensaft
- 2 Zweige Rosmarin
- 1 kleine rote Chilischote, fein gehackt
- 150 ml Olivenöl

1 Das Hähnchen an der Brustseite aufschneiden und auseinander klappen. Überschüssiges Fett sowie Bürzel, Flügelspitzen und untere Keulenenden entfernen. Dann die Gelenke der Flügel und Keulen aufbrechen. Das auseinander geklappte Hähnchen mit Frischhaltefolie bedecken und mit einem Nudelholz flach klopfen.

2 Zitronenschale, -saft, Rosmarin, Chili und Olivenöl mischen. Das Hähnchen in eine große Schüssel legen und mit der Marinade begießen, zudecken und mindestens 2 Stunden marinieren.

3 Das Hähnchen auf einem heißen Grill (die Holzkohle sollte mit einer weißen Schicht bedeckt sein und rot aufglühen, wenn Sie etwas Luft zufächeln) 30 Minuten grillen, dabei regelmäßig wenden, damit es gleichmäßig braun und knusprig wird. Danach in eine der Keulen stechen – ist der austretende Fleischsaft klar, ist das Hähnchen gar. Sofort servieren.

Hähnchen & Hummer auf Penne

Obwohl dieses Gericht die Geschmacksnerven zweifellos verwöhnt, ist es nicht ganz so extravagant wie der Name andeutet.

NÄHRWERTANGABEN

Kilokalorien	696	Zucker	4 g
Eiweiß	59 g	Fett	32 g
Kohlenhydrate	45 g	davon gesättigt	9 g

20 Min. 30 Min.

6 Personen

ZUTATEN

- Butter, zum Einfetten
- 6 Hähnchenbrustfilets
- Salz
- 500 g Penne rigate
- 6 EL Olivenöl extra vergine
- 100 g frisch geriebener Parmesan
- frische Kräuter, zum Garnieren

FÜLLUNG

- 120 g Hummerfleisch, gehackt
- 2 Schalotten, sehr fein gehackt
- 2 Feigen, gehackt
- 1 EL Marsala
- 2 EL Semmelbrösel
- 1 großes Ei, verquirlt
- Salz und Pfeffer

TIPP

Hähnchenbrustfilets bestehen aus dem Brustfleisch und dem Filetstück. Sie sind immer gehäutet.

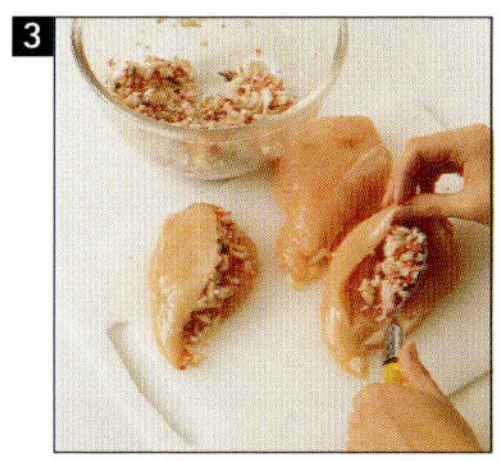

1 6 für eine Hähnchenbrust ausreichend große Blätter Alufolie und ein Backblech einfetten.

2 Die Zutaten für die Füllung gründlich mit einem Löffel in einer Rührschüssel verrühren.

3 Mit einem scharfen Messer eine Tasche in jede Hähnchenbrust schneiden und die Hummerfüllung hineingeben. Jede Hähnchenbrust in Folie einschlagen, die Pakete auf das Backblech legen und 30 Minuten im vorgeheizten Backofen bei 200 °C backen.

4 In der Zwischenzeit Salzwasser in einem großen Topf aufkochen. Die Nudeln darin mit 1 Esslöffel Öl ca. 10 Minuten bissfest kochen. Abgießen und auf einem großen Servierteller anrichten. Das restliche Olivenöl und den Parmesan darüber geben und warm stellen.

5 Die Hähnchenbrüste vorsichtig aus der Folie auspacken, sehr dünn aufschneiden und auf den Nudeln anrichten. Mit frischen Kräutern garnieren und sofort servieren.

Hähnchenspieße

Diese ungewöhnlichen Hähnchenspieße mit ihrem wundervollen italienischen Aroma bleiben dank der Speckstreifen schön saftig.

NÄHRWERTANGABEN

Kilokalorien	231	Zucker	1 g
Eiweiß	29 g	Fett	13 g
Kohlenhydrate	1 g	davon gesättigt	5 g

15 Min. 10 Min.

4 Personen

ZUTATEN

- 4 Hähnchenbrustfilets
- 1 Knoblauchzehe, zerdrückt
- 2 EL Tomatenmark
- 4 Scheiben Räucherspeck
- 1 große Hand voll frische Basilikumblätter
- Salz und Pfeffer
- Öl, zum Bepinseln

1 Je 1 Hähnchenbrust zwischen 2 Bögen Frischhaltefolie legen und mit einem Nudelholz flach klopfen, damit das Fleisch gleichmäßig dick ist. Mit allen Hähnchenbrüsten so verfahren.

2 Knoblauch und Tomatenmark mischen und über das Hähnchenfleisch geben. Dann mit einer Scheibe Speck bedecken, mit Basilikum bestreuen und mit Salz und Pfeffer würzen.

3 Das Hähnchenfleisch zusammenrollen und in dicke Scheiben schneiden.

4 Die Scheiben auf 4 Fleischspieße fädeln; die Spieße müssen die Fleischspiralen vollständig durchstechen.

5 Die Spieße leicht mit Öl bepinseln und auf einem heißen Grill 10 Minuten garen; dabei einmal wenden. Sofort servieren und einen grünen Salat dazu reichen.

1

2

3

Deftiger Hühnereintopf

Dieser Eintopf enthält eine Fülle typisch italienischer Aromen, darunter die beliebten, würzigen sonnengetrockneten Tomaten.

NÄHRWERTANGABEN

Kilokalorien	320	Zucker	8 g
Eiweiß	34 g	Fett	17 g
Kohlenhydrate	8 g	davon gesättigt	4 g

15 Min. — $1\frac{1}{4}$ Std.

4 Personen

ZUTATEN

- 8 Hühnerkeulen
- 2 EL Olivenöl
- 1 mittelgroße rote Zwiebel, in Ringen
- 2 Knoblauchzehen, zerdrückt
- 1 große rote Paprika, in dicken Ringen
- fein geriebene Schale und Saft von 1 kleinen Orange
- 125 ml Hühnerfond
- 400 g gehackte Tomaten aus der Dose
- 1 EL sonnengetrocknete Tomaten in Öl, abgetropft, in dünne Scheiben geschnitten
- 1 EL frisch gehackter Thymian
- 50 g schwarze Oliven, entsteint
- Salz und Pfeffer
- Orangenschale und Thymianzweige, zum Garnieren
- frisches knuspriges Brot, zum Servieren

1 Die Keulen ohne Fett in einer beschichteten Pfanne bei starker Hitze goldbraun braten; dabei gelegentlich wenden. Die Keulen mit einem Schaumlöffel herausnehmen, überschüssiges Fett abtropfen lassen und das Fleisch in eine Kasserolle geben.

2 Das Öl in die Pfanne geben und Zwiebel, Knoblauch und Paprika darin 3–4 Minuten bei mittlerer Hitze dünsten. Dann das Gemüse in die Kasserolle geben.

3 Orangenschale, -saft, Hühnerfond, Tomaten aus der Dose und sonnengetrocknete Tomaten zufügen und sorgfältig verrühren.

4 Das Ganze aufkochen, zudecken und etwa 1 Stunde bei schwacher Hitze köcheln; dabei gelegentlich rühren. Thymian und Oliven zugeben und mit Salz und Pfeffer abschmecken.

5 Den Eintopf mit Orangenschale und Thymianzweigen garnieren und mit frischem Brot servieren.

1

2

3

TIPP

Sonnengetrocknete Tomaten besitzen eine feste Struktur und ein intensives Aroma. Sie verleihen jedem langsam garenden Eintopf eine wundervolle Geschmacksnote.

Hähnchenbrust mit Gemüse

Dieses Gericht vereint saftiges Hähnchenfleisch mit schmackhaftem Gemüse und wird mit Wein und grünen Oliven abgerundet.

NÄHRWERTANGABEN			
Kilokalorien	470	Zucker	7 g
Eiweiß	29 g	Fett	34 g
Kohlenhydrate	7 g	davon gesättigt	16 g

20 Min.

1½ Std.

4 Personen

ZUTATEN

4 Hähnchenbrustfilets

Salz und Pfeffer

2 EL Olivenöl

1 EL Butter

1 große Zwiebel, fein gehackt

2 Knoblauchzehen, zerdrückt

2 rote, gelbe oder grüne Paprika, entkernt und in große Stücke geschnitten

250 g große Champignons, in Scheiben geschnitten oder geviertelt

200 g Tomaten, gehäutet und halbiert

150 ml trockener Weißwein

150–200 g grüne Oliven, entsteint

4–6 EL Crème double

glatte Petersilie, zum Garnieren

2

3

5

1 Die Hähnchenbrüste mit Salz und Pfeffer würzen. Öl und Butter in einer Pfanne erhitzen, das Hähnchenfleisch hineingeben und von jeder Seite goldbraun braten. Dann mit einem Schaumlöffel herausnehmen.

2 Zwiebel und Knoblauch ebenfalls in die Pfanne geben und glasig dünsten. Paprikaschoten und Pilze zufügen und ein paar Minuten garen; dabei gelegentlich umrühren.

3 Die Tomaten unterrühren, mit Salz und Pfeffer abschmecken und die Gemüsemischung in eine Auflaufform geben. Hähnchenbrüste auf das Gemüsebett legen.

4 Den Wein in die Pfanne geben und aufkochen; dann über das Hähnchenfleisch gießen, die Form fest zudecken und im vorgeheizten Backofen bei 180 °C etwa 50 Minuten garen.

5 Oliven und Crème double zum Hähnchenfleisch geben und zugedeckt für weitere 10–20 Minuten in den Backofen schieben, bis das Fleisch sehr zart ist.

6 Erneut mit Salz und Pfeffer abschmecken und die Hähnchenbrüste zusammen mit der Gemüsesauce servieren. Dazu Nudeln oder neue Kartoffeln reichen und mit frisch gehackter Petersilie garnieren.

Italienischer Sonntagsbraten

Hier wird eine Mischung aus Käse, Rosmarin und Tomaten unter die Geflügelhaut geschoben. Dazu schmecken Kartoffeln und Gemüse.

NÄHRWERTANGABEN

Kilokalorien	488	Zucker	6 g
Eiweiß	37 g	Fett	23 g
Kohlenhydrate	34 g	davon gesättigt	11 g

35 Min. 1½ Std.

6 Personen

ZUTATEN

- 1 Brathähnchen (ca. 2,5 kg)
- frische Rosmarinzweige
- 175 g Feta, zerbröselt
- 2 EL Tomatenmark
- 2–3 EL weiche Butter
- Pfeffer
- 1 Knoblauchknolle
- 1 kg neue Kartoffeln
- je 1 rote, grüne und gelbe Paprika, in Stücke geschnitten
- 3 Zucchini, in dünne Scheiben geschnitten
- 2 EL Olivenöl
- Salz
- 2 EL Mehl
- 600 ml Hühnerfond

2

3

4

1 Das Hähnchen von innen und außen abspülen und abtropfen lassen. Dann die Haut vom Brustfleisch lösen (aber nicht vollkommen abtrennen) und einen Finger zwischen Haut und Fleisch schieben, um die Haut etwas zu dehnen. Auf diese Weise die gesamte Haut des Brustfleischs und der Keulenoberseite lösen.

2 Die Blätter von 3 Rosmarinzweigen hacken und mit Feta, Tomatenmark, Butter und Pfeffer mischen und unter die Geflügelhaut schieben. Das Hähnchen in eine Auflaufform legen, mit Alufolie bedecken und im Ofen bei 190 °C garen (je 20 Minuten pro 500 g plus 20 Minuten).

3 Die Knoblauchknolle zerteilen und ungeschält mit dem Gemüse nach etwa 40 Minuten zum Hähnchen geben.

4 Das Ganze mit Öl beträufeln, ein paar Rosmarinzweige zugeben und mit Salz und Pfeffer würzen. Wieder in den Ofen schieben und weitergaren; dabei 40 Minuten vor Ende der Garzeit die Alufolie entfernen, damit das Hähnchen bräunt.

5 Das Hähnchen auf einen Servierteller legen, einen Teil des Gemüses dazulegen und das restliche Gemüse in eine Servierschüssel geben. Dann das Fett aus dem Backblech weggießen, das Mehl in den verbleibenden Bratensud rühren, kurz erhitzen, dann den Fond langsam unterrühren. Unter ständigem Rühren aufkochen, bis die Sauce eindickt. Durch ein Sieb gießen und zum Hähnchen servieren.

Jungentenbrust auf Linguine

Die Himbeer-Honig-Sauce bildet einen wunderbar leichten Ausgleich zu der reichhaltigen Entenbrust.

NÄHRWERTANGABEN

Kilokalorien	686	Zucker	15 g
Eiweiß	62 g	Fett	20 g
Kohlenhydrate	70 g	davon gesättigt	7 g

15 Min. 25 Min.

4 Personen

ZUTATEN

4 Jungentenbrüste (à 300 g)
Salz und Pfeffer
1 EL Butter
3 EL fein gehackte Karotten
3 EL fein gehackte Schalotten
1 EL Zitronensaft
150 ml Fleischbrühe
4 EL klarer Honig
120 g frische Himbeeren, ersatzweise Tiefkühlware, aufgetaut
1 EL Mehl
1 EL Worcester-Sauce
400 g frische Linguine
1 EL Olivenöl

GARNIERUNG

frische Himbeeren
1 frischer Zweig glatte Petersilie

1 Die Entenbrüste parieren, gitterförmig einschneiden und mit Salz und Pfeffer gut würzen. Die Butter in einer Pfanne zerlassen und die Entenbrüste leicht bräunen.

2 Karotten, Schalotten, Zitronensaft und die Hälfte der Brühe zugeben und 1 Minute köcheln. Je die Hälfte des Honigs und der Himbeeren einrühren. Die Hälfte des Mehls einrühren und 3 Minuten kochen. Pfeffern und die Worcester-Sauce zugeben.

3 Die restliche Brühe einrühren und 1 Minute kochen. Den Rest von Honig, Himbeeren und Mehl zufügen. Weitere 3 Minuten kochen.

4 Das Fleisch aus der heißen Sauce nehmen.

5 Salzwasser in einem großen Topf aufkochen. Die Linguine darin mit dem Olivenöl bissfest kochen. Abgießen und auf vier Teller verteilen.

6 Die Entenbrüste quer 5 mm dick aufschneiden. Ein wenig Sauce über die Nudeln geben und die Scheiben fächerförmig darauf anrichten. Garnieren und servieren.

1

3

6
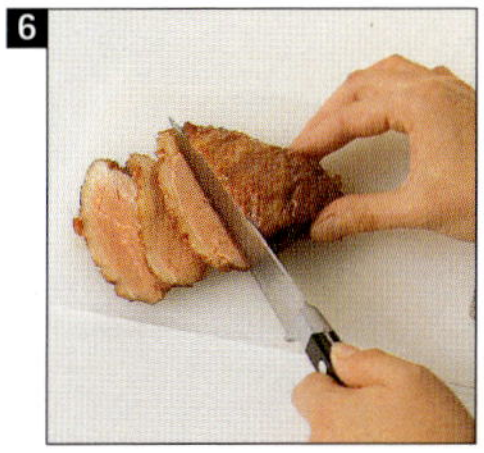

Lasagne mit Fasan & Erbsen

Diese Lasagne ist so reichhaltig, dass sie als komplette Mahlzeit dient. Reichen Sie sie mit kleinen Zwiebeln und grünen Erbsen.

NÄHRWERTANGABEN

Kilokalorien	1038	Zucker	13 g
Eiweiß	65 g	Fett	64 g
Kohlenhydrate	54 g	davon gesättigt	27 g

40 Min. | 1 1/4 Std.

4 Personen

ZUTATEN

FÜLLUNG

250 g fetter Speck, gewürfelt
16 kleine Zwiebeln
3 EL Butter
8 große Fasanenbrüste, dünn aufgeschnitten
1 EL Mehl
600 ml Hühnerbrühe
1 Bouquet garni
500 g frische Erbsen, geschält

LASAGNE

Butter, zum Einfetten
14 Lasagneplatten, vorgekocht
800 ml Béchamel-Sauce (s. S. 28)
75 g geriebener Mozzarella aus der Tüte

1 Den Speck 3 Minuten in sprudelndem Salzwasser blanchieren, abtropfen und trockentupfen.

2 In einer Pfanne Speck und Zwiebeln in der Butter leicht anbräunen und herausnehmen.

3 Den Fasan in die Pfanne geben und bei schwacher Hitze rundum anbraten. In eine feuerfeste Form geben.

4 Das Mehl in die Pfanne rühren und bräunen, dann die Brühe einrühren. Über den Fasan geben, das Bouquet garni zufügen und 5 Minuten im vorgeheizten Backofen bei 200 °C garen.

5 Das Bouquet garni entfernen. Zwiebeln, Speck und Erbsen in die Form geben und für 10 Minuten in den Ofen schieben. Fasanenbrust und Speck im Mixer zerkleinern.

6 Die Ofentemperatur auf 190 °C reduzieren. Lasagneplatten, Fasanen- und Béchamel-Sauce in einer feuerfesten Form übereinander schichten. Mit Käse bestreuen und 30 Minuten überbacken. Mit Erbsen und Zwiebeln angerichtet servieren.

Rebhuhn mit Pesto-Kruste

Im Gegensatz zu anderem Wildgeflügel zeichnet sich Rebhuhn durch ein sehr feines Aroma aus.

NÄHRWERTANGABEN

Kilokalorien 895	Zucker ....5 g
Eiweiß ....79 g	Fett ....45 g
Kohlenhydrate ..45 g	davon gesättigt 18 g

15 Min. 40 Min.

4 Personen

ZUTATEN

- 8 Rebhuhnstücke (à ca. 120 g)
- 2–3 EL Butter, zerlassen
- 4 EL Dijonsenf
- 2 EL Limettensaft
- 1 EL brauner Zucker
- Salz und Pfeffer
- 6 EL Pesto (s. S. 37)
- 500 g Rigatoni
- 1 EL Olivenöl
- 120 g frisch geriebener Parmesan

2

2

3

1 Die Rebhuhnteile nebeneinander und mit der glatten Seite nach unten in eine Auflaufform legen.

2 Butter, Dijonsenf, Limettensaft und Zucker in einer Schüssel mischen und mit Salz und Pfeffer würzen. Die Hälfte der Mischung auf die Rebhuhnteile streichen und diese im vorgeheizten Backofen bei 200 °C 15 Minuten garen.

3 Die Auflaufform aus dem Backofen nehmen und die Rebhuhnteile mit 3 Esslöffeln Pesto bestreichen, dann weitere 12 Minuten im Backofen garen.

4 Die Form aus dem Backofen nehmen, die Rebhuhnteile vorsichtig wenden, mit der restlichen Senfmischung bestreichen und weitere 10 Minuten im Backofen braten.

5 In der Zwischenzeit Salzwasser in einem großen Topf aufkochen. Die Nudeln darin mit dem Olivenöl bissfest kochen. Abtropfen lassen und in eine Servierschüssel geben, dann mit der restlichen Pestosauce und dem Parmesan mischen.

6 Die Rebhuhnteile mit dem Bratensud begießen und mit den Nudeln servieren.

VARIATION

Auf die gleiche Weise lässt sich auch ein junger Fasan zubereiten.

Gemüse

Frisches Gemüse nimmt eine zentrale Rolle in der italienischen Küche ein. Die Regionen Italiens liefern eine Fülle frischer, knackiger Gemüsesorten, von Artischocken aus Sizilien über sonnengereifte Paprika bis hin zu den allseits beliebten Tomaten. Gemüse lässt sich mit Zutaten wie Nudeln, Reis, Getreide oder Hülsenfrüchten kombinieren.

Auch ohne diese Zutaten kann man aus Gemüse eine unendliche Vielzahl von Gerichten kreieren. Versuchen Sie doch einmal gegrilltes Gemüse auf Rosmarinspießen – das einzigartige Aroma dieser Gewürzpflanze entfaltet sich während des Garens zu einem wahrhaft italienischen Geschmackserlebnis. Gemüse bietet so viele Möglichkeiten – lassen Sie Ihrer Phantasie freien Lauf!

Ravioli di Verdure

Die Gemüsefüllung darf auf keinen Fall zerkochen, sonst verlieren die Ravioli ihre appetitanregende Optik und den nötigen Biss.

NÄHRWERTANGABEN

Kilokalorien	622	Zucker	10 g
Eiweiß	12 g	Fett	40 g
Kohlenhydrate	58 g	davon gesättigt	6 g

1¹/2 Std. 55 Min.

4 Personen

ZUTATEN

FÜLLUNG

- 2 große Auberginen
- 3 große Zucchini
- 6 große Tomaten
- 1 große grüne Paprika, entkernt
- 1 große rote Paprika, entkernt
- 3 Knoblauchzehen
- 1 große Zwiebel
- 120 ml Olivenöl
- 60 g Tomatenmark
- 1/2 TL frisch gehacktes Basilikum
- Salz und Pfeffer

ZUSÄTZLICH

- 500 g Nudelteig-Grundrezept (s. S. 24)
- 1 EL Olivenöl
- 100 g Butter
- 150 g Sahne
- 75 g frisch geriebener Parmesan
- 1 frischer Basilikumzweig, zum Garnieren

1 Auberginen und Zucchini in 2 cm große Stücke schneiden. Die Auberginen salzen und für 20 Minuten beiseite stellen. Danach abspülen und abtropfen lassen.

2 Die Tomaten 2 Minuten in sprudelndem Wasser blanchieren. Häuten und hacken. Die Paprika in 2 cm große Stücke schneiden. Knoblauch und Zwiebel hacken.

3 Das Öl in einem Topf erhitzen und Knoblauch und Zwiebel 3 Minuten andünsten. Die restlichen Füllungszutaten zugeben und mit Salz und Pfeffer abschmecken. Abdecken und unter regelmäßigem Rühren 20 Minuten köcheln.

4 Den Teig ausrollen und 7 cm große Scheiben (oder Quadrate) ausstechen. Einen Löffel Füllung auf jede Scheibe geben. Die Ränder befeuchten, die Füllung einschlagen und die Ränder festdrücken.

5 Die Ravioli mit dem Öl 3–4 Minuten in Salzwasser ziehen lassen. Abgießen und in eine Auflaufform schichten. Jede Lage mit Butterflocken belegen. Mit Sahne übergießen und mit Käse bestreuen. 20 Minuten im vorgeheizten Ofen bei 200 °C backen. Garnieren und servieren.

1

2

3

Linguine mit Schmorfenchel

Das Gemüse mit dem feinen Anisgeschmack verleiht diesem Gericht die besondere Note.

NÄHRWERTANGABEN

Kilokalorien 650	Zucker ....6 g
Eiweiß ....14 g	Fett ....39 g
Kohlenhydrate ..62 g	davon gesättigt 22 g

20 Min. 50 Min.

4 Personen

ZUTATEN

- 6 Fenchelknollen
- 150 ml Gemüsebrühe
- 1 EL Butter
- 6 Scheiben Räucherspeck, in Streifen geschnitten
- 6 Schalotten, geviertelt
- 1 EL Mehl
- 7 EL Sahne
- 1 EL Madeira
- Salz und Pfeffer
- 500 g Linguine
- 1 EL Olivenöl

1 Die Fenchelknollen putzen, dann die äußeren Blätter abziehen und aufbewahren. Die Knollen vierteln und mit Brühe und den äußeren Blättern in einen großen Topf geben. Aufkochen, die Temperatur reduzieren und 5 Minuten köcheln.

2 Den Fenchel in eine große Schale geben. Nun die äußeren Blätter entfernen. Die Brühe aufkochen und um die Hälfte einkochen lassen. Beiseite stellen.

3 Die Butter in einer Pfanne zerlassen. Speck und Schalotten 4 Minuten anbraten. Mehl, Brühe, Sahne und Madeira zugeben und unter ständigem Rühren 3 Minuten kochen, bis die Sauce glatt ist. Mit Salz und Pfeffer abschmecken und über den Fenchel geben.

4 Salzwasser in einem großen Topf aufkochen. Die Linguine darin mit Öl bissfest kochen. Abgießen und in eine tiefe feuerfeste Form geben.

5 Fenchel und Sauce darüber geben und 20 Minuten im vorgeheizten Ofen bei 180 °C überbacken. Sofort servieren.

TIPP

Fenchel hält sich im Gemüsefach des Kühlschranks 2–3 Tage, sollte aber möglichst frisch gegessen werden. Da die Schnittflächen schnell braun werden, kann er nicht im Voraus verarbeitet werden.

Spinat-Wildpilz-Lasagne

Vorsicht beim Würzen! Denn nachwürzen kann man immer. Ein zu stark gewürztes Gericht hingegen lässt sich nicht mehr retten.

NÄHRWERTANGABEN

Kilokalorien 720	Zucker ....9 g
Eiweiß ....31 g	Fett ....52 g
Kohlenhydrate ..36 g	davon gesättigt 32 g

20 Min. 40 Min.

4 Personen

ZUTATEN

- 120 g Butter und etwas Butter zum Einfetten
- 2 Knoblauchzehen, zerdrückt
- 120 g Schalotten
- 250 g Wildpilze, z. B. Pfifferlinge
- 400 g Spinat, gekocht, abgetropft und fein gehackt
- 250 g geriebener Emmentaler
- 1/4 TL frisch geriebene Muskatnuss
- 1 TL frisch gehacktes Basilikum
- Salz und Pfeffer
- 60 g Mehl
- 600 ml Milch, erhitzt
- 60 g geriebener Gouda
- 8 Lasagneplatten, vorgekocht
- Brunnenkressesalat, zum Servieren

1 Eine feuerfeste Form leicht einfetten. Die Hälfte der Butter in einem Topf zerlassen. Knoblauch, Schalotten und Pilze 3 Minuten bei schwacher Hitze andünsten.

2 Spinat, Emmentaler, Muskat und Basilikum einrühren. Kräftig mit Salz und Pfeffer abschmecken und beiseite stellen.

3 Die restliche Butter in einem zweiten Topf bei schwacher Hitze zerlassen. Das Mehl einrühren und 1 Minute anschwitzen. Langsam unter ständigem Schlagen die Milch zugießen und glatt rühren. 1 Esslöffel Gouda einrühren und mit Salz und Pfeffer abschmecken.

4 Die Hälfte der Spinat-Pilz-Mischung auf den Boden der Form geben. Mit 4 Lasagneplatten bedecken und die Hälfte der Käsesauce darüber geben. Wiederholen und zum Schluss mit dem restlichen Gouda bestreuen. 30 Minuten im vorgeheizten Ofen bei 200 °C goldbraun backen. Heiß servieren und einen Brunnenkressesalat dazu reichen.

1

2

4

VARIATION

Den Spinat durch 4 Paprika ersetzen. Die Paprikaschoten 20 Minuten im vorgeheizten Ofen bei 200 °C backen. Die Paprika häuten, entkernen und hacken.

Überbackene Pesto-Kartoffeln

Bei diesem Gericht werden gegarte Kartoffeln ausgehöhlt und mit einer Pesto-Mischung gefüllt und überbacken.

NÄHRWERTANGABEN

Kilokalorien	424	Zucker	3 g
Eiweiß	9 g	Fett	27 g
Kohlenhydrate	40 g	davon gesättigt	13 g

10 Min. | 1½ Std.

4 Personen

ZUTATEN

- 4 fest kochende Kartoffeln (ca. 225 g/Stück)
- 150 g Crème double
- 100 ml Gemüsebrühe
- 1 EL Zitronensaft
- 2 Knoblauchzehen, zerdrückt
- 3 EL frisches Basilikum, gehackt
- Salz und Pfeffer
- 2 EL Pinienkerne
- 2 EL frisch geriebener Parmesan

1 Die Kartoffeln unter fließendem Wasser abbürsten, mit einer Gabel einstechen, mit Salz einreiben und auf ein Backblech legen.

2 Im vorgeheizten Backofen bei 190 °C ca. 1 Stunde garen, bis das Innere weich und die Schale knusprig ist.

3 Die Kartoffeln aus dem Backofen nehmen, längs halbieren. Die Hälften mit einem Löffel bis auf einen kleinen Rand aushöhlen. Kartoffelmasse in eine Schüssel geben und mit einer Gabel zerdrücken.

4 In der Zwischenzeit Crème double und Brühe in einem Topf verrühren und 8–10 Minuten köcheln. Auf die Hälfte reduzieren.

5 Zitronensaft, Knoblauch und Basilikum zufügen, mit Salz und Pfeffer abschmecken und mit den Pinienkernen unter die Kartoffelmasse geben.

6 Die Mischung in die Kartoffelhälften füllen, mit Parmesan bestreuen und 10 Minuten im Ofen bei 190 °C überbacken, bis der Käse goldbraun wird. Sofort servieren und einen Salat dazu reichen.

VARIATION

Nach Wunsch in Schritt 5 Frischkäse oder Champignonscheiben zur Kartoffelmasse geben.

Peperonata

Eine köstliche Beilage aus Paprika, Zwiebeln, Tomaten und Kräutern.

NÄHRWERTANGABEN

Kilokalorien 180	Zucker ....14 g
Eiweiß ....3 g	Fett ....12 g
Kohlenhydrate ..15 g	davon gesättigt .2 g

15 Min. — 40 Min.

4 Personen

ZUTATEN

- 4 EL Olivenöl
- 1 Zwiebel, in feine Ringe geschnitten
- 2 rote Paprika, in Streifen geschnitten
- 2 grüne Paprika, in Streifen geschnitten
- 2 gelbe Paprika, in Streifen geschnitten
- 2 Knoblauchzehen, zerdrückt
- 800 g gehackte Tomaten aus der Dose, abgetropft
- 2 EL gehackter Koriander
- Salz und Pfeffer
- 2 EL schwarze Oliven, entsteint und gehackt

1 Olivenöl in einer großen Bratpfanne erhitzen. Zwiebel darin unter ständigem Rühren 5 Minuten glasig dünsten.

2 Paprika und Knoblauch zufügen und weitere 3–4 Minuten dünsten.

3 Dann Tomaten und Koriander unterrühren, mit Salz und Pfeffer abschmecken, abdecken und 30 Minuten bei schwacher Hitze garen, bis kaum noch Flüssigkeit in der Pfanne ist.

4 Die Oliven unterrühren und sofort servieren.

VARIATION

Falls Sie das intensive Aroma von frischem Koriander [illegible]en, können Sie ihn [illegible]slöffel glatte Petersilie [illegible]ach Wunsch grüne statt [illegible]iven verwenden.

Spinat-Frittata

Der Spinat verleiht diesem Gericht sein ganz besonderes Aroma - aber natürlich können Sie auch andere Zutaten verwenden.

NÄHRWERTANGABEN

Kilokalorien	307	Zucker	4 g
Eiweiß	15 g	Fett	25 g
Kohlenhydrate	6 g	davon gesättigt	8 g

20 Min. 20 Min.

4 Personen

Z U T A T E N

- 450 g Spinat
- 2 TL Wasser
- 4 Eier, verquirlt
- 2 EL Crème fraîche
- 2 Knoblauchzehen, zerdrückt
- 50 g Mais aus der Dose, abgetropft
- 1 Selleriestange, gehackt
- 1 rote Chilischote, gehackt
- 2 Tomaten, entkernt und gewürfelt
- 2 EL Olivenöl
- 2 EL Butter
- 25 g Pecannuss-Hälften
- 2 EL frisch geriebener Pecorino
- 25 g Fontina, gewürfelt
- 1 Prise Paprika

1 Den Spinat mit dem Wasser in einen Topf geben, abdecken und 5 Minuten garen. Abtropfen lassen und mit Küchenpapier trockentupfen.

2 Eier mit Spinat, Crème fraîche, Knoblauch, Mais, Sellerie, Chili und Tomaten verrühren.

3 Öl und Butter in einer großen gusseisernen Pfanne erhitzen.

4 Eimischung in die Pfanne geben, mit Pecannüssen, Pecorino, Fontina und Paprika bestreuen und bei mittlerer Hitze ohne zu rühren 5–7 Minuten garen, bis die Unterseite der Frittata goldbraun ist.

5 Einen Teller über die Pfanne legen, die Frittata stürzen, zurückgleiten lassen und weitere 2–3 Minuten braten. Die Frittata direkt aus der Pfanne servieren oder auf einen Servierteller geben.

TIPP

Achten Sie darauf, dass die Unterseite der Frittata nicht anbrennt. Am besten verwenden Sie eine gusseiserne Pfanne und geben noch etwas zusätzliches Öl hinein, wenn Sie die Frittata stürzen.

Gegrillte Paprika mit Rosmarin

Gegrillte und rohe Paprika unterscheiden sich deutlich im Aroma – probieren Sie dieses Gericht und vergleichen Sie selbst.

NÄHRWERTANGABEN

Kilokalorien	201	Zucker	6 g
Eiweiß	2 g	Fett	19 g
Kohlenhydrate	6 g	davon gesättigt	2 g

20 Min. — 10 Min.

4 Personen

ZUTATEN

- 4 EL Olivenöl
- fein geriebene Schale von 1 Zitrone
- 4 EL Zitronensaft
- 1 EL Balsamico-Essig
- 1 EL frisch gehackter Rosmarin
- oder 1 TL getrockneter Rosmarin
- 2 Knoblauchzehen, zerdrückt
- Salz und Pfeffer
- 2 rote Paprika, halbiert und entkernt
- 2 gelbe Paprika, halbiert und entkernt
- 2 EL Pinienkerne
- frische Rosmarinzweige, zum Garnieren

1 Olivenöl, Zitronenschale, -saft, Balsamico-Essig, Rosmarin und Knoblauch mischen und mit Salz und Pfeffer abschmecken.

2 Die Paprika mit der Schnittfläche nach unten auf ein mit Alufolie ausgelegtes Backblech legen und mit der Olivenölmischung bestreichen.

3 Einige Minuten im Backofen bei 200 °C grillen, bis die Haut leicht schwarz ist. P... g mit der Ölmischung bestrei- ... usnehmen, mit Alufolie ab- ... 5 Minuten ruhen lassen.

4 In der Zwischenzeit die Pinienkerne auf das Backblech geben und 2–3 Minuten leicht rösten. Pinienkerne beaufsichtigen, da sie sehr rasch verbrennen.

5 Paprikaschoten häuten, das Fruchtfleisch in Streifen schneiden und in eine Servierschüssel geben. Mit den Pinienkernen bestreuen, die restliche Ölmischung darüber träufeln, mit Rosmarinzweigen garnieren und sofort servieren.

1

3

5

Tomaten mit Nudelfüllung

Dieses ungewöhnliche und dazu noch preiswerte Rezept eignet sich als Vorspeise für 8 Personen oder als Hauptgericht für 4 Personen.

NÄHRWERTANGABEN

Kilokalorien	298	Zucker	4 g
Eiweiß	10 g	Fett	20 g
Kohlenhydrate	20 g	davon gesättigt	5 g

15 Min. 35 Min.

4 Personen

ZUTATEN

- 5 EL Olivenöl und Öl zum Bestreichen
- 8 Fleischtomaten
- 125 g Ditalini oder andere kleine Nudeln
- 8 schwarze Oliven, entsteint und fein gehackt
- 2 EL frisch gehacktes Basilikum
- 1 EL frisch gehackte Petersilie
- 60 g frisch geriebener Parmesan
- Salz und Pfeffer
- frische Basilikumzweige, zum Garnieren

1 Ein Backblech mit Olivenöl einfetten.

2 Die „Deckel" von den Tomaten abschneiden. Wenn die Tomaten nicht stehen bleiben, eine dünne Scheibe von der Unterseite abschneiden.

3 Das Fruchtfleisch in ein Sieb löffeln, ohne die Schale zu verletzen. Die ausgehöhlten Tomaten umdrehen, trockentupfen und zum Abtropfen beiseite stellen.

4 Salzwasser in einem großen Topf aufkochen. Die Nudeln darin mit 1 Esslöffel Öl bissfest kochen. Abgießen und beiseite stellen.

3

5

6

5 Oliven, Basilikum, Petersilie und Parmesan in einer Rührschüssel mit dem Tomatenfleisch verrühren. Die Nudeln und das restliche Olivenöl einrühren. Mit Salz und Pfeffer abschmecken.

6 Die Nudelmischung in die Tomaten geben und die „Deckel" aufsetzen. Die Tomaten auf ein Backblech setzen und 15–20 Minuten im vorgeheizten Ofen bei 190 °C backen.

7 Die Tomaten aus dem Ofen nehmen und abkühlen lassen, bis sie zimmerwarm sind. Auf einem Servierteller anrichten, mit frischem Basilikum garnieren und servieren.

Zucchini-Auberginen-Lasagne

Dieses sättigende Gericht aus dem Ofen ist prall gefüllt mit Gemüse, Mozzarella und Nudeln.

NÄHRWERTANGABEN

Kilokalorien 510	Zucker ....14 g
Eiweiß ....17 g	Fett ....38 g
Kohlenhydrate ..28 g	davon gesättigt 14 g

50 Min. 50 Min.

6 Personen

ZUTATEN

- 1 kg Auberginen
- 8 EL Olivenöl
- 1 EL Knoblauch-Kräuter-Butter
- 500 g Zucchini, in Scheiben geschnitten
- Salz und schwarzer Pfeffer
- 250 g geriebener Mozzarella
- 600 g Passata (passierte Tomaten)
- 6 grüne Lasagneplatten, vorgekocht
- 600 ml Béchamel-Sauce (s. S. 28)
- 60 g frisch geriebener Parmesan
- 1 TL getrockneter Oregano

1 Die Auberginen in dünne Scheiben schneiden, salzen und 20 Minuten beiseite stellen. Abspülen und trockentupfen.

2 4 Esslöffel Öl in einer großen Pfanne erhitzen. Die Hälfte der Auberginen 6–7 Minuten bei schwacher Hitze goldgelb braten. Abtropfen lassen und die zweite Hälfte im restlichen Öl braten. Herausnehmen und abtropfen lassen.

3 Die Knoblauchbutter in der Pfanne zerlassen und die Zucchini 5–6 Minuten goldbraun braten. Abtropfen lassen.

4 Die Hälfte der Auberginen- und Zucchinischeiben in eine große Auflaufform schichten. Mit Salz und Pfeffer abschmecken und mit der Hälfte des Mozzarellas bestreuen. Die Hälfte der Passata darüber geben und mit 3 Lasagneplatten belegen. Den Vorgang wiederholen und mit einer Lage Lasagneplatten abschließen.

5 Mit Béchamel-Sauce übergießen und mit Parmesan und Oregano bestreuen. Die Lasagne auf einem Backblech 35 Minuten im vorgeheizten Ofen bei 220 °C goldbraun backen. Servieren.

Auberginen mit Nudelfüllung

Kombiniert mit Mozzarella und Tomaten ergeben Nudeln eine prima Füllung für Auberginen.

NÄHRWERTANGABEN

Kilokalorien 342	Zucker ....6 g
Eiweiß ....11 g	Fett ....16 g
Kohlenhydrate ..40 g	davon gesättigt .4 g

25 Min. 55 Min.

4 Personen

ZUTATEN

250 g Penne oder andere kurze Nudeln
4 EL Olivenöl und etwas Öl zum Bestreichen
2 große Auberginen
1 große Zwiebel, gehackt
2 Knoblauchzehen, zerdrückt
400 g gehackte Tomaten aus der Dose
2 TL getrockneter Oregano
Salz und Pfeffer
60 g Mozzarella, in dünne Scheiben geschnitten
2 EL frisch geriebener Parmesan
2 EL Semmelbrösel
Salatblätter, zum Servieren

1 Salzwasser in einem großen Topf aufkochen. Die Nudeln darin mit 1 Esslöffel Öl bissfest kochen. Abgießen, wieder in den Topf geben, abdecken und warm halten.

2 Die Auberginen längs halbieren und das Fruchtfleisch kreuzförmig einschneiden, ohne die Schale zu beschädigen. Das Fruchtfleisch auslösen und das Innere mit Öl bestreichen. Das Fruchtfleisch hacken und beiseite stellen.

3 Die Zwiebel im restlichen Öl glasig dünsten. Den Knoblauch zugeben und 1 Minute andünsten. Das gehackte Fruchtfleisch der Auberginen zugeben und 5 Minuten braten. Tomaten und Oregano zufügen und mit Salz und Pfeffer abschmecken. Aufkochen und 10 Minuten köcheln. Vom Herd nehmen und die Nudeln einrühren.

4 Ein Backblech mit Öl einfetten und die ausgehöhlten Auberginen darauf legen. Die Hälfte der Füllung darauf verteilen. Mit Mozzarella belegen und mit der restlichen Füllung bedecken. Parmesan und Semmelbrösel mischen und darüber streuen.

5 25 Minuten im vorgeheizten Ofen bei 200 °C goldbraun backen. Mit grünem Salat servieren.

2

3

4

Pasta Tricolore

Die Zutaten dieses Nudelgerichts haben die gleichen kräftigen Farben wie die italienische Nationalflagge.

NÄHRWERTANGABEN			
Kilokalorien	325	Zucker	5 g
Eiweiß	8 g	Fett	13 g
Kohlenhydrate	48 g	davon gesättigt	2 g

5 Min. 15 Min.

4 Personen

ZUTATEN

- 500 g Farfalle
- 4 EL Olivenöl
- 500 g Cocktailtomaten
- 100 g Rucola
- Salz und Pfeffer
- Pecorino, zum Garnieren

1 Salzwasser in einem großen Topf aufkochen. Farfalle darin mit 1 Esslöffel Öl bissfest kochen. Abgießen und wieder in den Topf geben.

2 Die Tomaten halbieren und Rucola putzen.

2

3

4

3 Das restliche Olivenöl in einem großen Topf erhitzen. Die Tomaten 1 Minute dünsten.

4 Farfalle und Rucola zugeben und vorsichtig vermengen. Erhitzen und mit Salz und Pfeffer abschmecken. In der Zwischenzeit den Pecorino mit einem Sparschäler dünn abhobeln.

5 Farfalle und Gemüse auf einem vorgewärmten Servierteller anrichten. Mit Pecorino garnieren und sofort servieren.

TIPP

Pecorino ist ein sehr kräftiger und aromatischer Hartkäse aus Schafsmilch und erinnert an Parmesan. Er wird oft in kleinen Mengen zum Reiben verwendet.

Sardischer Kartoffelsalat

Die warmen Kartoffeln nehmen die wundervollen Aromen von Oliven, Tomaten und Olivenöl sofort auf. Dieser Salat schmeckt warm wie kalt.

NÄHRWERTANGABEN

Kilokalorien	239	Zucker	2 g
Eiweiß	4 g	Fett	10 g
Kohlenhydrate	36 g	davon gesättigt	1 g

15 Min. 15 Min.

4 Personen

ZUTATEN

750 g fest kochende Kartoffeln
1 Schalotte
2 Tomaten
Salz und Pfeffer
1 EL frisch gehacktes Basilikum

DRESSING

1 Tomate, gehäutet und fein gehackt
4 schwarze Oliven, entsteint und gehackt
4 EL Olivenöl extra vergine
1 EL Weinessig
1 Knoblauchzehe, zerdrückt
Salz und Pfeffer

1 Die Kartoffeln in einem Topf mit kochendem Salzwasser 15 Minuten garen, bis sie weich sind.

2 Gründlich abgießen. Die Kartoffeln grob würfeln und in eine Schüssel geben.

3 Die Schalotte hacken. Die Tomaten waschen und in Spalten schneiden und beides zu den Kartoffeln geben.

4 Für das Dressing alle Zutaten in ein Schraubglas füllen, verschließen und kräftig schütteln.

3

4

5

5 Das Dressing über die Kartoffelmischung gießen und alles sorgfältig verrühren.

6 Den Salat in eine Servierschüssel füllen, mit Salz und Pfeffer abschmecken und mit Basilikum bestreuen.

TIPP

Dieses Gericht gelingt auch mit mehlig kochenden Kartoffeln. Es sieht zwar nicht so ansprechend aus, da die Kartoffeln beim Kochen zerfallen, doch nehmen sie das Dressing wunderbar auf. Verwenden Sie für das Dressing kaltgepresstes Olivenöl – nur dieses verleiht den Kartoffeln das fruchtige Aroma.

Tagliatelle mit Knoblauch

Ein sättigendes Gericht für Knoblauchfans. Es ist schnell und einfach zubereitet und hat einen kräftigen Geschmack.

NÄHRWERTANGABEN

Kilokalorien	474	Zucker	3 g
Eiweiß	16 g	Fett	24 g
Kohlenhydrate	52 g	davon gesättigt	9 g

20 Min. 15 Min.

4 Personen

ZUTATEN

- 2 EL Walnussöl
- 1 Bund Frühlingszwiebeln, in Scheiben geschnitten
- 2 Knoblauchzehen, in dünne Scheiben geschnitten
- 250 g Champignons, in Scheiben geschnitten
- 500 g frische grüne und weiße Tagliatelle
- 1 EL Olivenöl
- 250 g Spinat, Tiefkühlware aufgetaut und abgetropft
- 120 g Weichkäse mit Knoblauch und Kräutern
- 4 EL Sahne
- Salz und Pfeffer
- 60 g gehackte ungesalzene Pistazien
- 2 EL frisch gehacktes Basilikum
- frische Basilikumzweige, zum Garnieren
- italienisches Brot, zum Servieren

1 Das Walnussöl in einer großen Pfanne erhitzen. Frühlingszwiebeln und Knoblauch 1 Minute darin andünsten.

2 Die Champignons zugeben, durchrühren, abdecken und 5 Minuten bei schwacher Hitze garen.

3 In der Zwischenzeit Salzwasser in einem großen Topf aufkochen. Tagliatelle darin mit Öl bissfest kochen. Abgießen und wieder zurück in den Topf geben.

4 Den Spinat in die Pfanne geben und 1–2 Minuten erhitzen. Den Käse zugeben und schmelzen lassen. Die Sahne einrühren und erhitzen. Die Spinatmischung nicht mehr kochen.

5 Die Sauce über die Nudeln geben, mit Salz und Pfeffer abschmecken und gut vermengen. Unter ständigem Rühren etwa 3 Minuten sanft erwärmen.

6 Die Nudeln auf einem Servierteller anrichten und mit Pistazien und Basilikum bestreuen. Mit den Basilikumzweigen garnieren und mit italienischem Brot servieren.

2

4

5

Paprikapastete

Diese köstliche Pastete passt gut zu italienischem Brot und grünem Salat – ein leichtes Sonntagsmenü.

NÄHRWERTANGABEN

Kilokalorien	196	Zucker	6 g
Eiweiß	6 g	Fett	14 g
Kohlenhydrate	13 g	davon gesättigt	3 g

30 Min. 30 Min.

8 Personen

ZUTATEN

500 g Saubohnen

6 rote Paprika, halbiert und entkernt

3 kleine Zucchini, der Länge nach in Scheiben geschnitten

1 Aubergine, der Länge nach in Scheiben geschnitten

3 Porreestangen, der Länge nach halbiert

6 EL Olivenöl und etwas Öl zum Einfetten

6 EL Crème fraîche

Salz und Pfeffer

2 EL frisch gehacktes Basilikum

1 Eine kleine Kastenform (1,5 Liter Volumen) mit Öl einpinseln. Die Bohnen in kochendem Wasser 1–2 Minuten blanchieren und die Bohnenkerne aus der Schote drücken.

2 Die Paprika mit der Schnittfläche nach unten auf ein Backblech legen und bei 200 °C etwa 10–12 Minuten grillen, bis die Haut schwarz ist. Dann die Paprika in einen Gefrierbeutel geben und die Hälften darin abkühlen lassen.

3 Zucchini, Aubergine und Porree mit 5 Esslöffeln Olivenöl bestreichen, mit Salz und Pfeffer abschmecken und etwa 8–10 Minuten auf dem heißen Grill garen. Einmal wenden.

4 In der Zwischenzeit die Bohnen mit 1 Esslöffel Olivenöl, Crème fraîche, Salz und Pfeffer im Mixer pürieren.

5 Abgekühlte Paprika aus dem Beutel nehmen und häuten.

6 Den Boden und die Seiten der Kastenform mit einer Schicht Paprika auslegen.

7 Ein Drittel des Bohnenpürees auf den Paprikaschoten verteilen, mit Auberginenscheiben belegen und die Hälfte des restlichen Bohnenpürees darauf geben.

8 Mit Basilikum bestreuen. Dann Zucchini und das restliche Bohnenpüree darüber verteilen, Porree auf das Püree legen und übrig gebliebene Paprikahälften darüber geben. Pastete mit viermal gefalteter Alufolie bedecken und mit Gewichten beschweren.

9 Bis zur Verwendung in den Kühlschrank stellen, dann auf eine Servierplatte stürzen, in Scheiben schneiden und mit italienischem Brot und grünem Salat servieren.

6

7

8
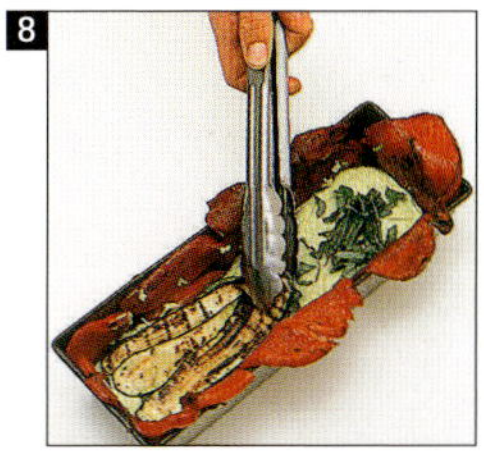

Gegrillte Porreestangen

Für diese einfache und dennoch raffinierte Gemüsebeilage sollten Sie ein erstklassiges Olivenöl verwenden.

NÄHRWERTANGABEN

Kilokalorien 52	Zucker ....0,4 g
Eiweiß ....0,3 g	Fett ....5 g
Kohlenhydrate ...1 g	davon gesättigt .1 g

5 Min. 7 Min.

6 Personen

ZUTATEN

4 Porreestangen
3 EL Olivenöl
2 TL Balsamico-Essig
Meersalz und Pfeffer

1 Die Porreestangen der Länge nach bis knapp über das Schaftende einschneiden, aber nicht ganz durchschneiden.

2 Jede Porreestange mit reichlich Öl bestreichen.

3 Dann 6–7 Minuten grillen. Zwischendurch einmal wenden.

4 Die Porreestangen vom Grill nehmen und mit Balsamico-Essig einpinseln.

5 Dann mit Salz und Pfeffer bestreuen und warm oder heiß servieren.

1

3

4

VARIATION

Statt der Porreestangen können Sie auch dicke Frühlingszwiebeln nehmen, außerdem lässt sich Balsamico-Essig durch Sherryessig ersetzen.

Pesto-Kartoffeln

Pesto – eine Sauce aus Basilikum, Öl, Pinienkernen und Parmesan – ist eher als Nudelsauce bekannt, schmeckt aber auch sehr gut zu Kartoffeln.

NÄHRWERTANGABEN

Kilokalorien 531	Zucker ....3 g
Eiweiß ....13 g	Fett ....38 g
Kohlenhydrate ..36 g	davon gesättigt .8 g

15 Min. 15 Min.

4 Personen

ZUTATEN

- 900 g kleine neue Kartoffeln
- 75 g frisches Basilikum
- 2 EL Pinienkerne
- 3 Knoblauchzehen, zerdrückt
- Salz und Pfeffer
- 100 ml Olivenöl extra vergine
- 75 g frisch geriebener Parmesan und Pecorino, gemischt
- frische Basilikumzweige, zum Garnieren

1 Die Kartoffeln in einem Topf mit kochendem Salzwasser 15 Minuten garen, bis sie weich sind. Gut abgießen, in eine vorgewärmte Schüssel geben und warm stellen.

2 Unterdessen Basilikum, Pinienkerne, Knoblauch und etwas Salz und Pfeffer in eine Küchenmaschine geben. 30 Sekunden pürieren und dabei nach und nach das Öl zugießen, bis eine glatte Masse entsteht.

3 Die Mischung in eine Schüssel füllen. Parmesan und Pecorino unterrühren.

4 Die Pesto-Sauce über die Kartoffeln geben und gut vermischen. Mit frischem Basilikum garnieren und sofort servieren.

1

2

3

Italienische Gemüsetarte

Mit Tomaten aromatisiert und mit Mozzarella belegt – diese Gemüsetarte sieht appetitlich aus und schmeckt ausgezeichnet.

NÄHRWERTANGABEN

Kilokalorien	438	Zucker	8 g
Eiweiß	9 g	Fett	28 g
Kohlenhydrate	40 g	davon gesättigt	15 g

1 3/4 Std. 40 Min.

6 Personen

ZUTATEN

- 1 Aubergine, in Scheiben geschnitten
- 2 EL Salz
- 4 EL Olivenöl
- 1 Knoblauchzehe, zerdrückt
- 1 große gelbe Paprika, entkernt und in Scheiben geschnitten
- 300 ml fertige Tomatensauce
- 125 g sonnengetrocknete Tomaten in Öl, abgetropft
- 175 g Mozzarella, abgetropft und in dünne Scheiben geschnitten

TEIG

- 250 g Mehl
- 1 Prise Kräutersalz
- 125 g Butter
- 2 EL Tomatenmark
- 2–3 EL Milch

1 Für den Teig Mehl und Kräutersalz in einer Schüssel mit Butter verkneten, bis die Mischung bröselig ist.

2 Tomatenmark und Milch verrühren, zum Mehl geben und zu einem festen Teig kneten. Den Teig auf einer bemehlten Arbeitsfläche durchkneten, bis er glatt ist. Dann in Frischhaltefolie wickeln und für 30 Minuten in den Kühlschrank stellen.

3 Eine Springform (28 cm Durchmesser) einfetten. Den Teig ausrollen und die Form damit auslegen. Überschüssigen Teig abschneiden und den Boden mit einer Gabel einstechen. Dann erneut für 30 Minuten in den Kühlschrank stellen.

4 Derweil Auberginenscheiben nebeneinander in ein Sieb legen, mit Salz bestreuen und 30 Minuten ruhen lassen.

5 Den Teig im vorgeheizten Ofen bei 200 °C 20–25 Minuten backen, bis er goldbraun ist, dann beiseite stellen. Die Ofentemperatur auf 230 °C erhöhen.

6 Die Auberginenscheiben unter kaltem Wasser abspülen und sorgfältig trockentupfen. 3 Esslöffel Öl in einer Pfanne erhitzen, Knoblauch, Auberginen und Paprika darin 5–6 Minuten glasig dünsten und auf Küchenpapier abtropfen lassen.

7 Den Teigboden mit Tomatensauce bestreichen, das Gemüse darauf verteilen und mit getrockneten Tomaten und Mozzarella belegen. Mit dem restlichen Öl bestreichen und 5 Minuten im Ofen backen, bis der Käse schmilzt.

Spinat-Ricotta-Pastete

Diese Blätterteigpastete sieht einfach klasse aus und ist zudem noch einfach zuzubereiten. Schmeckt heiß oder lauwarm.

NÄHRWERTANGABEN

Kilokalorien	616	Zucker	2 g
Eiweiß	19 g	Fett	42 g
Kohlenhydrate	25 g	davon gesättigt	13 g

25 Min. 50 Min.

4 Personen

ZUTATEN

- 250 g frischer Spinat, gewaschen
- 2 EL Pinienkerne
- 100 g Ricotta
- 2 große Eier, verquirlt
- 50 g gemahlene Mandeln
- 40 g frisch geriebener Parmesan
- 250 g Blätterteig, Tiefkühlware aufgetaut
- 1 kleines Ei, verquirlt

3

4

6

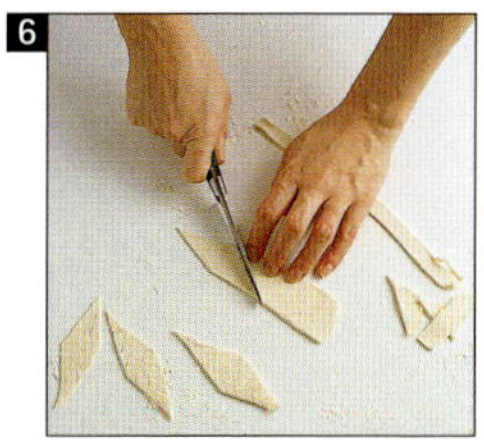

1 Den Spinat in einem großen Topf kurz kochen, bis die Blätter zusammenfallen. Abtropfen und etwas abkühlen lassen. Restliche Flüssigkeit ausdrücken.

2 Die Pinienkerne auf ein Backblech legen und unter einem vorgeheizten Grill goldbraun rösten.

3 Ricotta, Spinat und Eier in einer Schüssel mischen. Pinienkerne zugeben und unterrühren. Dann Mandeln und Parmesan einrühren.

4 Den Blätterteig zu zwei Quadraten mit einer Seitenlänge von je 20 cm ausrollen. Die Ränder glatt abschneiden und den überschüssigen Teig aufbewahren.

5 Ein Teigquadrat auf ein Backblech legen und die Spinatmischung darauf verteilen. Außen einen Rand von 1 cm lassen und diesen mit dem verquirlten Ei bestreichen. Dann das zweite Teigquadrat über das erste legen.

6 Die Ränder der beiden Teigquadrate aufeinander drücken und aus den Teigresten kleine Blätter formen, die als Dekoration über den Teig gelegt werden.

7 Die vorbereitete Pastete mit dem Rest des verquirlten Eis bestreichen und 10 Minuten in einem auf 220 °C vorgeheizten Ofen backen. Die Temperatur auf 190 °C reduzieren, die Pastete weitere 25–30 Minuten backen und heiß servieren.

TIPP

Spinat ist sehr nahrhaft. Roher Spinat ist reich an Folsäure, Vitamin A, Kalium und Magnesium. Matte, gelbliche und weiche Spinatblätter sind auszusondern.

Parmesankartoffeln

So einfach können schlichte Ofenkartoffeln veredelt werden. Servieren Sie sie doch einmal zu gebratenem Fisch oder Fleisch.

NÄHRWERTANGABEN			
Kilokalorien	307	Zucker	2 g
Eiweiß	11 g	Fett	14 g
Kohlenhydrate	37 g	davon gesättigt	6 g

15 Min. 65 Min.

4 Personen

ZUTATEN

- 6 Kartoffeln
- 50 g frisch geriebener Parmesan
- 1 Prise frisch geriebene Muskatnuss
- 1 EL frisch gehackte Petersilie
- Öl, zum Rösten
- 4 Scheiben geräucherter Speck, in Streifen geschnitten

1 Die Kartoffeln längs halbieren und in einem Topf mit kochendem Salzwasser 10 Minuten garen. Gründlich abgießen.

2 Parmesan, Muskat und Petersilie in einer kleinen Schale gut vermischen.

3 Die Kartoffelstücke gut in der Käsemischung wenden, überschüssigen Käse abschütteln.

4 Ein wenig Öl in einen Bräter geben und im vorgeheizten Backofen bei 200 °C 10 Minuten erhitzen. Die Kartoffeln hineingeben und etwa 30 Minuten backen, dabei einmal wenden.

5 Den Bräter aus dem Ofen nehmen, um die Kartoffeln mit dem Speck zu bestreuen, dann weitere 15 Minuten goldbraun backen. Überschüssiges Fett abtropfen lassen und sofort servieren.

3

4

5

VARIATION

Nehmen Sie statt des Specks Salami oder luftgetrockneten Parmaschinken. Diese sollten jedoch erst 5 Minuten vor Ende der Backzeit zugegeben werden.

Spaghetti mit Sahnechampignons

Dieses vegetarische Gericht ist ideal für viel beschäftigte Köche mit wenig Zeit, aber hohen Ansprüchen.

NÄHRWERTANGABEN

Kilokalorien 604	Zucker . . . . .5 g
Eiweiß . . . . .11 g	Fett . . . . .39 g
Kohlenhydrate . .54 g	davon gesättigt .21 g

20 Min. 35 Min.

4 Personen

ZUTATEN

- 60 g Butter
- 2 EL Olivenöl
- 6 Schalotten, in Streifen geschnitten
- 500 g Knopfchampignons, in Scheiben geschnitten
- Salz und Pfeffer
- 1 TL Mehl
- 150 g Crème double
- 2 EL Portwein
- 120 g sonnengetrocknete Tomaten, gehackt
- frisch geriebene Muskatnuss
- 500 g Spaghetti
- 1 EL frisch gehackte Petersilie
- 8 Toast-Dreiecke, zum Servieren

1

2

4

1 Butter und 1 Esslöffel Öl in einem Topf erhitzen. Die Schalotten 3 Minuten bei mittlerer Hitze dünsten. Die Champignons 2 Minuten bei schwacher Hitze dünsten. Mit Salz und Pfeffer abschmecken, mit Mehl bestreuen und unter ständigem Rühren 1 Minute braten.

2 Crème double und Portwein einrühren, die getrockneten Tomaten und eine Prise Muskat zugeben und 8 Minuten bei schwacher Hitze kochen.

3 Salzwasser in einem großen Topf aufkochen. Die Spaghetti darin mit dem restlichen Öl bissfest kochen.

4 Die Spaghetti abgießen und wieder in den Topf geben. Die Pilzsauce darüber geben und 3 Minuten kochen. Die Nudeln auf einen großen Servierteller geben und mit Petersilie bestreuen. Mit knusprigen Toastdreiecken servieren.

VARIATION

Fleischfreunde können zusammen mit der Pilzsauce 125 g in dünne Streifen geschnittenen und in 1 EL Butter sanft erhitzten Parmaschinken zugeben.

Fettuccine all'Alfredo

Dieses traditionelle Gericht kann mit allen langen Nudelsorten gekocht werden. Besonders eignen sich flache Fettuccine oder Tagliatelle.

NÄHRWERTANGABEN

Kilokalorien	627	Zucker	2 g
Eiweiß	18 g	Fett	41 g
Kohlenhydrate	51 g	davon gesättigt	23 g

5 Min. 10 Min.

4 Personen

ZUTATEN

- 1 EL Butter
- 200 g Sahne
- 500 g frische Fettuccine
- 1 EL Olivenöl
- 100 g frisch geriebener Parmesan und etwas Parmesan zum Servieren
- 1 Prise frisch geriebene Muskatnuss
- Salz und Pfeffer
- frische Petersilienzweige, zum Garnieren

1 Butter und 150 g Sahne in einen großen Topf geben und bei mittlerer Hitze aufkochen. Die Temperatur reduzieren und einige Minuten köchelnd leicht eindicken lassen.

2 In der Zwischenzeit Salzwasser in einem großen Topf aufkochen. Die Fettuccine darin mit dem Olivenöl bissfest kochen. Abgießen, wieder in den Topf geben, dann die Sahnesauce darüber gießen.

3 Die Fettuccine mit zwei Gabeln bei schwacher Hitze mit der Sauce vermengen.

4 Die restliche Sahne, Parmesan und Muskat zu den Nudeln geben und mit Salz und Pfeffer abschmecken. Gründlich vermengen und sanft erhitzen.

5 Die Fettuccine auf einen vorgewärmten Servierteller geben, mit frischer Petersilie garnieren und mit zusätzlichem Parmesan servieren.

VARIATION

Dieses klassische römische Gericht wird oft mit Schinkenstreifen und frischen Erbsen serviert: In Schritt 4 250 g geschälte, gekochte Erbsen und 175 g Schinkenstreifen mit dem Parmesan zugeben.

Mediterrane Spaghetti

Köstliches Gemüse, das in einer fruchtigen Tomatensauce gekocht wird, ist auch eine ideale Sauce für Vollkornnudeln.

NÄHRWERTANGABEN

Kilokalorien 381	Zucker ....9 g
Eiweiß ....11 g	Fett ....16 g
Kohlenhydrate ..53 g	davon gesättigt .5 g

20 Min. 35 Min.

4 Personen

ZUTATEN

- 2 EL Olivenöl
- 1 große rote Zwiebel, gehackt
- 2 Knoblauchzehen, zerdrückt
- 1 EL Zitronensaft
- 4 kleine Auberginen, geviertelt
- 600 g Passata (passierte Tomaten)
- Salz und Pfeffer
- 2 TL Zucker
- 2 EL Tomatenmark
- 400 g Artischockenherzen aus der Dose, abgetropft und halbiert
- 120 g schwarze Oliven, entsteint
- 350 g Spaghetti
- 1 EL Butter
- frische Basilikumzweige, zum Garnieren
- Olivenbrot, zum Servieren

1 1 Esslöffel des Olivenöls in einer großen Pfanne erhitzen. Zwiebel, Knoblauch, Zitronensaft und Auberginen 4–5 Minuten bei schwacher Hitze anbraten, bis Zwiebel und Auberginen leicht gebräunt sind.

2 Passata zugeben, mit Salz und Pfeffer abschmecken und Zucker und Tomatenmark einrühren. Aufkochen, dann unter Rühren 20 Minuten köcheln.

3 Artischockenherzen und Oliven einrühren und 5 Minuten kochen.

4 In der Zwischenzeit Salzwasser in einem großen Topf aufkochen. Spaghetti darin mit dem restlichen Olivenöl bissfest kochen.

5 Die Spaghetti abgießen und mit der Butter vermengen. Auf einen großen Servierteller geben.

6 Die Gemüsesauce über die Nudeln geben, mit frischer Basilikum garnieren und sofort mit Olivenbrot servieren.

Paglia e Fieno

Die wörtliche Übersetzung lautet *Stroh und Heu.* Paglia e Fieno beschreibt die Farbkombination des fertigen Gerichts.

NÄHRWERTANGABEN

Kilokalorien	699	Zucker	7 g
Eiweiß	26 g	Fett	39 g
Kohlenhydrate	65 g	davon gesättigt	23 g

10 Min. · 10 Min.

4 Personen

ZUTATEN

- 60 g Butter
- 1 kg frische Erbsen, geschält
- 200 g Sahne
- 500 g gemischte frische grüne und weiße Spaghetti oder Tagliatelle
- 1 EL Olivenöl
- 60 g frisch geriebener Parmesan und etwas Parmesan zum Servieren
- Salz und Pfeffer
- 1 Prise frisch geriebene Muskatnuss

1 Die Butter in einem großen Topf zerlassen. Die Erbsen hineingeben und 2–3 Minuten bei schwacher Hitze kochen.

2 150 g Sahne in den Topf geben, aufkochen und köchelnd 1–2 Minuten leicht andicken lassen. Vom Herd nehmen.

3 In der Zwischenzeit Salzwasser in einem großen Topf aufkochen. Spaghetti oder Tagliatelle darin mit Olivenöl bissfest kochen. Den Topf vom Herd nehmen, die Nudeln gründlich abtropfen lassen und wieder in den Topf geben.

4 Die Sahnesauce zu den Nudeln geben. Den Topf wieder auf den Herd stellen, die restliche Sahne und den Parmesan zugeben und mit Salz, Pfeffer und Muskat abschmecken.

5 Die Nudeln mit zwei Gabeln vorsichtig mit der Sauce vermengen und dabei erhitzen.

6 Die Nudeln in eine Servierschüssel geben und sofort mit zusätzlichem Parmesan servieren.

1

2

4

VARIATION

140 g Austernpilze in 60 g Butter bei niedriger Hitze 4–5 Minuten braten. In die Erbsen-Sahne-Sauce rühren, bevor sie in Schritt 4 über die Nudeln gegeben wird.

Spaghetti Aglio e Olio

Dieses einfache und beliebte Nudelgericht, ursprünglich ein Arme-Leute-Essen, wird heute in jedem Restaurant angeboten.

NÄHRWERTANGABEN

Kilokalorien	515	Zucker	1 g
Eiweiß	8 g	Fett	33 g
Kohlenhydrate	50 g	davon gesättigt	5 g

5 Min. — 5 Min.

4 Personen

ZUTATEN

125 ml Olivenöl extra vergine
3 Knoblauchzehen, zerdrückt
Salz
500 g frische Spaghetti
3 EL frisch gehackte Petersilie
Pfeffer

1 1 Esslöffel Olivenöl zurückbehalten und den Rest in einem mittelgroßen Topf erhitzen. Den Knoblauch mit einer Prise Salz unter ständigem Rühren bei schwacher Hitze goldbraun anrösten, dann den Topf vom Herd nehmen. Der Knoblauch darf nicht anbrennen, da er sonst sein Aroma verliert.

2 In der Zwischenzeit Salzwasser in einem großen Topf aufkochen. Spaghetti darin mit dem restlichen Olivenöl bissfest kochen. Abgießen und wieder in den Topf geben.

3 Öl und Knoblauch zu den Spaghetti geben und vermengen. Mit Pfeffer abschmecken, die Petersilie zugeben und erneut vermengen.

4 Die Spaghetti in eine warme Servierschüssel geben und sofort servieren.

TIPP

Es lohnt sich, hochwertiges Olivenöl zu verwenden, da es den Geschmack entscheidend prägt. Olivenöl extra vergine stammt aus der ersten Pressung und hat den geringsten Säuregehalt. Es ist teurer als die anderen Olivenöle, hat aber auch den besten Geschmack.

Salate

Hier finden Sie viele Anregungen für köstliche Beilagensalate. Sämtliche Salate passen zu einer Vielzahl von Gerichten und eignen sich hervorragend als Vorspeise. Natürlich können Sie sie auch als eigenständige Gerichte servieren, da die meisten dieser Salate sehr sättigend sind. Die besten Salate erzielen Sie, wenn Sie viel frisches Gemüse verwenden – von bunten Paprika über knackige Zuckererbsen bis hin zu zarten Babymaiskolben – und dieses mit typisch italienischen Zutaten wie Olivenöl extra vergine und Balsamico-Essig sowie Parmesan oder Pecorino kombinieren. Ein Fest für alle Sinne!

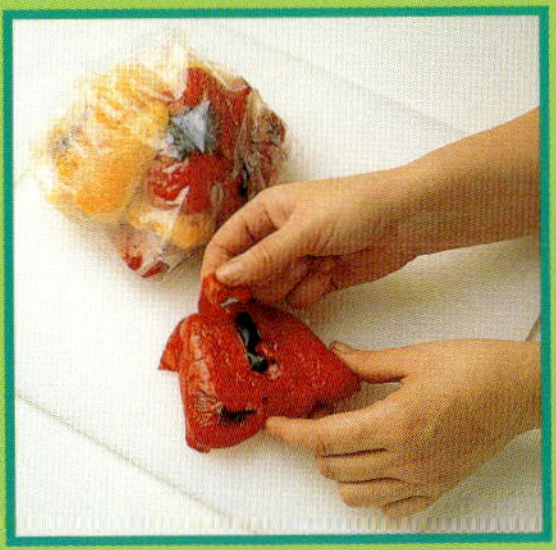

Gelber Paprikasalat

Die farbenfrohe Kombination von gelber Paprika, Radieschen und hellem Sellerie macht den Salat auch zu einem Augenschmaus.

NÄHRWERTANGABEN

Kilokalorien	176	Zucker	4 g
Eiweiß	4 g	Fett	16 g
Kohlenhydrate	4 g	davon gesättigt	4 g

25 Min.   5 Min.

4 Personen

ZUTATEN

- 4 Scheiben durchwachsener Speck, gewürfelt
- 2 gelbe Paprika
- 8 Radieschen, geputzt
- 1 Selleriestange, in dünne Scheiben geschnitten
- 3 Eiertomaten, in Streifen geschnitten
- 3 EL Olivenöl extra vergine
- 1 EL frischer Thymian
- Salz und Pfeffer

1 Den Speck in eine Pfanne geben und darin etwa 4–5 Minuten knusprig braten. Vom Herd nehmen, beiseite stellen und abkühlen lassen.

2 Die Paprika mit einem scharfen Messer halbieren, entkernen und in schmale Streifen schneiden.

3 Die Radieschen halbieren und in dünne Scheiben schneiden.

4 Paprika, Radieschen, Sellerie, Tomaten, Olivenöl und Thymian mischen und mit Salz und Pfeffer abschmecken.

5 Den Salat auf Teller verteilen und mit den Speckwürfeln garnieren.

1

2

3

TIPP

Tomaten sind Beerenfrüchte und gehören wie die Kartoffeln zur Familie der Nachtschattengewächse. Sie werden in vielen verschiedenen Formen und Größen kultiviert und verkauft. In der italienischen Küche verwendet man meist die sehr aromatischen Eiertomaten.

Nudel-Knoblauch-Salat

Dieser knackige Salat passt vorzüglich zu gebratenem Fleisch oder zu einem sommerlichen Grillfest.

NÄHRWERTANGABEN			
Kilokalorien	858	Zucker	35 g
Eiweiß	11 g	Fett	64 g
Kohlenhydrate	64 g	davon gesättigt	8 g

1½ Std. — 10 Min.

4 Personen

ZUTATEN

- 2 große Salatköpfe
- 250 g Penne
- 1 EL Olivenöl extra vergine
- 8 rote Tafeläpfel
- Saft von 4 Zitronen
- 1 Bund Stangensellerie, in Scheiben geschnitten
- 125 g Walnusshälften
- 250 ml Knoblauchmayonnaise (s. Tipp)
- Salz

1 Die Salatblätter waschen, abtropfen lassen und mit Küchenpapier trockentupfen. 1 Stunde kalt stellen.

2 In der Zwischenzeit Salzwasser in einem großen Topf aufkochen. Die Nudeln darin mit Olivenöl bissfest kochen. Abgießen und unter fließendem kaltem Wasser abschrecken. Gründlich abtropfen lassen und beiseite stellen.

3 Die Äpfel entkernen, würfeln und in einer kleinen Schüssel mit Zitronensaft beträufeln.

1

3

4

4 Nudeln, Sellerie, Äpfel und Walnüsse mischen, mit der Knoblauchmayonnaise vermengen und mit Salz und Pfeffer abschmecken. Nach Wunsch mehr Mayonnaise zugeben.

5 Eine Salatschüssel mit den Salatblättern auslegen, den Nudelsalat hineingeben und servieren.

TIPP

Knoblauchmayonnaise: 2 Eigelb mit 1 Prise Salz und 6 zerdrückten Knoblauchzehen verrühren. Mit dem Schneebesen teelöffelweise 350 ml Olivenöl einrühren. Wenn 1/4 des Öls verarbeitet ist, 2 EL Weißweinessig einrühren. Restliches Öl in einem dünnen Strahl einrühren. 1 TL Senf zugeben und abschmecken.

Auberginensalat

Die sizilianische Vorspeise besticht durch das Aroma der süßsauren Sauce und die kräftige Struktur des Stangenselleries.

NÄHRWERTANGABEN

Kilokalorien	390	Zucker	15 g
Eiweiß	8 g	Fett	33 g
Kohlenhydrate	16 g	davon gesättigt	5 g

1 1/2 Std. | 25 Min.

4 Personen

ZUTATEN

- 1 kg Auberginen
- 3 EL Salz
- 6 EL Olivenöl extra vergine
- 1 kleine Zwiebel, fein gehackt
- 2 Knoblauchzehen, zerdrückt
- 6–8 Selleriestangen, in 1 cm dicke Scheiben geschnitten
- 2 EL Kapern
- 12–16 grüne Oliven, entsteint und in Scheiben geschnitten
- 2 EL Pinienkerne
- 25 g Zartbitterschokolade, gerieben
- 4 EL Weinessig
- 1 EL brauner Rohrzucker
- Salz und Pfeffer
- 2 Eier, hart gekocht und in Scheiben geschnitten, zum Servieren
- grüne Blätter vom Stangensellerie oder krause Endivienblätter, zum Garnieren

1 Auberginen in 2,5 cm große Würfel schneiden, nebeneinander in ein Sieb legen, mit dem Salz bestreuen und 1 Stunde ziehen lassen. Unter kaltem Wasser abspülen und trockentupfen.

2 Den Großteil des Öls in einer Pfanne erhitzen, die Auberginen darin von allen Seiten goldbraun braten, auf Küchenpapier abtropfen lassen und in eine Schüssel geben.

3 Zwiebel und Knoblauch mit dem restlichen Öl glasig dünsten. Sellerie zufügen und ein paar Minuten unter ständigem Rühren braten, bis das Gemüse leicht bräunt.

4 Selleriemischung, Kapern, Oliven und Pinienkerne zu den Auberginen geben und sorgfältig verrühren.

5 Schokolade, Essig und Zucker zum Bratensud in die Pfanne geben, vorsichtig erhitzen, bis die Schokolade schmilzt. Aufkochen, mit Salz und Pfeffer abschmecken, über den Salat geben und verrühren. Den Salat abdecken, abkühlen lassen und dann 1 Stunde in den Kühlschrank stellen.

6 Den Salat mit den Eiern und Selleriegrün oder krausen Endivienblättern garnieren.

2

4

5

Bruschetta mit Salat

Geröstetes Brot mit Kräutern, pfeffrigem Rucola, rotem Mangold, grünen Oliven und Pistazien – ein exquisiter Snack.

NAHRWERTANGABEN

Kilokalorien 256	Zucker ....3 g
Eiweiß ....4 g	Fett ....17 g
Kohlenhydrate ..23 g	davon gesättigt .3 g

25 Min. 10 Min.

4 Personen

ZUTATEN

- 1 EL Pistazien
- 5 EL Olivenöl extra vergine
- 1 EL frisch gehackter Rosmarin
- 2 Knoblauchzehen, zerdrückt
- 4 Scheiben Bauernbrot
- 1 EL Rotweinessig
- 1 TL körniger Senf
- 1 TL Zucker
- 50 g grüne Oliven, entsteint
- 25 g Rucola
- 25 g roter Mangold
- frisches Basilikum, in Streifen geschnitten

1 Die Pistazien schälen und mit einem scharfen Messer grob zerhacken.

2 Zunächst nur 2 Esslöffel des Olivenöls in einer Pfanne erhitzen und Rosmarin sowie Knoblauch darin 2 Minuten weich dünsten.

3 Das Brot in die Pfanne geben und von jeder Seite 2–3 Minuten goldbraun rösten. Dann aus der Pfanne nehmen und auf Küchenpapier abtropfen lassen.

4 Für das Dressing das restliche Olivenöl mit Essig, Senf und Zucker mischen.

1

3

4

5 Die Oliven je nach Größe halbieren oder vierteln. Die Brotscheiben auf Teller verteilen, mit Rucola und Mangold belegen und mit den Olivenstücken bestreuen.

6 Das Dressing über die Salatblätter träufeln. Pistazien und Basilikumstreifen zugeben und die fertigen Bruschettas sofort servieren.

TIPP

Falls kein roter Mangold erhältlich ist, kann eine in sehr feine Streifen geschnittene Tomate verwendet werden.

Nizzasalat mit Nudeln

Dies ist die italienische Variante des berühmten südfranzösischen Salates.

NÄHRWERTANGABEN

Kilokalorien 484	Zucker . . . . .5 g
Eiweiß . . . . .28 g	Fett . . . . .26 g
Kohlenhydrate . .35 g	davon gesättigt .4 g

45 Min. 30 Min.

4 Personen

ZUTATEN

- 350 g kleine Muschelnudeln
- 1 EL Olivenöl
- 125 g grüne Bohnen
- 50 g Sardellenfilets aus der Dose, abgetropft
- 2 EL Milch
- 2 kleine Salatköpfe
- 500 g Fleischtomaten
- 4 Eier, hart gekocht
- 250 g Thunfisch aus der Dose, abgetropft
- 125 g schwarze Oliven, entsteint

VINAIGRETTE

- 50 ml Olivenöl extra vergine
- 25 ml Weißweinessig
- 1 TL körniger Senf
- Salz und Pfeffer

1 Salzwasser in einem großen Topf aufkochen. Die Nudeln darin mit Olivenöl bissfest kochen. Abgießen und unter kaltem Wasser abschrecken.

2 Salzwasser in einem kleinen Topf aufkochen. Die Bohnen darin 10 Minuten bissfest kochen. Abgießen, in kaltem Wasser abschrecken, gründlich abtropfen lassen und beiseite stellen.

3 Die Sardellen in einer Schale mit der Milch bedecken und 10 Minuten stehen lassen. Die Salatblätter in große Stücke zupfen.

4 Die Tomaten 1–2 Minuten in sprudelndem Wasser blanchieren, dann abtropfen lassen, häuten und grob hacken. Die Eier schälen und vierteln. Den Thunfisch in Stücke teilen.

5 Sardellen und Nudeln abtropfen lassen. Alle Salatzutaten, Bohnen und Oliven in eine große Schüssel geben und vorsichtig vermengen.

6 Alle Zutaten für die Vinaigrette verquirlen und bis zur Verwendung kalt stellen. Die Vinaigrette erst kurz vor dem Servieren über den Salat geben.

3

3

4
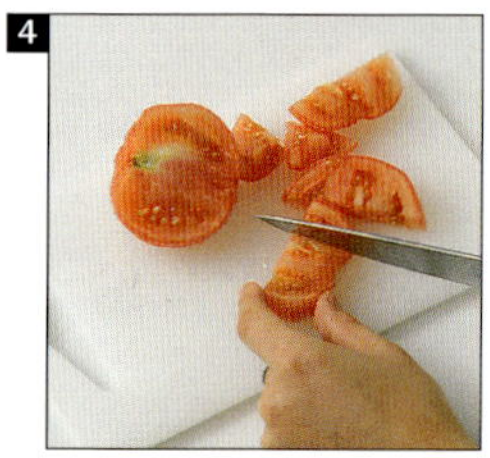

TIPP

Ein Dressing lässt sich sehr bequem in einem Schraubglas zubereiten. Füllen Sie alle Zutaten hinein, drehen das Glas fest zu, und schütteln Sie es, bis alle Zutaten gut vermischt sind. Reste lassen sich im Kühlschrank aufbewahren.

Bohnensalat mit Thunfisch

Die Kombination von Bohnen und Thunfisch ist in der Toscana sehr beliebt. Honig und Zitronensaft machen das Dressing so erfrischend.

NÄHRWERTANGABEN			
Kilokalorien	224	Zucker	4 g
Eiweiß	19 g	Fett	10 g
Kohlenhydrate	16 g	davon gesättigt	2 g

30 Min. keine

4 Personen

ZUTATEN

- 1 kleine weiße Zwiebel oder 2 Frühlingszwiebeln, fein gehackt
- 800 g Limabohnen aus der Dose, abgetropft
- 2 mittelgroße Tomaten
- 200 g Thunfisch im eigenen Saft aus der Dose, abgetropft
- 2 EL glatte Petersilie, frisch gehackt
- 2 EL Olivenöl extra vergine
- 1 EL Zitronensaft
- 2 TL klarer Honig
- 1 Knoblauchzehe, zerdrückt
- Salz und Pfeffer

1 Die Zwiebeln mit den Bohnen in eine Schüssel geben und gut vermengen.

2 Die Tomaten mit einem scharfen Messer in Streifen schneiden und mit der Bohnenmischung verrühren.

3 Den Thunfisch mit einer Gabel auflockern und zusammen mit der gehackten Petersilie ebenfalls unter die Bohnenmischung rühren.

4 Olivenöl, Zitronensaft, Honig und Knoblauch in ein kleines Glas mit Schraubverschluss geben und dieses so lange kräftig schütteln, bis ein dickflüssiges Dressing entsteht. Mit Salz und Pfeffer abschmecken.

5 Das fertige Dressing über den Bohnensalat gießen und gut unterheben.

VARIATION

Wenn es einmal etwas Besonders sein darf, ersetzen Sie den Thunfisch durch frisch pochierten Lachs.

Spinatsalat mit Hähnchenbrust

Frischer, zarter Spinat ist geschmackvoll und leicht und passt hervorragend zu Geflügelfleisch und Joghurtdressing.

NÄHRWERTANGABEN	
Kilokalorien 145	Zucker ....3 g
Eiweiß ....10 g	Fett ....10 g
Kohlenhydrate ...4 g	davon gesättigt .1 g

30 Min. — keine

4 Personen

ZUTATEN

- 50 g Champignons
- 100 g junger Spinat, geputzt
- 75 g Radicchio, zerkleinert
- 100 g gekochtes Hähnchenbrustfilet
- 50 g Parmaschinken
- 2 EL Olivenöl extra vergine
- fein geriebene Schale von 1/2 Orange
- Saft von 1 Orange
- 1 EL Naturjoghurt
- Salz und Pfeffer

1 Die Champignons mit einem feuchten Tuch sorgfältig reinigen.

2 Spinat und Radicchio in einer großen Salatschüssel mischen.

3 Die Champignons in dünne Scheiben schneiden und zu dem Salat in die Schüssel geben.

4 Hähnchenfleisch und Parmaschinken in feine Streifen reißen und ebenfalls in die Schüssel geben.

5 Für das Dressing Olivenöl, Orangenschale, Orangensaft und Joghurt in ein Schraubglas geben. Kräftig schütteln und dann mit Salz und Pfeffer abschmecken.

6 Das fertige Dressing über den Salat gießen, unterheben und sofort servieren.

2

4
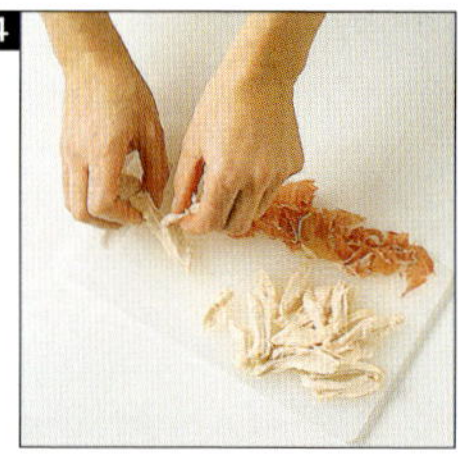

5

VARIATION

Die jungen Blätter von rohem Spinat sind eine wahre Delikatesse. Sie schmecken köstlich mit gebratenem Speck und Knoblauch-Croûtons.

Pennesalat mit Ziegenkäse

Dieser superbe Salat schmeckt sehr gut zu Fleischgerichten mit kräftigem Eigengeschmack, wie etwa gefülltem Rehrücken.

NÄHRWERTANGABEN

Kilokalorien 634	Zucker ....13 g
Eiweiß ....18 g	Fett ....51 g
Kohlenhydrate ..27 g	davon gesättigt 13 g

$1^1/_2$ Std. 15 Min.

4 Personen

ZUTATEN

- 250 g Penne
- 5 EL Olivenöl extra vergine
- 1 Radicchio, in Stücke gezupft
- 1 Kopfsalat, in Stücke gezupft
- 7 EL gehackte Walnüsse
- 2 reife Birnen, entkernt und gewürfelt
- 1 frischer Basilikumzweig
- 1 Bund Brunnenkresse, geputzt
- 2 EL Zitronensaft
- 3 EL Knoblauchessig
- Salz und Pfeffer
- 4 Tomaten, geviertelt
- 1 kleine Zwiebel, in Ringe geschnitten
- 1 große Karotte, gerieben
- 250 g Ziegenkäse, gewürfelt

2

2

3

1 Salzwasser in einem großen Topf aufkochen. Die Penne darin mit 1 Esslöffel Olivenöl bissfest kochen. Abgießen, dann unter fließendem kaltem Wasser abschrecken, abtropfen lassen und beiseite stellen.

2 Radicchio und Kopfsalat in einer großen Salatschüssel mischen. Nudeln, Walnüsse, Birnen, Basilikum und Brunnenkresse darüber geben.

3 Zitronensaft, das restliche Olivenöl, Essig sowie Salz und Pfeffer in einem Messbecher mischen. Über die Salatzutaten geben und gründlich vermengen.

4 Tomaten, Zwiebel, Karotte und Ziegenkäse zugeben und mit zwei Gabeln gründlich vermengen. Den Salat vor dem Servieren zum Durchziehen mindestens für 1 Stunde kalt stellen.

TIPP

Radiccio ist eine Chicorée-Art, die aus Italien kommt. Er hat einen leicht bitteren Geschmack.

Nudelsalat mit Roastbeef

Dieser Salat ist eine Hauptmahlzeit und eignet sich gut für ein Picknick im Freien *(al fresco)*, eventuell mit einer Flasche Rotwein.

NÄHRWERTANGABEN

Kilokalorien	575	Zucker	4 g
Eiweiß	31 g	Fett	33 g
Kohlenhydrate	44 g	davon gesättigt	9 g

15 Min. 30 Min.

4 Personen

ZUTATEN

500 g Rumpsteak oder Filetsteak am Stück
400 g Fusilli
5 EL Olivenöl
2 EL Limettensaft
2 EL thailändische Fischsauce (s. Tipp)
2 TL klarer Honig
4 Frühlingszwiebeln, in Scheiben geschnitten
1 Salatgurke, geschält und in 2 cm dicke Stücke geschnitten
3 Tomaten, in Spalten geschnitten
3 TL frisch gehackte Minze
Salz und Pfeffer

1 Das Steak salzen und pfeffern, dann 4 Minuten von jeder Seite grillen oder braten. 5 Minuten ruhen lassen, dann quer zur Faser dünn aufschneiden.

2 In der Zwischenzeit Salzwasser in einem großen Topf aufkochen. Die Fusilli darin mit 1 Esslöffel Öl bissfest kochen. Abgießen, in kaltem Wasser abschrecken und abtropfen lassen. Die Fusilli mit dem restlichen Öl vermengen.

3 Limettensaft, Fischsauce und Honig in einem kleinen Topf mischen und 2 Minuten bei mittlerer Hitze kochen.

4 Frühlingszwiebeln, Gurke, Tomaten und Minze hineingeben, dann das Steak zugeben und gut durchrühren. Mit Salz und Pfeffer abschmecken.

5 Die Fusilli auf einen großen vorgewärmten Servierteller geben und den Salat darauf anrichten. Warm oder kalt servieren.

1

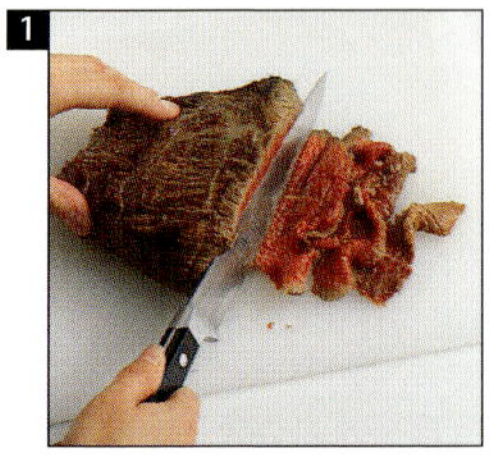
1

3

TIPP

Die auch als *Nam Pla* bekannte Fischsauce wird aus gesalzenen Sardellen hergestellt und ist recht intensiv, sollte von daher sparsam verwendet werden. Man erhält sie im asiatischen Lebensmittelgeschäft.

Champignonsalat

Rohe Champignons sind in Italien sehr beliebt. Sie liefern einen frischen, fast cremigen Geschmack.

NÄHRWERTANGABEN	
Kilokalorien 121	Zucker ....0,1 g
Eiweiß ....2 g	Fett ....13 g
Kohlenhydrate ..0,1 g	davon gesättigt .2 g

20 Min. keine

4 Personen

ZUTATEN

- 150 g feste weiße Champignons
- 4 EL Olivenöl extra vergine
- 1 EL Zitronensaft
- 5 Sardellenfilets aus der Dose, abgetropft und gehackt
- schwarzer Pfeffer
- 1 EL frischer Majoran, gezupft
- Salz

1 Die Champignons mit einem feuchten Tuch sorgfältig reinigen.

2 Mit einem scharfen Messer in Scheiben schneiden.

3 Olivenöl und Zitronensaft mischen, über die Champignons gießen und gut vermengen, damit alle Pilze von der Mischung bedeckt werden.

4 Die Sardellenstücke unterrühren, die Champignons mit Pfeffer abschmecken und mit Majoran garnieren.

5 Den fertigen Salat vor dem Servieren etwa 5 Minuten ruhen lassen, damit die Pilze das Dressing aufnehmen können. Erst kurz vor dem Servieren mit etwas Salz abschmecken (siehe Tipp).

2

3

5

TIPP

Den Salat erst kurz vor dem Servieren salzen, da Salz die Champignons schwarz verfärbt und sie schnell entwässert. Dadurch werden sie nicht nur unansehnlich, sondern verlieren auch an Aroma.

Italienischer Paprikasalat

Diesen Salat reicht man zu gegrilltem Fleisch oder mit italienischem Brot als köstliche Vorspeise.

NÄHRWERTANGABEN

Kilokalorien	150	Zucker	6 g
Eiweiß	4 g	Fett	12 g
Kohlenhydrate	7 g	davon gesättigt	1 g

30 Min. 30 Min.

4 Personen

ZUTATEN

- 2 rote Paprika, halbiert und entkernt
- 2 gelbe Paprika, halbiert und entkernt
- 3 EL Olivenöl extra vergine
- 1 Zwiebel, in Stücke geschnitten
- 2 große Zucchini, in Scheiben geschnitten
- 2 Knoblauchzehen, in Scheiben geschnitten
- 1 EL Balsamico-Essig
- 50 g Sardellenfilets aus der Dose, gehackt
- 25 g schwarze Oliven, entsteint und geviertelt
- Salz und Pfeffer
- frische Basilikumblätter

1 Paprika mit der Schnittfläche nach unten auf ein Backblech legen und bei 200 °C 10–12 Minuten grillen, bis die Haut leicht schwarz ist. Dann in einen Gefrierbeutel geben und darin abkühlen lassen.

2 Paprika aus dem Beutel nehmen, häuten und in breite Streifen schneiden.

3 Das Öl in einer Bratpfanne erhitzen, Zwiebel darin 10 Minuten glasig dünsten. Zucchini, Knoblauch und Paprika zufügen und 10 Minuten garen, dabei gelegentlich umrühren.

4 Dann Essig, Sardellenfilets und Oliven in die Pfanne geben, mit Salz und Pfeffer abschmecken, verrühren und abkühlen lassen.

5 Ein paar Basilikumblätter beiseite legen, die anderen in kleine Stücke zupfen und unter den Salat rühren.

6 Den Salat in eine Servierschüssel geben und mit Basilikumblättern garnieren.

1

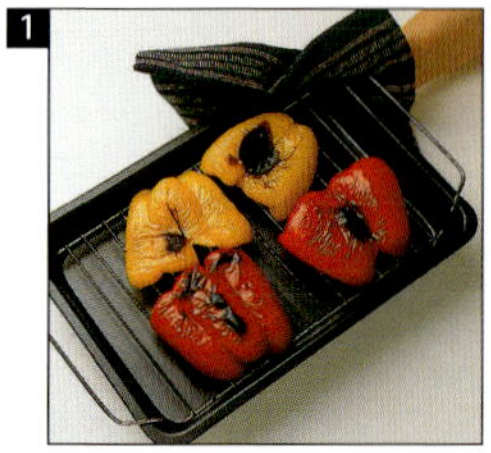

2

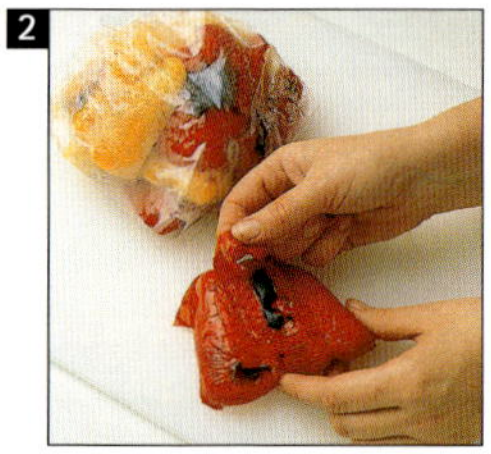

4

TIPP

Balsamico-Essig stammt aus der Region um Modena. Aufgrund seines weichen Aromas passt er hervorragend zu mediterranen Salaten. Notfalls können Sie ihn auch durch Sherry- oder Weißweinessig ersetzen.

Linsen-Thunfisch-Salat

Hier werden Linsen, frischer Koriander, Zitronensaft und Thunfisch zu einem köstlichen und sättigenden Salat kombiniert.

NÄHRWERTANGABEN

Kilokalorien 227	Zucker . . . . .2 g
Eiweiß . . . . .19 g	Fett . . . . .9 g
Kohlenhydrate . .19 g	davon gesättigt .1 g

25 Min.

keine

4 Personen

ZUTATEN

- 2 reife Tomaten
- 1 kleine rote Zwiebel
- 3 EL Olivenöl extra vergine
- 1 EL Zitronensaft
- 1 TL körniger Senf
- 1 Knoblauchzehe, zerdrückt
- 1/2 TL gemahlener Kreuzkümmel
- 1/2 TL gemahlener Koriander
- 400 g Linsen aus der Dose, abgetropft
- 200 g Thunfisch aus der Dose, abgetropft
- 2 EL frisch gehackter Koriander
- frisch gemahlener schwarzer Pfeffer

1

3

4

1 Die Tomaten entkernen und fein würfeln.

2 Die Zwiebel fein hacken.

3 Für das Dressing Olivenöl, Zitronensaft, Senf, Knoblauch, Kreuzkümmel und Koriander in einer kleinen Schüssel mischen.

4 Zwiebel, Tomaten und Linsen in einer großen Schüssel vermengen.

5 Den Thunfisch mit einer Gabel auseinander zupfen und unter die Linsen mischen. Den Koriander zugeben und verrühren.

6 Das Dressing über den Salat gießen und gut unterrühren. Den fertigen Salat mit dem frisch gemahlenen Pfeffer abschmecken und sofort servieren.

TIPP

Getrocknete Linsen müssen vor dem Verzehr eingeweicht und gekocht werden. Linsen aus der Dose können nach dem Abtropfen sofort verarbeitet werden.

Nudelsalat mit pikanter Wurst

Ein warmes Pasta-Wurst-Dressing auf einem Bett aus knackigen gekühlten Salatblättern – eine wunderbare und kontrastreiche Vorspeise.

NÄHRWERTANGABEN

Kilokalorien	383	Zucker	2 g
Eiweiß	11 g	Fett	28 g
Kohlenhydrate	20 g	davon gesättigt	1 g

15 Min. 25 Min.

4 Personen

ZUTATEN

150 g kleine Nudeln
3 EL Olivenöl extra vergine
1 mittelgroße Zwiebel, gehackt
2 Knoblauchzehen, zerdrückt
1 kleine gelbe Paprika, entkernt und in feine Streifen geschnitten
200 g pikante Wurst, z. B. Chorizo oder Salami, gehäutet und in Scheiben geschnitten
2 EL Rotwein
1 EL Rotweinessig
gemischte Salatblätter

1 Salzwasser in einem großen Topf aufkochen. Die Nudeln darin mit 1 Esslöffel Olivenöl bissfest kochen. Abgießen, unter fließendem kaltem Wasser abschrecken und erneut abgießen.

2 Das restliche Olivenöl in einem Topf erhitzen, die Zwiebel zugeben und bei schwacher Hitze glasig dünsten. Knoblauch, Paprika und Wurstscheiben zugeben und 3–4 Minuten dünsten, dabei gelegentlich umrühren.

3 Wein, Essig und Nudeln zugeben, gut verrühren und kurz aufkochen.

4 Die gekühlten Salatblätter auf Tellern anrichten, die Nudelmischung darüber geben und sofort servieren.

VARIATION

Versuchen Sie es auch einmal mit italienischer Pepperoni – eine pikante Hartwurst mit Chili und Fenchel – oder einer der vielen Salamisorten, die meistens mit Knoblauch und Pfeffer gewürzt werden.

Insalata Caprese

Dieser Salat aus Tomaten, Oliven und Mozzarella wird mit einem Dressing aus Balsamico-Essig und Olivenöl verfeinert. Eine köstliche Vorspeise.

NÄHRWERTANGABEN

Kilokalorien 95	Zucker ....3 g
Eiweiß ....3 g	Fett ....8 g
Kohlenhydrate ...3 g	davon gesättigt .3 g

20 Min. — 3–5 Min.

4 Personen

ZUTATEN

- 4 Fleischtomaten
- 125 g Mozzarella
- 12 schwarze Oliven
- 8 große Basilikumblätter
- 1 EL Balsamico-Essig
- 1 EL Olivenöl extra vergine
- Salz und Pfeffer
- frisches Basilikum, zum Garnieren

1 Die Tomaten mit einem scharfen Messer in Scheiben schneiden.

2 Den Mozzarella in Scheiben schneiden.

3 Die Oliven entsteinen und in Ringe schneiden.

4 Tomaten, Mozzarellascheiben, Oliven und Basilikumblätter zu 4 oder 8 Türmchen aufschichten, dabei jeweils mit einer Mozzarellaschicht abschließen.

5 Die fertigen Stapel 2–3 Minuten unter einen vorgeheizten Grill stellen, bis der Käse geschmolzen ist.

1
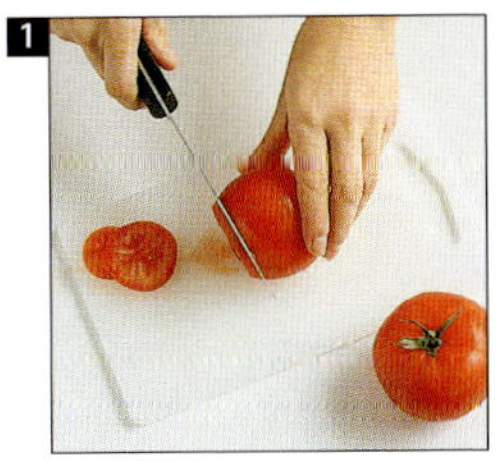

2
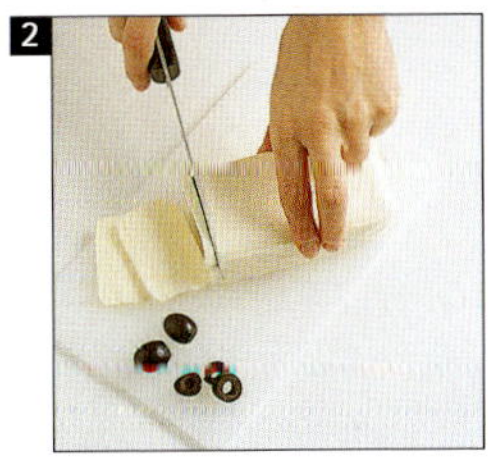

5

6 Essig und Olivenöl über die Gemüsetürmchen träufeln und diese mit Salz und Pfeffer würzen.

7 Die Tomatentürmchen auf Teller verteilen, mit Basilikum garnieren und sofort servieren.

TIPP

Etwas geschmackvoller als der weit verbreitete, aus Kuhmilch hergestellte Mozzarella ist der traditionelle, jedoch teure Büffelmozzarella. Er wird vor allem für Sa
aromatische Gratins ve

Ziegenkäsesalat

Die Oliven-Vinaigrette und die bitteren Salatblätter verleihen dieser schnellen Zwischenmahlzeit die besondere Würze.

NÄHRWERTANGABEN

Kilokalorien 362	Zucker ....3 g
Eiweiß ....14 g	Fett ....22 g
Kohlenhydrate ..29 g	davon gesättigt .10 g

30 Min. 5–6 Min.

4 Personen

ZUTATEN

- 3 EL Olivenöl extra vergine
- 1 EL Weißweinessig
- 1 TL Olivenpaste (aus schwarzen Oliven)
- 1 Knoblauchzehe, zerdrückt
- 1 TL frischer Thymian, gehackt
- 1 Ciabatta
- 4 kleine Tomaten, in Scheiben geschnitten
- 12 frische Basilikumblätter
- 250 g fester Ziegenkäse
- Salatblätter, zum Servieren
- frische Basilikumzweige, zum Garnieren

1 Öl, Essig, Olivenpaste, Knoblauch und Thymian in einer kleinen Schüssel sorgfältig verrühren.

2 Das Ciabatta waagerecht und dann senkrecht halbieren, sodass 4 Stücke entstehen.

TIPP

Ziegenkäse ist in unterschiedlichen Reifegraden erhältlich – von frisch und sahnig bis kräftig und würzig. Frischer Ziegenkäse sollte im Gegensatz zu den reiferen Sorten innerhalb von 2 Tagen verzehrt werden.

3 Die Brotstücke mit etwas Dressing beträufeln, dann mit Tomaten und Basilikumblättern belegen.

4 Den Ziegenkäse in 12 Scheiben schneiden und je 3 Scheiben auf die Ciabatta-Stücke legen.

5 Den Käse mit etwas Dressing bestreichen und die Brote im vorgeheizten Ofen bei 230 °C 5–6 Minuten überbacken, bis sie an den Rändern goldbraun werden.

6 Die Brotstücke halbieren. Die Salatblätter auf Serviertellern arrangieren, das Brot darauf geben, mit dem restlichen Dressing beträufeln und mit frischen Basilikumzweigen garnieren.

2
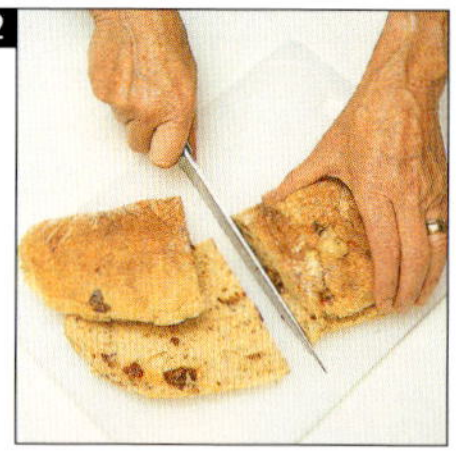

3

4
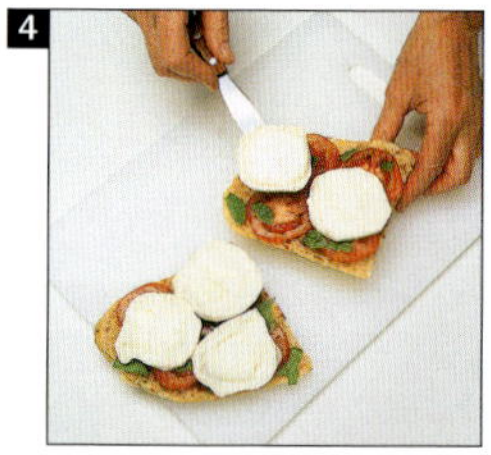

Nuss-Nudel-Salat mit Käse

Wählen Sie Salatblätter unterschiedlicher Textur und Farbe, die den Salat geschmacklich und optisch aufwerten.

NÄHRWERTANGABEN

Kilokalorien 694	Zucker ....1 g
Eiweiß ....22 g	Fett ....57 g
Kohlenhydrate ..24 g	davon gesättigt 15 g

15 Min. — 15–20 Min.

4 Personen

ZUTATEN

- 250 g Muschelnudeln
- 1 EL Olivenöl
- 125 g Walnusshälften
- gemischte Salatblätter, z. B. Radicchio, Endivie, Rucola, Feld- und Friséesalat
- 250 g Dolcelatte, zerkrümelt
- Salz

DRESSING

- 2 EL Walnussöl
- 4 EL Olivenöl extra vergine
- 2 EL Rotweinessig
- Salz und Pfeffer

1 Salzwasser in einem großen Topf aufkochen. Die Nudeln darin mit dem Olivenöl bissfest kochen. Abgießen, unter fließendem kaltem Wasser abschrecken, abtropfen lassen und beiseite stellen.

2 Die Walnusshälften auf einem Backblech ausbreiten und 2–3 Minuten unter dem Backofengrill rösten. Zum Abkühlen beiseite stellen.

3 Für das Dressing die Öle und den Essig in einer kleinen Schüssel verrühren und mit Salz und Pfeffer abschmecken.

2

3

3

4 Die Salatblätter in einer großen Servierschüssel anrichten. Die abgekühlten Nudeln in die Mitte geben und mit Dolcelatte bestreuen. Das Dressing über den Nudelsalat geben, mit Walnüssen bestreuen und vermengen. Sofort servieren.

TIPP

Dolcelatte ist ein halbfester Blauschimmelkäse aus Italien. Er hat eine cremige und geschmeidige Konsistenz und einen feinen, aber pikanten Geschmack. Man kann ihn durch Roquefort ersetzen. Der Käse sollte aber auf jeden Fall von bester Qualität und Frische sein.

Artischocken-Schinken-Salat

Reichen Sie zu dieser erlesenen Vorspeise ofenfrisches Brot, mit dem man das aromatische Dressing aufnehmen kann.

NÄHRWERTANGABEN

Kilokalorien	124	Zucker	2 g
Eiweiß	2 g	Fett	11 g
Kohlenhydrate	4 g	davon gesättigt	1 g

25 Min. keine

4 Personen

ZUTATEN

- 300 g Artischockenböden in Öl, abgetropft
- 4 kleine Tomaten
- 2 sonnengetrocknete Tomaten in Öl, abgetropft
- 40 g Parmaschinken
- 25 g schwarze Oliven, entsteint und halbiert
- ein paar Basilikumblätter

DRESSING

- 3 EL Olivenöl extra vergine
- 1 EL Weißweinessig
- 1 Knoblauchzehe, zerdrückt
- 1/2 TL milder Senf
- 1 TL Honig
- Salz und Pfeffer

TIPP

Falls Sie keine in Öl eingelegten Artischockenböden bekommen können, nehmen Sie Artischockenböden aus der Dose – lassen Sie sie vor der Zubereitung sorgfältig abtropfen.

1

3

5

1 Die Artischockenböden mit Küchenpapier trockentupfen, vierteln und in eine Schüssel geben.

2 Die frischen Tomaten in Stücke und die getrockneten Tomaten in dünne Streifen schneiden. Den Schinken in dünne Streifen schneiden, dann mit den Tomaten und Oliven zu den Artischocken geben.

3 Ein paar Basilikumblätter zum Garnieren beiseite legen, die anderen in kleine Stücke zupfen und unter den Salat rühren.

4 Für das Dressing alle Zutaten in ein Glas mit Schraubverschluss geben und kräftig schütteln.

5 Das Dressing über den Salat geben und verrühren.

6 Den Salat mit den beiseite gelegten Basilikumblättern garnieren.

Thunfisch-Sardellen-Salat

Dieser Salat lässt sich gut mit anderen Antipasti kombinieren oder mit frischem Knoblauchbrot als leichte Sommermahlzeit servieren.

NÄHRWERTANGABEN

Kilokalorien	397	Zucker	8 g
Eiweiß	23 g	Fett	30 g
Kohlenhydrate	10 g	davon gesättigt	4 g

35 Min.

keine

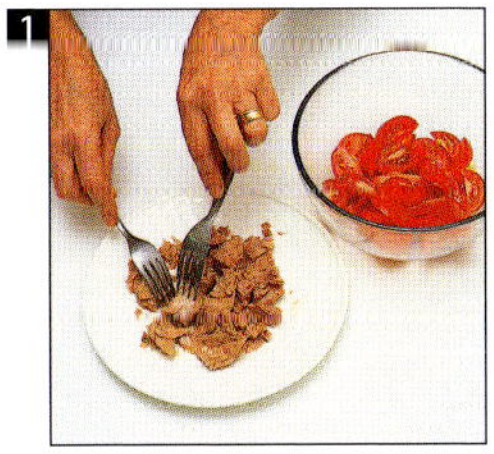

4 Personen

ZUTATEN

- 500 g Tomaten
- 200 g Thunfisch aus der Dose, abgetropft
- 2 EL frisch gehackte Petersilie
- 1/2 Salatgurke
- 1 kleine rote Zwiebel, in Ringe geschnitten
- 250 g grüne Bohnen, gekocht
- 1 kleine rote Paprika, entkernt
- 1 kleiner Kopfsalat
- 6 EL italienisches Dressing, Fertigprodukt
- 3 Eier, hart gekocht
- 60 g Sardellenfilets aus der Dose, abgetropft
- 12 schwarze Oliven, entsteint

1 Tomaten in Stücke schneiden, Thunfisch mit einer Gabel zerteilen und mit der Petersilie in eine Schüssel geben.

2 Salatgurke der Länge nach halbieren, in Scheiben schneiden und mit den Zwiebelringen in die Schüssel geben.

3 Die Bohnen halbieren, Paprika hacken und mit den Salatblättern auf eine Servierplatte oder -schale geben. Das Dressing darüber träufeln, sorgfältig mischen und in eine Salatschüssel geben. Die Eier vierteln und mit den Sardellenfilets und den Oliven auf den Salat legen.

Fusilli-Salat mit Mozzarella

Tomaten und Mozzarella, eine klassische Kombination, werden hier mit Avocado und Pasta zu einem erlesenen Salat zusammengestellt.

NÄHRWERTANGABEN

Kilokalorien	541	Zucker	5 g
Eiweiß	12 g	Fett	43 g
Kohlenhydrate	29 g	davon gesättigt	10 g

15 Min. 15 Min.

4 Personen

ZUTATEN

- 2 EL Pinienkerne
- 200 g Fusilli
- 1 EL Olivenöl
- 6 Tomaten
- 250 g Mozzarella
- 1 große Avocado
- 2 EL Zitronensaft
- 3 EL frisch gehacktes Basilikum
- Salz und Pfeffer
- frisches Basilikum, zum Garnieren

DRESSING

- 6 EL Olivenöl extra vergine
- 2 EL Weißweinessig
- 1 EL grobkörniger Senf
- 1 Prise Zucker
- Salz und Pfeffer

1 Die Pinienkerne auf ein Backblech streuen und unter dem vorgeheizten Grill 1–2 Minuten goldbraun rösten und gut abkühlen lassen.

2 Salzwasser in einem großen Topf aufkochen. Fusilli darin mit Olivenöl bissfest kochen. Abgießen, unter kaltem Wasser abschrecken und erneut abgießen.

3

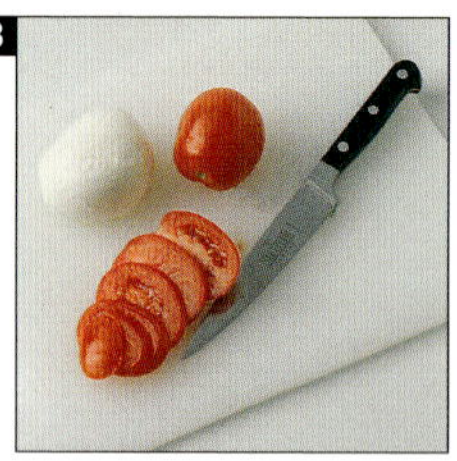

4

5

3 Tomaten und Mozzarella in dünne Scheiben schneiden.

4 Die Avocado halbieren, schälen und den Stein entfernen. Der Länge nach in dünne Scheiben schneiden und mit dem Zitronensaft beträufeln, damit das Fruchtfleisch sich nicht verfärbt.

5 Für das Dressing Öl, Essig, Senf und Zucker verrühren und mit Salz und Pfeffer abschmecken.

6 Abwechselnd Tomaten, Mozzarella und Avocado fächerförmig auf einer Servierplatte anrichten.

7 Die Fusilli mit der Hälfte des Dressings und dem gehackten Basilikum gut vermischen und mit Salz und Pfeffer abschmecken. Die Pasta in die Mitte der Servierplatte geben und mit dem restlichen Dressing übergießen. Mit den gerösteten Pinienkernen bestreuen, mit frischem Basilikum garnieren und sofort servieren.

Pesto-Nudel-Salat

Sonnengetrocknete Tomaten und Oliven verleihen diesem köstlichen Salat sein „sonniges" Aroma.

NÄHRWERTANGABEN

Kilokalorien	275	Zucker	2 g
Eiweiß	9 g	Fett	19 g
Kohlenhydrate	17 g	davon gesättigt	4 g

35–40 Min. 15 Min.

6 Personen

ZUTATEN

250 g Spiralnudeln
1 EL Olivenöl
4 Tomaten, gehäutet
60 g schwarze Oliven
2 sonnengetrocknete Tomaten
2 EL Pinienkerne, geröstet
2 EL frisch geriebener Parmesan
1 frischer Basilikumzweig, zum Garnieren

PESTO-VINAIGRETTE

4 EL frisches Basilikum, gehackt
1 Knoblauchzehe, zerdrückt
2 EL frisch geriebener Parmesan
4 EL Olivenöl extra vergine
2 EL Zitronensaft
Salz und frisch gemahlener Pfeffer

3

4

5

1 Salzwasser in einem großen Topf aufkochen. Die Nudeln darin mit dem Olivenöl bissfest kochen. Abtropfen lassen.

2 Für die Vinaigrette alle Zutaten sorgfältig verrühren.

3 Die Nudeln in eine Schüssel geben, die Pesto-Vinaigrette darüber geben und sorgfältig mischen.

4 Die Tomaten in Stücke schneiden, die Oliven halbieren und entsteinen und die getrockneten Tomaten in Streifen schneiden.

5 Tomaten, Oliven und sonnengetrocknete Tomaten zu den Nudeln geben und mischen.

6 Den Salat in eine Servierschale geben, mit Pinienkernen und Parmesan bestreuen, mit frischem Basilikum garnieren und warm oder kalt servieren.

Artischockensalat

Für diesen Salat verwenden Sie am besten in Öl eingelegte Artischocken, die ein feineres Aroma besitzen als Artischocken aus der Dose.

NÄHRWERTANGABEN

Kilokalorien 139	Zucker ....4 g
Eiweiß ....2 g	Fett ....12 g
Kohlenhydrate ...6 g	davon gesättigt .1 g

30 Min. — keine

4 Personen

ZUTATEN

- 250 g Artischockenböden in Öl, abgetropft
- 4 kleine Tomaten
- 2 sonnengetrocknete Tomaten, in Streifen geschnitten
- 25 g schwarze Oliven, halbiert und entsteint
- 25 g Parmaschinken, in Streifen geschnitten
- 1 EL frisch gehacktes Basilikum

DRESSING

- 3 EL Olivenöl extra vergine
- 1 EL Weinessig
- 1 kleine Knoblauchzehe, zerdrückt
- 1/2 TL Senf
- 1 TL Honig
- Salz und Pfeffer

1 Die Artischockenböden mit Küchenpapier trockentupfen, dann vierteln und in eine Schüssel geben.

2 Tomaten sechsteln und mit getrockneten Tomaten, Oliven und Parmaschinken zu den Artischocken geben.

3 Für das Dressing alle Zutaten in einem Glas mit Schraubverschluss sorgfältig mischen.

1

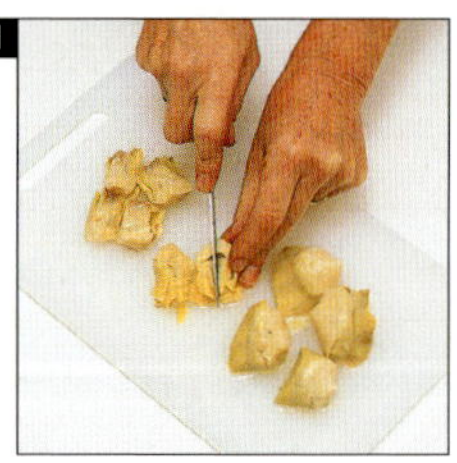

2

4

4 Das Dressing über den Salat träufeln und vorsichtig verrühren. Dann den Salat auf Servierteller geben und mit Basilikum bestreuen.

Spinat-Mozzarella-Salat

Dieser farbenfrohe und leicht zuzubereitende Salat steckt voll köstlicher Aromen.

NÄHRWERTANGABEN

Kilokalorien 79	Zucker ....2 g
Eiweiß ....4 g	Fett ....6 g
Kohlenhydrate ...2 g	davon gesättigt .2 g

20 Min. keine

6 Personen

ZUTATEN

- 200 g junger Spinat
- 125 g Brunnenkresse
- 125 g Mozzarella
- 250 g Kirschtomaten
- 2 TL Balsamico-Essig
- 2 EL Olivenöl extra vergine
- Salz und Pfeffer

1 Spinat und Brunnenkresse waschen (harte Stiele entfernen) und abtropfen lassen. Dann in eine große Servierschüssel geben.

2 Mozzarella in kleine Stücke schneiden und über den Spinat geben.

3 Die Kirschtomaten halbieren und ebenfalls in die Schüssel geben.

4 Den Salat mit Balsamico-Essig und Öl beträufeln, mit Salz und Pfeffer abschmecken, sorgfältig mischen und sofort servieren oder bis zur Verwendung in den Kühlschrank stellen.

1

2

3

Pasta

Nudeln lassen sich schnell zubereiten, sind nahrhaft und unglaublich vielfältig. Daher zählen sie zu den beliebtesten Gerichten der italienischen Küche und werden mit Fleisch-, Fisch- oder Gemüsesaucen kombiniert oder im Ofen überbacken serviert. Fast jeder kennt die klassische Bolognese-Sauce – und trotzdem findet man fast so viele Versionen dieser regionalen Spezialität wie Fans der italienischen Küche! Auch den mit Fisch und Meeresfrüchten zubereiteten Pasta-Gerichten kann kaum jemand widerstehen. Und Nudeln in Kombination mit frischem Gemüse lassen nicht nur Vegetariern das Wasser im Mund zusammenlaufen. Das folgende Kapitel enthält zahllose Rezepte – einfache und preiswerte Alltagsgerichte ebenso wie Speisen für besondere Gelegenheiten.

Pasta Carbonara

Diese klassische Sauce wird aus der typisch italienischen Pancetta, frischen Eiern und Parmesan zubereitet.

NÄHRWERTANGABEN

Kilokalorien	547	Zucker	1 g
Eiweiß	21 g	Fett	31 g
Kohlenhydrate	49 g	davon gesättigt	14 g

15 Min. 20 Min.

4 Personen

ZUTATEN

1 EL Olivenöl

2 EL Butter

100 g Pancetta oder ungeräucherter Speck, gewürfelt

3 Eier, verquirlt

2 EL Milch

1 EL Thymianblätter

Salz und Pfeffer

700 g Conchiglioni rigati

50 g frisch geriebener Parmesan

1 Öl und Butter in einer großen Bratpfanne erhitzen, bis die Mischung zu schäumen beginnt.

2 Pancetta zufügen und 5 Minuten von allen Seiten bräunen.

3 Eier und Milch in einer kleinen Schüssel mischen, Thymian unterrühren und mit Salz und Pfeffer abschmecken.

4 Die Nudeln in Salzwasser mit etwas Olivenöl 8–10 Minuten bissfest kochen, dann abtropfen lassen.

5 Die Nudeln mit der Eimischung zur Pancetta geben und bei starker Hitze ca. 30 Sekunden garen, bis die Eier gerade fest werden.

6 Die Hälfte des geriebenen Parmesans unterrühren.

7 Die Nudeln mit der Sauce in eine Servierschüssel geben.

8 Den restlichen Parmesan über die Nudeln streuen und sofort servieren.

2

3

5

VARIATION

Für eine besonders sahnige Carbonara-Sauce 4 Esslöffel Crème double bei Schritt 3 zu den Eiern und der Milch geben.

Spaghetti alla Bolognese

Die klassische Bolognese-Sauce erfordert im Gegensatz zu dem hier vorgestellten Rezept eine Zubereitungszeit von vier Stunden.

NÄHRWERTANGABEN

Kilokalorien	591	Zucker	7 g
Eiweiß	29 g	Fett	24 g
Kohlenhydrate	64 g	davon gesättigt	9 g

20 Min 65 Min.

4 Personen

ZUTATEN

1 EL Olivenöl
1 Zwiebel, fein gehackt
2 Knoblauchzehen, zerdrückt
1 Karotte, geputzt und gehackt
1 Selleriestange, gehackt
50 g Pancetta oder durchwachsener Speck, gewürfelt
350 g Rinderhack
400 g gehackte Tomaten aus der Dose
2 TL getrockneter Oregano
125 ml Rotwein
2 EL Tomatenmark
Salz und Pfeffer
700 g frische Spaghetti oder
500 g getrocknete Spaghetti

1 Das Öl in einer Bratpfanne erhitzen und die Zwiebel darin 3 Minuten glasig dünsten.

2 Knoblauch, Karotte, Sellerie und Pancetta zufügen und 3–4 Minuten anbraten, bis sie hellbraun sind.

3 Das Rinderhack zugeben und bei starker Hitze weitere 3 Minuten braten, bis das Fleisch braun ist.

4 Tomaten, Oregano und Rotwein unterrühren und aufkochen. Die Temperatur reduzieren und ca. 45 Minuten köcheln.

5 Tomatenmark unterrühren und mit Salz und Pfeffer abschmecken.

6 Die Nudeln mit etwas Olivenöl in Salzwasser bissfest kochen.

7 Die Spaghetti in eine Servierschüssel geben, die Bolognese-Sauce darüber geben, mischen und sofort servieren.

VARIATION

Nach Wunsch 3 EL getrocknete Steinpilze 10 Minuten in 2 Esslöffel warmem Wasser einweichen und bei Schritt 4 zur Bolognese-Sauce geben.

Geflügel-Lasagne

Alternativ zur klassischen Lasagne wird hier Rinderhack durch in Rotwein gegartes Hühnerfleisch ersetzt.

NÄHRWERTANGABEN

Kilokalorien	550	Zucker	11 g
Eiweiß	35 g	Fett	29 g
Kohlenhydrate	34 g	davon gesättigt	12 g

20 Min. 1¼ Std.

4 Personen

ZUTATEN

- 350 g frische oder 150 g getrocknete Lasagne (ca. 9 Platten)
- 1 EL Olivenöl
- 1 rote Zwiebel, fein gehackt
- 1 Knoblauchzehe, zerdrückt
- 100 g Champignons, geputzt und in Scheiben geschnitten
- 350 g Hähnchen- oder Putenbrustfilet, gewürfelt
- 150 ml Rotwein, mit 100 ml Wasser vermischt
- 250 g Passata (passierte Tomaten)
- 1 TL Zucker

BÉCHAMEL-SAUCE

- 4 EL Butter
- 3 EL Mehl
- 600 ml Milch
- 1 Ei, verquirlt
- 75 g frisch geriebener Parmesan
- Salz und Pfeffer

1

2

3

1 Getrocknete Lasagneplatten vorkochen.

2 Das Öl in einer Pfanne erhitzen. Die Zwiebel und den Knoblauch darin ca. 3 Minuten andünsten. Champignons und Geflügel zufügen und etwa 4 Minuten anbraten, bis das Fleisch von allen Seiten gebräunt ist.

3 Mit Wein ablöschen und aufkochen. Die Hitze reduzieren und 5 Minuten köcheln. Dann Passata und Zucker zugeben und weitere 3–5 Minuten kochen, bis das Fleisch gar ist.

4 Für die Béchamel-Sauce die Butter in einem Topf zerlassen, das Mehl einrühren und 2 Minuten anschwitzen. Dann den Topf vom Herd nehmen und nach und nach die Milch einrühren, bis eine glatte Sauce entsteht. Diese wieder auf den Herd stellen und unter Rühren kochen, bis sie eindickt. Abkühlen lassen. Dann das Ei und die Hälfte des Parmesans einrühren. Die Sauce mit Salz und Pfeffer abschmecken.

5 Eine eingefettete Auflaufform mit 3 Lasagneplatten auslegen und mit der Hälfte der Geflügelmischung bedecken. Wiederholen und die letzte Geflügelschicht mit den letzten 3 Platten bedecken. Diese mit der Sauce übergießen und mit Parmesan bestreuen. Die Lasagne in einen auf 190 °C vorgeheizten Ofen geben und 30 Minuten goldbraun backen.

Cannelloni mit Ricotta

Für frische Cannelloni belegt man die Teigquadrate mit der Spinat-Ricotta-Mischung, bevor man sie aufrollt.

2

3

4

NAHRWERTANGABEN

Kilokalorien	312	Zucker	6 g
Eiweiß	15 g	Fett	15 g
Kohlenhydrate	38 g	davon gesättigt	8 g

50 Min. 30 Min.

4 Personen

ZUTATEN

- 20 getrocknete Cannelloni (ca. 200 g) oder 20 zu dünnen Rechtecken ausgerollte frische Pastaplatten (ca. 350 g)
- 1 TL Öl (für getrocknete Pasta)
- 250 g Ricotta
- 150 g Spinat, Tiefkühlware aufgetaut
- 1/2 kleine rote Paprika, gewürfelt
- 2 Frühlingszwiebeln, gehackt
- Salz und Pfeffer
- 150 ml Gemüse- oder Hühnerbrühe, erhitzt
- 1 Portion Basilikum-Tomaten-Sauce (Fertigprodukt)
- 50 g frisch geriebener Pecorino

1 Getrocknete Cannelloni müssen unter Umständen vorgekocht werden. Falls die Packungsanleitung dies vorschreibt, Salzwasser in einem großen Topf aufkochen, 1 Teelöffel Öl zufügen und die Pasta am besten portionsweise darin 3–4 Minuten kochen.

2 Ricotta, Spinat, Paprika und Frühlingszwiebeln in einer Schüssel mischen und mit Salz und Pfeffer abschmecken.

3 Eine große Auflaufform leicht einfetten. Die Cannelloni mit der Ricottamischung füllen und in die Form geben. Frische Pastaplatten an einem Ende mit einem Teil der Ricottamischung belegen und zum anderen Ende hin aufrollen.

4 Die Brühe mit der Basilikum-Tomaten-Sauce mischen und über die Cannelloni gießen.

5 Anschließend mit dem Käse bestreuen und in einem auf 190 °C vorgeheizten Ofen 20–25 Minuten goldbraun backen, bis die Nudeln gar sind.

VARIATION

Das Gericht wird cremiger, wenn die Basilikum-Tomaten-Sauce durch Béchamel-Sauce ersetzt wird.

Tagliatelle mit Geflügelsauce

Unwiderstehlich gut: die Kombination von grünen Bandnudeln mit einer gehaltvollen Tomatensauce und einer sahnigen Hähnchensauce.

NÄHRWERTANGABEN

Kilokalorien 853	Zucker ....6 g
Eiweiß ....32 g	Fett ....71 g
Kohlenhydrate ..23 g	davon gesättigt 34 g

30 Min. 25 Min.

4 Personen

ZUTATEN

1 Portion Tomatensauce (s. S. 28)

GEFLÜGELSAUCE

60 g Butter

400 g Hähnchenbrustfilet, in dünne Streifen geschnitten

100 g Mandeln, abgezogen

300 g Sahne

Salz und Pfeffer

AUSSERDEM

250 g frische grüne Tagliatelle

1 EL Olivenöl

frische Basilikumblätter, zum Garnieren

1

2

3

1 Die Tomatensauce nach Anleitung zubereiten und warm stellen.

2 Für die Geflügelsauce die Butter in einer Pfanne zerlassen und Hähnchen und Mandeln 5–6 Minuten pfannenrühren, bis das Fleisch gar ist.

3 Die Sahne in einem Topf aufkochen und bei schwacher Hitze etwa 10 Minuten auf die Hälfte reduzieren. Über Hähnchen und Mandeln geben, durchrühren und mit Salz und Pfeffer abschmecken. Warm stellen.

4 Tagliatelle mit Olivenöl in Salzwasser bissfest kochen. Abgießen und in eine vorgewärmte Schüssel geben. Mit der Tomatensauce übergießen und die Geflügelsauce darauf anrichten. Mit Basilikumblättern garnieren und servieren.

Geschichteter Hackbraten

Die Füllung dieser Pastete wartet beim Aufschneiden gleich mit mehreren Überraschungen auf.

NÄHRWERTANGABEN

Kilokalorien	457	Zucker	4 g
Eiweiß	26 g	Fett	37 g
Kohlenhydrate	16 g	davon gesättigt	16 g

45 Min. 1 1/4 Std.

6 Personen

ZUTATEN

- 1 EL Butter und etwas Butter zum Einfetten
- 1 kleine Zwiebel, fein gehackt
- 1 kleine rote Paprika, entkernt und gehackt
- 1 Knoblauchzehe, zerdrückt
- 500 g Rinderhack
- 3 EL Semmelbrösel
- 1/2 TL Cayennepfeffer
- 1 EL Zitronensaft
- 1/2 TL geriebene Zitronenschale
- 2 EL frisch gehackte Petersilie
- Salz und Pfeffer
- 100 g kurze Nudeln, z. B. Fusilli
- 1 EL Olivenöl
- 250 ml Käsesauce (s. S. 29)
- 4 Lorbeerblätter
- 150 g durchwachsener Speck ohne Schwarte
- Salatblätter, zum Garnieren

1 Den Backofen auf 180 °C vorheizen. Die Butter in einem Topf zerlassen, Zwiebel und Paprika 3 Minuten anbraten. Den Knoblauch 1 Minute andünsten.

2 Das Fleisch mit einem Holzlöffel zu einer klebrigen Masse zerdrücken. Mit Zwiebelmischung, Semmelbröseln, Cayennepfeffer, Zitronensaft und schale, und Petersilie mischen. Mit Salz und Pfeffer abschmecken.

3 Salzwasser in einem großen Topf aufkochen. Die Nudeln 8–10 Minuten kochen. Abgießen und in die Käsesauce rühren.

4 Eine kleine 1-kg-Kastenform einfetten und die Lorbeerblätter auf den Boden legen. Die Speckscheiben strecken und Boden und Seiten der Form damit auslegen.

5 Die Hälfte des Hackfleischs hineingeben und glatt streichen. Mit Nudeln und Sauce bedecken, dann das restliche Hackfleisch darüber geben. Glatt streichen und mit Alufolie abdecken.

6 Den Hackbraten 1 Stunde backen, bis beim Einstechen klarer Saft austritt. Überschüssiges Fett abgießen und den Braten auf einen Servierteller stürzen. Mit Salatblättern garnieren.

Tortelloni mit Champignons

Diese köstlichen kleinen Nudelquadrate werden mit Champignons und Käse gefüllt. Die Mengenangaben reichen für 36 Tortelloni.

NÄHRWERTANGABEN

Kilokalorien	360	Zucker	1 g
Eiweiß	9 g	Fett	21 g
Kohlenhydrate	36 g	davon gesättigt	12 g

1¼ Std. — 25 Min.

4 Personen

ZUTATEN

- 300 g Nudelteig-Grundrezept (s. S. 24), dünn ausgerollt
- 3 EL Butter
- 50 g Schalotten, fein gehackt
- 3 Knoblauchzehen, zerdrückt
- 50 g Champignons, geputzt und fein gehackt
- ½ Selleriestange, fein gehackt
- 2 EL frisch geriebener Pecorino
- Salz und Pfeffer
- 1 EL Öl
- frisch gemahlener schwarzer Pfeffer
- frisch geriebener Pecorino, zum Garnieren

1 Mit einem gezackten Teigrädchen 72 Quadrate mit einer Seitenlänge von je 5 cm aus dem Pastateig schneiden. Die Quadrate mit Frischhaltefolie abdecken, damit sie nicht austrocknen.

2 In einer Pfanne 1 EL Butter zerlassen. Die Schalotten, 1 Knoblauchzehe, die Champignons und den Sellerie 4–5 Minuten darin dünsten.

3 Die Pfanne vom Herd nehmen, den Pecorino einrühren und mit Salz und Pfeffer abschmecken.

4 Auf 36 Pastaquadrate je 1 Teelöffel der fertigen Mischung verteilen. Die Ränder der Quadrate mit Wasser befeuchten, die restlichen 36 Teigstücke darüber legen und an den Rändern fest zusammendrücken. Dann 5 Minuten ruhen lassen.

5 Salzwasser in einem großen Topf aufkochen und das Öl zufügen. Die Tortelloni darin portionsweise gar ziehen lassen, bis sie an die Wasseroberfläche steigen. Mit einer Schaumkelle aus dem Topf nehmen und gut abtropfen lassen.

6 Während die Tortelloni kochen, die restliche Butter in einen Topf geben und zerlassen. Die übrigen beiden Knoblauchzehen und reichlich Pfeffer zufügen und kurz erhitzen. Die Tortelloni auf Portionsteller verteilen, mit der noch warmen Knoblauchbutter übergießen, mit Pecorino garnieren und sofort servieren.

1
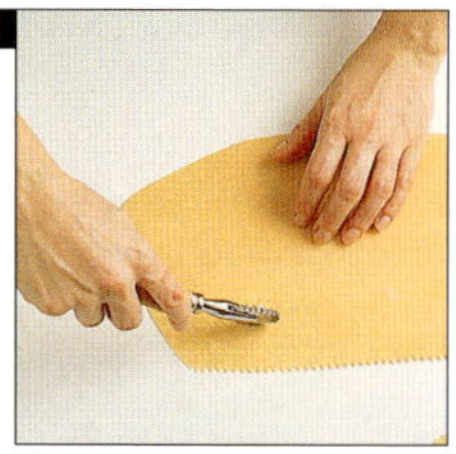

4

4

Pasticcio

Dieses traditionelle Gericht hat italienische und griechische Wurzeln. Es wird heiß oder lauwarm in großen Portionen serviert.

NÄHRWERTANGABEN

Kilokalorien 590	Zucker ....8 g
Eiweiß ....34 g	Fett ....39 g
Kohlenhydrate ..23 g	davon gesättigt 16 g

35 Min. 1¼ Std.

6 Personen

ZUTATEN

SAUCE

- 2 EL Olivenöl
- 1 Zwiebel, in dünne Streifen geschnitten
- 1 rote Paprika, entkernt und gehackt
- 2 Knoblauchzehen, zerdrückt
- 600 g Rinderhack
- 400 g gehackte Tomaten aus der Dose
- 125 ml trockener Weißwein
- 2 EL frisch gehackte Petersilie
- 60 g Sardellenfilets aus der Dose, abgetropft und gehackt
- Salz und Pfeffer

NUDELN

- 250 g Fusilli
- 1 EL Olivenöl und etwas Öl zum Einfetten
- 4 EL Sahne

BELAG

- 300 ml Naturjoghurt
- 3 Eier
- 1 Prise frisch geriebene Muskatnuss
- 40 g frisch geriebener Parmesan

ZUM SERVIEREN

- gemischter Salat

1

4

5

1 Das Öl für die Sauce in einer Pfanne erhitzen und Zwiebel und Paprika 3 Minuten anbraten. Den Knoblauch zugeben und 1 Minute dünsten. Das Hackfleisch zufügen und bräunen.

2 Tomaten und Wein zugeben und aufkochen. 20 Minuten unter Köcheln eindicken. Petersilie und Sardellen einrühren und mit Salz und Pfeffer abschmecken.

3 Die Nudeln mit dem Öl 10 Minuten in sprudelndem Salzwasser bissfest kochen. Abgießen, in eine Schüssel geben und mit Sahne vermengen.

4 Für den Belag Joghurt, Eier und Muskat verquirlen.

5 Eine feuerfeste Form mit Öl einfetten. Die Hälfte der Nudeln mit der Hälfte der Sauce bedecken. Den Vorgang wiederholen, den Belag darüber geben und mit Käse bestreuen.

6 25 Minuten im vorgeheizten Backofen bei 190 °C goldgelb backen. Mit einem gemischten Salat servieren.

Lasagne verde

Die Sauce für dieses köstliche Ofengericht kann auch als Saucenvariation für Spaghetti alla Bolognese (Seite 213) verwendet werden.

NÄHRWERTANGABEN

Kilokalorien	619	Zucker	7 g
Eiweiß	29 g	Fett	45 g
Kohlenhydrate	21 g	davon gesättigt	19 g

1 3/4 Std. 55 Min.

6 Personen

ZUTATEN

- 1 Portion Hackfleischsauce (s. S. 12)
- 1 EL Olivenöl
- 14 grüne Lasagneplatten
- 1 Portion Béchamel-Sauce (s. S. 28)
- 1 EL Butter
- 60 g frisch geriebener Parmesan
- grüner Salat mit Tomaten und schwarzen Oliven, zum Servieren

1 Die Hackfleischsauce wie auf Seite 12 beschrieben zubereiten, aber ohne Deckel einige Minuten länger einkochen lassen, bis die Flüssigkeit fast ganz verdampft ist.

2 Einen großen Topf mit Salzwasser aufkochen. Die Lasagneplatten darin mit dem Olivenöl einige Minuten vorkochen. Geben Sie nur jeweils 3–4 Platten gleichzeitig in den Topf, sie könnten sonst zusammenkleben.

3 In der Zwischenzeit die bereits gekochten Lasagneplatten auf ein feuchtes Leinentuch legen.

4 Die Béchamel-Sauce wie auf Seite 28 beschrieben zubereiten.

2

3

4

5 Eine rechteckige Auflaufform mit der Butter einfetten. Zunächst etwas Hackfleischsauce in die Form füllen, mit Lasagneplatten belegen, dann etwas Béchamel-Sauce einfüllen und mit der Hälfte des Parmesans bestreuen. In dieser Reihenfolge fortfahren, bis alle Zutaten verbraucht sind. Die oberste Schicht sollte Béchamel-Sauce sein.

6 Den übrigen Käse darüber streuen und im auf 190 °C vorgeheizten Ofen 40 Minuten backen, bis die Oberfläche goldbraun ist und Blasen wirft. Mit dem grünen Salat servieren.

Spaghettiauflauf siciliana

Jede Art von langen Nudeln kann für dieses typisch sizilianische Gericht verwendet werden.

NÄHRWERTANGABEN

Kilokalorien	876	Zucker	10 g
Eiweiß	37 g	Fett	65 g
Kohlenhydrate	39 g	davon gesättigt	18 g

30 Min. 50 Min.

4 Personen

ZUTATEN

- 150 ml Olivenöl extra vergine und etwas Öl zum Bestreichen
- 2 Auberginen
- 350 g Rinderhack
- 1 Zwiebel, gehackt
- 2 Knoblauchzehen, zerdrückt
- 2 EL Tomatenmark
- 400 g gehackte Tomaten aus der Dose
- 1 TL Worcester-Sauce
- 1 TL frisch gehackter Majoran oder Oregano
- Salz und Pfeffer
- 60 g schwarze Oliven, entsteint und in Scheiben geschnitten
- 1 grüne, rote oder gelbe Paprika, entkernt und gehackt
- 200 g Spaghetti
- 100 g frisch geriebener Parmesan

1 Eine Springform (20 cm Durchmesser) mit Öl einfetten und den Boden mit Backpapier auslegen.

2 Die Auberginen in Scheiben schneiden und in ein wenig Öl von beiden Seiten anbräunen. Auf Küchenpapier abtropfen lassen.

3 Hackfleisch, Zwiebel und Knoblauch in etwas Öl unter Rühren in einem Topf anbräunen. Tomatenmark, Tomaten, Worcester-Sauce, Kräuter, Salz und Pfeffer zugeben. 10 Minuten köcheln. Oliven und Paprika zugeben und weitere 10 Minuten kochen.

4 Salzwasser in einem großen Topf aufkochen. Spaghetti darin mit 1 Esslöffel Öl bissfest kochen. Abgießen und in eine Schüssel geben. Die Hackfleischsauce und den Käse darüber geben und vermengen.

5 Boden und Seiten der Springform mit Auberginenscheiben auslegen. Nudeln und Sauce hineingeben und mit den restlichen Auberginenscheiben bedecken. 40 Minuten im vorgeheizten Ofen bei 200 °C backen. 5 Minuten ruhen lassen, dann auf einen Servierteller stürzen. Das Backpapier entfernen.

2

3

5

Pasta Vongole

Frische Venusmuscheln bekommt man auf dem Wochenmarkt und in gut sortierten Supermärkten.

NÄHRWERTANGABEN

Kilokalorien	410	Zucker	1 g
Eiweiß	39 g	Fett	9 g
Kohlenhydrate	39 g	davon gesättigt	1 g

20 Min. 20 Min.

4 Personen

ZUTATEN

- 700 g frische Venusmuscheln
- 2 EL Olivenöl
- 2 Knoblauchzehen, zerdrückt
- 400 g gemischte Meeresfrüchte, z. B. Riesengarnelen, Kalmar und Miesmuscheln, Tiefkühlware aufgetaut
- 150 ml Weißwein
- 150 ml Fischfond (s. S. 30)
- 700 g frische oder 400 g getrocknete Nudeln
- 2 EL frisch gehackter Estragon
- Salz und Pfeffer

1 Frische Muscheln sorgfältig säubern und alle bereits offenen Exemplare aussortieren.

2 Das Öl in einer großen Pfanne erhitzen. Knoblauch und Muscheln darin unter mehrfachem Rütteln 2 Minuten anbraten, bis alle Muscheln mit Öl bedeckt sind.

3 Die Meeresfrüchtemischung zugeben und weitere 2 Minuten braten.

4 Wein und Fischfond zugießen und aufkochen. Dann die Pfanne abdecken, die Hitze reduzieren und die Meeresfrüchte 8–10 Minuten köcheln, bis sich die Schalen der Muscheln öffnen. Alle verschlossenen Muscheln unbedingt wegwerfen.

5 Währenddessen Salzwasser in einem großen Topf aufkochen. Die Nudeln darin bissfest kochen, anschließend abgießen.

6 Estragon unter die Sauce rühren und mit Salz und Pfeffer abschmecken.

7 Die Pasta in einer großen Schüssel mit der Sauce mischen und sofort servieren.

3

4

6

VARIATION

Eine rote Sauce erhält man, wenn bei Schritt 4 zusammen mit der Brühe 8 Esslöffel passierte Tomaten mit in die Pfanne gegeben werden.

Spaghetti Frutti di Mare

Geschälte Krabben sind die Hauptzutat in diesem farbenprächtigen und köstlichen Gericht. Die Scampis sorgen für einen Hauch von Luxus.

NÄHRWERTANGABEN

Kilokalorien	510	Zucker	38 g
Eiweiß	33 g	Fett	24 g
Kohlenhydrate	44 g	davon gesättigt	11 g

35 Min. 30 Min.

4 Personen

ZUTATEN

- 250 g Spaghetti, in 15 cm lange Stücke gebrochen
- 2 EL Olivenöl
- 300 ml Hühnerbrühe
- 1 TL Zitronensaft
- 1 kleiner Blumenkohl, in Röschen zerteilt
- 2 Karotten, in dünne Scheiben geschnitten
- 120 g Zuckererbsen
- 60 g Butter
- 1 Zwiebel, in Ringe geschnitten
- 250 g Zucchini, in Scheiben geschnitten
- 350 g Krabben, gekocht und geschält
- 1 Knoblauchzehe, gehackt
- Salz und Pfeffer
- 2 EL frisch gehackte Petersilie
- 1 EL frisch geriebener Parmesan
- 1/2 TL Paprika
- 4 Scampi, ungeschält, aber gegart, zum Garnieren

1 Salzwasser in einem großen Topf aufkochen. Spaghetti darin mit 1 Esslöffel Öl bissfest garen. Abgießen, in den Topf zurückgeben, mit dem restlichen Öl vermengen, abdecken und warm halten.

2 Brühe und Zitronensaft in einem Topf aufkochen. Blumenkohl und Karotten zufügen und 3–4 Minuten kochen, dann aus dem Topf nehmen und beiseite stellen. Anschließend die Zuckererbsen in der Brühe 1–2 Minuten kochen und mit dem restlichen Gemüse beiseite stellen.

3 Die Hälfte der Butter in einer Pfanne zerlassen. Zwiebel und Zucchinischeiben 3 Minuten darin anbraten. Krabben und Knoblauch zugeben, weitere 2–3 Minuten braten.

4 Das vorgegarte Gemüse ebenfalls in die Pfanne geben und erhitzen. Die Sauce mit Salz und Pfeffer abschmecken und die restliche Butter einrühren.

5 Die Nudeln auf vorgewärmte Teller verteilen, mit der fertigen Sauce und der Petersilie mischen, mit Parmesan und Paprika bestreuen, mit den Scampi garnieren und sofort servieren.

Gestürzter Nudelauflauf

Eine köstliche Mischung aus zartem Fisch und Nudeln, die in einer Schüssel gegart, dann gestürzt und mit Tomatensauce serviert wird.

NÄHRWERTANGABEN

Kilokalorien	536	Zucker	4 g
Eiweiß	35 g	Fett	35 g
Kohlenhydrate	21 g	davon gesättigt	17 g

35 Min. 2 Std.

4 Personen

ZUTATEN

- 125 g kurze Makkaroni oder andere kleine Nudelsorten
- 1 EL Olivenöl
- 1 EL Butter und etwas Butter zum Einfetten
- 500 g Weißfischfilets wie etwa Kabeljau, Schellfisch oder Seelachs
- einige frische Petersilienzweige
- 6 schwarze Pfefferkörner
- 125 g Crème double
- 2 Eier, getrennt
- 2 EL frisch gehackter Dill, ersatzweise Petersilie
- 1 Prise frisch geriebene Muskatnuss
- Salz und Pfeffer
- 1 Portion Tomatensauce (s. S. 28), zum Servieren
- Dill- oder Petersilienzweige, zum Garnieren

1 Salzwasser in einem großen Topf aufkochen. Die Nudeln darin mit dem Öl bissfest kochen. Abtropfen lassen und zurück in den Topf geben. Die Butter zufügen und warm halten.

2 Fisch, Petersilie und Pfefferkörner in einer Pfanne knapp mit Wasser bedecken, aufkochen, abdecken und 10 Minuten köcheln. Fisch herausnehmen. Die Garflüssigkeit beiseite stellen. Wenn der Fisch abgekühlt ist, Haut und Gräten entfernen und den Fisch in kleine Stücke schneiden.

3 Nudeln in eine Schüssel geben. Crème double, Eigelb und Dill unterrühren. Den Fisch vorsichtig unterheben und so viel Garflüssigkeit zufügen, dass eine saftige, aber feste Masse entsteht. Das Eiweiß nicht zu steif schlagen und unter die Mischung heben. Mit Muskat, Salz und Pfeffer abschmecken.

4 Eine feuerfeste Form einfetten und die Mischung hineingeben, einen ca. 4 cm hohen Rand lassen. Die oberste Schicht mit Alufolie abdecken und am Rand entlang festdrücken.

5 Auflauf auf einen Ständer in einen Topf mit kochendem Wasser stellen (das Wasser sollte bis zur Hälfte der Schüssel reichen), abdecken und 1 1/2 Stunden garen (gegebenenfalls heißes Wasser nachfüllen).

6 Den Auflauf vom Schüsselrand lösen und auf eine vorgewärmte Servierplatte stürzen. Etwas Tomatensauce darüber geben, den Rest separat reichen. Mit Kräutern garnieren und sofort servieren.

2

3

5

Makkaroni-Krabben-Auflauf

Diese Abwandlung eines Rezepts aus dem 18. Jahrhundert wird goldbraun gebacken und wie ein Kuchen in Stücke geschnitten.

NÄHRWERTANGABEN

Kilokalorien	576	Zucker	6 g
Eiweiß	25 g	Fett	35 g
Kohlenhydrate	42 g	davon gesättigt	19 g

20 Min. 05 Min.

4 Personen

ZUTATEN

350 g Makkaroni
1 EL Olivenöl
100 g Butter
2 kleine Fenchelknollen, in dünne Scheiben geschnitten (das Grün aufbewahren)
150 g Champignons, in dünne Scheiben geschnitten
200 g Krabben, gegart und geschält
1 Prise Cayennepfeffer
350 ml Béchamel-Sauce (s. S. 28)
60 g frisch geriebener Parmesan
2 große Tomaten, in Scheiben geschnitten
Olivenöl, zum Bestreichen
1 TL getrockneter Oregano

1 Salzwasser in einem großen Topf aufkochen. Die Makkaroni darin mit dem Olivenöl bissfest garen. Abgießen, in den Topf zurückgeben und mit 2 Esslöffeln Butter mischen. Abdecken und warm halten.

2 Den Fenchel in der restlichen Butter 3–4 Minuten anbraten. Die Pilze zugeben und 2 Minuten mitbraten. Dann die Krabben einrühren und die Pfanne vom Herd nehmen.

3 Nudeln, Pfeffer, Krabbenmischung und Béchamel-Sauce vermischen, in eine eingefettete Auflaufform geben und mit Parmesan bestreuen. Die Tomatenscheiben am Rand auslegen, mit Olivenöl bepinseln und mit Oregano bestreuen.

4 Den Auflauf in einem auf 180 °C vorgeheizten Ofen etwa 25 Minuten goldbraun backen und heiß servieren.

Spaghetti mit Räucherlachs

Spaghetti und Räucherlachs – ein erlesenes Abendessen für Gäste, das sich ohne Mühe zubereiten lässt.

NÄHRWERTANGABEN

Kilokalorien 782	Zucker ....3 g
Eiweiß ....20 g	Fett ....48 g
Kohlenhydrate ..48 g	davon gesättigt 27 g

10 Min. — 15 Min.

4 Personen

ZUTATEN

500 g Buchweizen-Spaghetti
2 EL Olivenöl
100 g Feta, zerbröselt
frische Koriander- oder Petersilienblätter, zum Garnieren

SAUCE

300 g Sahne
150 ml Whisky oder Weinbrand
125 g Räucherlachs
1 Prise Cayennepfeffer
Salz und schwarzer Pfeffer
2 EL frisch gehackter Koriander, ersatzweise Petersilie, zum Garnieren

1 Salzwasser in einem großen Topf aufkochen. Die Spaghetti darin mit 1 Esslöffel Öl bissfest garen. Abgießen, in den Topf zurückgeben, mit dem restlichen Öl vermengen, abdecken und warm stellen.

2 Die Sahne in einen kleinen Topf geben und bis zum Siedepunkt erhitzen, aber nicht aufkochen.

3 Whisky oder Weinbrand in einem zweiten Topf ebenfalls bis zum Siedepunkt erhitzen, ohne ihn aufzukochen. Beide Töpfe vom Herd nehmen, dann Sahne und Alkohol miteinander mischen.

1

2

4

4 Den Lachs in schmale Streifen schneiden und in die Sahnesauce geben. Mit Cayennepfeffer, Salz und schwarzem Pfeffer abschmecken und kurz vor dem Servieren frischen Koriander unterrühren.

5 Die Spaghetti in eine warme Schüssel füllen, mit der Sauce übergießen und alles gründlich vermengen. Den Feta über die Nudeln streuen, mit Koriander garnieren und sofort servieren.

Pasta Frutti di Mare

Diese mediterrane Meeresfrüchteplatte überrascht durch ihre unterschiedlichen Aromen, Strukturen und Farben.

NÄHRWERTANGABEN

Kilokalorien	188	Zucker	2 g
Eiweiß	16 g	Fett	7 g
Kohlenhydrate	13 g	davon gesättigt	1 g

30 Min. 30 Min.

8 Personen

ZUTATEN

- 200 g Nudeln
- 1 EL Olivenöl
- 125 g kleine Champignons, geputzt
- 4 EL italienisches Dressing, Fertigprodukt
- 2 Knoblauchzehen, zerdrückt
- 6 EL Weißwein
- 3 Karotten
- 600 g frische Miesmuscheln
- 150 g Tintenfischringe, Tiefkühlware aufgetaut
- 200 g Riesengarnelen, geschält
- 6 sonnengetrocknete Tomaten in Öl, abgetropft und in Streifen geschnitten
- 3 EL Schnittlauch, in 2 cm lange Röllchen geschnitten
- Salz und Pfeffer

GARNIERUNG

- 24 Zuckererbsen, geputzt
- 12 Babymaiskolben
- 12 Garnelen

1 Salzwasser in einem großen Topf aufkochen. Die Nudeln darin mit dem Olivenöl bissfest kochen. Abtropfen lassen.

2 Die Champignons in Dressing, Knoblauch und 2 Esslöffel Wein marinieren.

3 Die Karotten in 1 cm dicke Scheiben schneiden. 3–4 Minuten blanchieren, abtropfen lassen und zu den Champignons geben.

4 Die Muscheln mehrfach unter kaltem Wasser reinigen, die Bartfäden entfernen. Muscheln mit zerbrochenen Schalen sowie die, die sich bei Berührung nicht schließen, wegwerfen. Dann die Muscheln mit 150 ml Wasser und dem restlichen Wein in einem Topf erhitzen, aufkochen, abdecken und 3–4 Minuten köcheln, bis sich alle Muscheln geöffnet haben. Abtropfen lassen, verschlossene Muscheln wegwerfen, 12 Stück zum Garnieren beiseite legen. Die anderen Muscheln aus der Schale nehmen und zusammen mit Tintenfisch und Garnelen zu den Champignons geben.

5 Getrocknete Tomaten, Nudeln und Schnittlauch zufügen, mischen, mit Salz und Pfeffer abschmecken und auf eine große Servierplatte geben.

6 Zuckererbsen 1 Minute und Babymaiskolben 3 Minuten blanchieren, unter kaltem Wasser abspülen, abtropfen lassen und abwechselnd mit Muscheln und Garnelen um den Salat arrangieren. Mit Frischhaltefolie abdecken und bis zur Verwendung in den Kühlschrank stellen.

4

5

6

Makkaroni-Thunfisch-Auflauf

Thunfisch, Knoblauch, Champignons und Paprika zwischen zwei Makkaroni-Schichten, abgerundet mit einer knusprigen Käsekruste.

NÄHRWERTANGABEN

Kilokalorien	691	Zucker	10 g
Eiweiß	41 g	Fett	33 g
Kohlenhydrate	62 g	davon gesättigt	15 g

20 Min. 50 Min.

2 Personen

ZUTATEN

- 150 g Makkaroni
- 2 EL Olivenöl
- 1 Knoblauchzehe, zerdrückt
- 60 g Champignons, in Scheiben geschnitten
- 1/2 rote Paprika, in dünne Scheiben geschnitten
- 200 g Thunfisch im eigenen Saft, abgetropft und zerkleinert
- 1/2 TL getrockneter Oregano
- Salz und Pfeffer

SAUCE

- 1 EL Butter oder Margarine
- 1 EL Mehl
- 250 ml Milch
- Salz und Pfeffer
- 2 Tomaten, in Scheiben geschnitten
- 2 EL Semmelbrösel
- 25 g frisch geriebener Parmesan

VARIATION

Sie können den Thunfisch durch gegarte Hähnchenbruststreifen, angebratenes Rinder- oder Schweinehack, Schinken oder 3–4 hart gekochte und in Scheiben geschnittene Eier ersetzen.

1 Salzwasser in einem großen Topf aufkochen. Die Nudeln darin mit 1 Esslöffel Olivenöl bissfest kochen. Abtropfen lassen, abspülen und noch einmal abtropfen lassen.

2 Das restliche Öl in einer Bratpfanne erhitzen. Knoblauch, Champignons und Paprika darin glasig dünsten. Thunfisch, Oregano, Salz und Pfeffer zufügen und vollständig erhitzen.

2

3 Eine Auflaufform (ca. 1 l Fassungsvermögen) einfetten, die Hälfte der Nudeln hineingeben, mit der Thunfischmischung bedecken und die restlichen Makkaroni darüber geben.

4 Für die Sauce Butter in einem Topf zerlassen, Mehl unterrühren und 1 Minute garen, die Milch nach und nach zufügen, aufkochen und unter Rühren 1–2 Minuten köcheln, bis die Sauce andickt. Mit Salz und Pfeffer abschmecken und die Sauce über die Makkaroni geben.

4

5 Die Tomatenscheiben auf die Sauce legen und mit Semmelbröseln und Käse bestreuen.

5

6 Den Auflauf im vorgeheizten Ofen bei 200 °C 25 Minuten garen, bis die Oberfläche knusprig und goldbraun ist.

Pasta mit Zucchini & Käse

Ein einfaches und preiswertes Gericht, das zudem noch blitzschnell zubereitet ist und hervorragend schmeckt – was will man mehr!

NÄHRWERTANGABEN

Kilokalorien	531	Zucker	4 g
Eiweiß	20 g	Fett	35 g
Kohlenhydrate	35 g	davon gesättigt	16 g

10 Min. 30 Min.

4 Personen

ZUTATEN

- 60 g Pinienkerne
- 350 g Farfalle oder Conchiglie
- 1 EL Olivenöl
- 2 Zucchini, in Scheiben geschnitten
- 150 g Brokkoliröschen
- 200 g Frischkäse
- 150 ml Milch
- 1 EL frisch gehacktes Basilikum
- 150 g Champignons, in Scheiben geschnitten
- 100 g Blauschimmelkäse, zerbröckelt
- Salz und Pfeffer
- grüner Salat, zum Servieren

1 

4 

4 

1 Die Pinienkerne auf ein Backblech streuen und unter dem vorgeheizten Grill goldbraun rösten, dabei gelegentlich wenden.

2 Salzwasser in einem großen Topf aufkochen. Die Nudeln darin mit dem Olivenöl bissfest kochen.

3 Unterdessen das Gemüse 5 Minuten in kochendem Wasser blanchieren, bis es gerade gar ist.

4 Den Frischkäse in einen Topf geben und unter Rühren bei schwacher Hitze erwärmen. Die Milch einrühren. Basilikum und Pilze zugeben und 2–3 Minuten köcheln. Den Blauschimmelkäse einrühren und mit Salz und Pfeffer abschmecken.

5 Nudeln und Gemüse abgießen und in eine Schüssel geben. Mit der Sauce übergießen und mit den Pinienkernen bestreuen. Gut vermengen und mit Basilikum garniert servieren. Grünen Salat dazu reichen.

Basilikum-Tomaten-Pasta

Geröstete Tomaten verleihen der Sauce einen süßlichen Geschmack. Kaufen Sie italienische Eiertomaten, die besonders aromatisch sind.

NÄHRWERTANGABEN

Kilokalorien	177	Zucker	4 g
Eiweiß	5 g	Fett	4 g
Kohlenhydrate	31 g	davon gesättigt	1 g

15 Min. 35 Min.

2

3

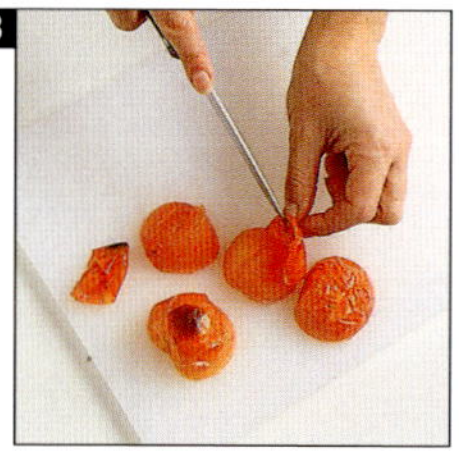

4

4 Personen

ZUTATEN

- 2 Rosmarinzweige
- 2 ganze Knoblauchzehen, ungeschält
- 500 g Tomaten, halbiert
- 1 EL Olivenöl
- 1 EL Paste von sonnengetrockneten Tomaten, ersatzweise Tomatenmark
- 12 frische Basilikumblätter
- Salz und Pfeffer
- 700 g frische oder 500 g getrocknete Farfalle
- frisches Basilikum, zum Garnieren

1 Rosmarin, Knoblauch und Tomaten mit der Schnittfläche nach unten in einen flachen Bräter geben.

2 Das Gemüse mit dem Öl beträufeln, unter einen vorgeheizten Grill stellen und etwa 20 Minuten rösten, bis die Tomaten Blasen werfen und stellenweise schwarz geworden sind.

3 Die Tomaten abkühlen lassen, häuten, hacken und in einen Topf geben.

4 Die Knoblauchzehen schälen, zerdrücken und mit der Paste aus getrockneten Tomaten zu den gehackten Tomaten in den Topf geben.

5 Das Basilikum grob zerpflücken und ebenfalls zu den Tomaten geben. Die Sauce mit Salz und Pfeffer abschmecken.

6 Die Farfalle in Salzwasser bissfest kochen und abtropfen lassen. Die Tomatensauce langsam erwärmen.

7 Die Nudeln mit der warmen Tomatensauce mischen und auf vorgewärmte Teller verteilen. Mit Basilikum garnieren und sofort servieren.

TIPP

Die Sauce kann kalt als Dressing für Pastasalate verwendet werden.

Grüne Tagliatelle mit Knoblauch

Dieses Nudelgericht ist im Handumdrehen zubereitet. Durch die intensiven Aromen wird diese Kreation jedem Pasta-Liebhaber schmecken.

NÄHRWERTANGABEN

Kilokalorien 501	Zucker . . . . .3 g
Eiweiß . . . . .15 g	Fett . . . . .31 g
Kohlenhydrate . .43 g	davon gesättigt .11 g

15 Min. 20 Min.

4 Personen

ZUTATEN

- 2 EL Walnussöl
- 1 Bund Frühlingszwiebeln, in Scheiben geschnitten
- 2 Knoblauchzehen, in dünne Scheiben geschnitten
- 250 g Champignons, in Scheiben geschnitten
- 500 g frische grüne und weiße Tagliatelle
- 1 EL Olivenöl
- 250 g frischer Spinat, abgetropft
- 120 g Weichkäse mit Knoblauch und Kräutern
- 4 EL Sahne
- Salz und Pfeffer
- 60 g gehackte ungesalzene Pistazien
- 2 EL frisch gehacktes Basilikum
- frische Basilikumzweige, zum Garnieren
- italienisches Brot, zum Servieren

1

4

5

1 Das Walnussöl in einer großen Pfanne erhitzen. Frühlingszwiebeln und Knoblauch 1 Minute darin andünsten.

2 Die Champignons zugeben, durchrühren, abdecken und 5 Minuten bei schwacher Hitze garen.

3 In der Zwischenzeit Salzwasser in einem großen Topf aufkochen. Tagliatelle darin mit Öl bissfest kochen. Abgießen und wieder zurück in den Topf geben.

4 Den Spinat in die Pfanne geben und 1–2 Minuten erhitzen. Den Käse zugeben und schmelzen lassen. Die Sahne einrühren und ohne zu kochen erhitzen.

5 Die Sauce über die Nudeln geben, mit Salz und Pfeffer abschmecken und gut vermengen. Unter ständigem Rühren kurz sanft erhitzen.

6 Die Nudeln auf einem Servierteller anrichten und mit Pistazien und Basilikum bestreuen. Mit den Basilikumzweigen garnieren und mit frischem Brot servieren.

Pasta mit Chili & Paprika

Süß und scharf zugleich – eine unvergleichliche Geschmackskombination, die die Sauce den Aromen von Paprika und Chili verdankt.

NÄHRWERTANGABEN

Kilokalorien	423	Zucker	5 g
Eiweiß	9 g	Fett	27 g
Kohlenhydrate	38 g	davon gesättigt	4 g

25 Min. 30 Min.

4 Personen

ZUTATEN

2 rote Paprika, halbiert und entkernt
4 Tomaten, halbiert
2 Knoblauchzehen
1 kleine rote Chilischote
50 g gemahlene Mandeln
7 EL Olivenöl
700 g frische oder 500 g getrocknete Nudeln
frischer Oregano, zum Garnieren

1

3
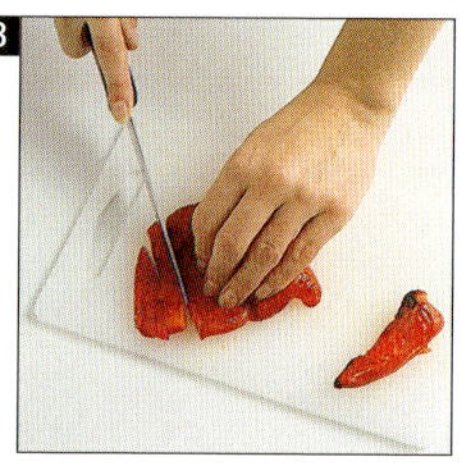

5

1 Die Paprika und die Tomaten mit der Schnittseite nach unten mit dem Knoblauch und der Chilischote auf ein Backblech legen und unter dem vorgeheizten Grill 15 Minuten rösten, bis das Gemüse stellenweise schwarz geworden ist.

2 Gemüse herausnehmen und abkühlen lassen.

3 Die Paprika und die Chilischote häuten und in Streifen schneiden.

4 Knoblauch schälen, Tomaten häuten und entkernen.

5 Die Mandeln auf ein Backblech legen und unter dem heißen Grill einige Minuten anrösten.

6 Währenddessen das vorbereitete Gemüse in eine Küchenmaschine geben und zu einer glatten Paste pürieren. Bei laufender Maschine das Olivenöl in einem dünnen Strahl zugießen und so lange unterrühren, bis die Sauce eindickt. Alternativ das Gemüse mit einer Gabel zerdrücken und das Olivenöl portionsweise unterrühren.

7 Die gerösteten Mandeln unter die Sauce rühren.

8 Die fertige Sauce vorsichtig aufwärmen.

9 Salzwasser in einem großen Topf aufkochen. Die Nudeln darin bissfest kochen. Anschließend abtropfen lassen. Die Nudeln in eine große Schüssel geben, mit der heißen Sauce mischen und mit Oregano garnieren.

VARIATION

Abgekühlt und mit 2 Esslöffeln Rotweinessig verfeinert, ist die Sauce auch als Dressing verwendbar.

Spaghetti mit Artischocken

Ein Pasta-Fest für Feinschmecker. Artischocken und schwarze Oliven verleihen der Tomaten-Auberginen-Sauce eine besondere Würze.

NAHRWERTANGABEN

Kilokalorien	393	Zucker	11 g
Eiweiß	14 g	Fett	11 g
Kohlenhydrate	63 g	davon gesättigt	2 g

20 Min. 35 Min.

4 Personen

ZUTATEN

- 3 EL Olivenöl
- 1 große rote Zwiebel, gehackt
- 2 Knoblauchzehen, zerdrückt
- 1 EL Zitronensaft
- 4 Babyauberginen, geviertelt
- 600 g Passata (passierte Tomaten)
- Salz und Pfeffer
- 2 TL feiner Zucker
- 2 EL Tomatenmark
- 400 g Artischockenböden aus der Dose, abgetropft und halbiert
- 125 g schwarze Oliven, entsteint
- 350 g Vollkornspaghetti
- frische Basilikumzweige, zum Garnieren
- Olivenbrot, zum Servieren

1

2

3

1 1 Esslöffel Öl in einer Pfanne erhitzen, Zwiebel, Knoblauch, Zitronensaft und Auberginen darin 4–5 Minuten bei schwacher Hitze goldbraun dünsten.

2 Passata zufügen, mit Salz und Pfeffer abschmecken. Zucker und Tomatenmark unterrühren. Aufkochen, die Temperatur reduzieren und 20 Minuten köcheln.

3 Artischocken und Oliven vorsichtig unterheben und 5 Minuten köcheln.

4 Inzwischen Salzwasser in einem großen Topf aufkochen. Die Nudeln darin mit etwas Olivenöl 8–10 Minuten bissfest kochen. Abtropfen lassen, mit dem restlichen Öl mischen und mit Salz und Pfeffer abschmecken.

5 Die Spaghetti in eine vorgewärmte Schüssel geben, die Gemüsesauce darüber geben, mit Basilikumzweigen garnieren und mit Olivenbrot servieren.

Pasta mit Käse & Brokkoli

Mit Nudeln lassen sich die köstlichsten Gerichte kreieren – wie etwa diese Tagliatelle mit Mascarpone-Käse-Sauce.

NÄHRWERTANGABEN

Kilokalorien 624	Zucker . . . . .2 g
Eiweiß . . . . .22 g	Fett . . . . .45 g
Kohlenhydrate . .34 g	davon gesättigt 28 g

5 Min. 15 Min.

4 Personen

ZUTATEN

- 300 g Tagliatelle Tricolore (dreifarbige Bandnudeln)
- 1 EL Olivenöl
- 250 g Brokkoli, in kleine Röschen zerteilt
- 350 g Mascarpone
- 150 g Blauschimmelkäse, zerkleinert
- 1 EL frischer Oregano, gehackt
- Salz und Pfeffer
- 1 EL Butter
- frische Oreganozweige, zum Garnieren
- frisch geriebener Parmesan, zum Servieren

1 Salzwasser in einem großen Topf aufkochen. Die Nudeln darin mit etwas Olivenöl bissfest kochen. Abtropfen lassen.

2 In der Zwischenzeit die Brokkoliröschen in etwas kochendem Salzwasser blanchieren. Abtropfen lassen.

3 Mascarpone und Blauschimmelkäse in einem großen Topf vorsichtig erhitzen, bis sie schmelzen. Oregano unterrühren und mit Salz und Pfeffer abschmecken.

4 Die Nudeln zurück in den Topf geben, Butter zufügen und mischen. Brokkoli zusammen mit der Sauce zu den Nudeln geben, dann vorsichtig mischen.

5 Die Nudeln auf 4 vorgewärmte Servierteller geben, mit Oreganozweigen garnieren und mit Parmesan servieren.

1

3

4

Pasta-Auflauf Provençale

Eine sehr mediterrane Mischung aus roter Paprika, Knoblauch und Zucchini in Olivenöl mit *Fusilli al dente.*

NÄHRWERTANGABEN

Kilokalorien	341	Zucker	8 g
Eiweiß	13 g	Fett	20 g
Kohlenhydrate	30 g	davon gesättigt	8 g

15 Min. 20 Min.

4 Personen

ZUTATEN

- 4 EL Olivenöl
- 1 Zwiebel, in Ringe geschnitten
- 2 Knoblauchzehen, zerdrückt
- 3 rote Paprika, entkernt und in dünne Streifen geschnitten
- 3 Zucchini, in Scheiben geschnitten
- 400 g gehackte Tomaten aus der Dose
- 3 EL Tomatenmark
- 2 EL frisch gehacktes Basilikum
- Salz und Pfeffer
- 250 g frische Fusilli
- 150 g frisch geriebener Gruyère
- frisches Basilikum, zum Garnieren

1

3

4

1 3 Esslöffel Öl in einer gusseisernen Pfanne erhitzen, Zwiebel und Knoblauch zugeben und glasig dünsten. Paprika und Zucchini zugeben und unter Rühren weitere 5 Minuten dünsten.

2 Tomaten, Tomatenmark und Basilikum zugeben, mit Salz und Pfeffer abschmecken und mit geschlossenem Deckel 5 Minuten köcheln.

3 Unterdessen Salzwasser in einem großen Topf aufkochen. Die Nudeln darin mit 1 Esslöffel Öl bissfest kochen. Abgießen, zu der Gemüsemischung geben und alles gut vermengen.

4 Die Mischung in eine flache Auflaufform geben und mit dem Käse bestreuen.

5 Unter dem vorgeheizten Grill 5 Minuten backen, bis der Käse goldbraun ist und Blasen wirft. Mit frischem Basilikum garnieren und servieren.

TIPP

Geben Sie Acht, dass die Nudeln nicht zu weich gekocht werden. Sie sollten unbedingt noch Biss haben.

Tagliatelle mit Kürbis

Dieses ungewöhnliche Gericht stammt aus der zentralitalienischen Emilia-Romagna.

NÄHRWERTANGABEN

Kilokalorien	454	Zucker	4 g
Eiweiß	9 g	Fett	33 g
Kohlenhydrate	33 g	davon gesättigt	12 g

15 Min. 35 Min.

4 Personen

ZUTATEN

- 500 g Garten- oder Eichelkürbis, geschält
- 3 EL Olivenöl
- 1 Zwiebel, fein gehackt
- 2 Knoblauchzehen, zerdrückt
- 4–6 EL frisch gehackte Petersilie
- Salz und Pfeffer
- 1 Prise frisch geriebene Muskatnuss
- 250 ml Hühner- oder Gemüsebrühe
- 125 g Parmaschinken
- 250 g Tagliatelle
- 150 g Sahne
- frisch geriebener Parmesan, zum Servieren

1

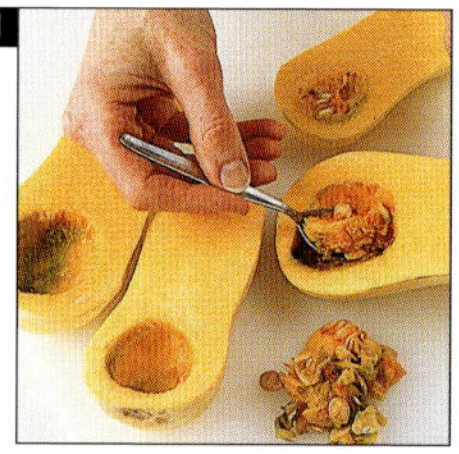

2

4

1 Den Kürbis halbieren und entkernen. Das Fruchtfleisch in 1 cm dicke Würfel schneiden.

2 2 Esslöffel Olivenöl in einem großen Topf erhitzen und Zwiebel und Knoblauch 3 Minuten bei schwacher Hitze glasig dünsten. Die Hälfte der Petersilie zugeben und 1 Minute anbraten.

3 Den Kürbis zugeben und 2–3 Minuten braten. Mit Salz, Pfeffer und Muskat abschmecken.

4 Die Hälfte der Brühe in den Topf geben, aufkochen, abdecken und 10 Minuten köcheln, bis der Kürbis gar ist. Bei Bedarf Brühe nachgießen. Den Parmaschinken in den Topf geben und unter regelmäßigem Rühren 2 Minuten kochen.

5 Salzwasser in einem großen Topf aufkochen. Die Tagliatelle mit dem restlichen Öl darin bissfest kochen. Abgießen und auf einen vorgewärmten Servierteller geben.

6 Die Sahne unter Kürbis und Schinken rühren und erhitzen. Über die Nudeln geben, mit der restlichen Petersilie bestreuen und mit Parmesan servieren.

Pasta mit Pesto

Pesto verfeinert Nudeln, Suppen und Salatdressings. Er ist in vielen Supermärkten erhältlich, frischer Pesto schmeckt aber unvergleichlich besser.

NÄHRWERTANGABEN

Kilokalorien 321	Zucker ....1 g
Eiweiß ....11 g	Fett ....17 g
Kohlenhydrate ..32 g	davon gesättigt .4 g

15 Min. 10 Min.

4 Personen

ZUTATEN

- 40 frische Basilikumblätter
- 3 Knoblauchzehen, zerdrückt
- 2 EL Pinienkerne
- 50 g frisch geriebener Parmesan
- 2–3 EL Olivenöl extra vergine
- 700 g frische oder
- 500 g getrocknete Nudeln
- Salz und Pfeffer

1 Basilikum waschen und mit Küchenpapier trockentupfen.

2 Basilikum, Knoblauch, Pinienkerne und Parmesan in eine Küchenmaschine oder einen Mörser geben und zu einer glatten Paste verarbeiten.

3 Das Öl in einem dünnen Strahl in die laufende Küchenmaschine gießen und unterheben. Bei der Verarbeitung von Hand, das Öl portionsweise zugießen und kräftig unterrühren.

4 Währenddessen Salzwasser in einem großen Topf aufkochen. Die Nudeln darin bissfest kochen. Anschließend abtropfen lassen.

1

2

3

5 Den Pesto mit Salz und Pfeffer abschmecken und mit den heißen Nudeln mischen. Auf Teller verteilen und sofort servieren.

TIPP

Selbst gemachter Pesto ist im Kühlschrank 4 Wochen haltbar. Den Pesto in ein Schraubglas füllen und mit Olivenöl bedecken, damit das Basilikum nicht oxidiert und schwarz wird.

Nudeln mit Tomatensauce

Diese typische italienische Sauce sollte aus sonnengereiften Tomaten zubereitet werden. Sie passt besonders gut zu Nudeln.

NÄHRWERTANGABEN

Kilokalorien	304	Zucker	8 g
Eiweiß	15 g	Fett	14 g
Kohlenhydrate	31 g	davon gesättigt	5 g

10 Min. 25 Min.

2 Personen

ZUTATEN

1 EL Olivenöl
1 kleine Zwiebel, fein gehackt
1–2 Knoblauchzehen, zerdrückt
350 g Tomaten, gehäutet und gehackt
2 TL Tomatenmark
2 EL Wasser
Salz und Pfeffer
300 g Nudeln
100 g magerer Speck,
ohne Schwarte, gewürfelt
50 g Champignons, in Scheiben geschnitten
1 EL frisch gehackte Petersilie,
ersatzweise frisch gehackter Koriander
2 EL Frischkäse (nach Wunsch)

1 Für die Tomatensauce das Öl in einem Topf erhitzen und Zwiebel und Knoblauch darin glasig dünsten.

2 Tomaten, Tomatenmark und Wasser zufügen. Aufkochen und mit Salz und Pfeffer abschmecken. Abdecken und 10 Minuten bei schwacher Hitze köcheln.

3 Inzwischen Salzwasser in einem Topf aufkochen. Die Nudeln darin mit etwas Olivenöl bissfest kochen. Abtropfen lassen und auf vorgewärmte Servierteller geben.

4 Den Speck in einer Bratpfanne zerlassen, Champignons zufügen und weitere 3–4 Minuten anbraten. Überschüssiges Fett abgießen.

5 Speck, Champignons, Petersilie und Frischkäse zur Tomatensauce geben, vorsichtig aufwärmen und zu den Nudeln reichen.

TIPP

Für eine weniger gehaltvolle Variante dieses Gerichts können Sie den Frischkäse, der ca. 30 % Fett enthält, durch fettärmere saure Sahne ersetzen.

Nudeltorte mit Champignons

Ein knuspriger Teig aus gekochten Vermicelli mit einer weichen Füllung aus Champignons und Crème double.

NÄHRWERTANGABEN			
Kilokalorien	557	Zucker	5 g
Eiweiß	15 g	Fett	36 g
Kohlenhydrate	47 g	davon gesättigt	19 g

10 Min. 70 Min.

2 Personen

ZUTATEN

250 g Vermicelli oder Spaghetti
1 EL Olivenöl
1 EL Butter und etwas Butter zum Einfetten
Salz und Pfeffer
Tomaten-Basilikum-Salat, zum Servieren

SAUCE

60 g Butter
1 Zwiebel, gehackt
150 g kleine Champignons, geputzt
1 grüne Paprika, entkernt und in dünne Ringe geschnitten
150 ml Milch
3 Eier, leicht verquirlt
2 EL Crème double
1 TL getrockneter Oregano
1 Prise frisch geriebene Muskatnuss
Pfeffer
1 EL frisch geriebener Parmesan

3

4

5

1 Salzwasser in einem großen Topf aufkochen. Die Nudeln darin mit dem Olivenöl bissfest kochen. Abtropfen lassen, zurück in den Topf geben, die Butter zufügen und sorgfältig mischen. Mit Salz und Pfeffer abschmecken.

2 Eine Springform (20 cm Durchmesser) einfetten, die Nudeln auf Boden und am Rand der Form verteilen.

3 Die Butter in einer Pfanne zerlassen, Zwiebel darin glasig dünsten, herausnehmen und über den Nudeln verteilen.

4 Champignons und Paprika in die Pfanne geben, gleichmäßig in dem Fett wenden und 2 Minuten von allen Seiten anbraten. Dann ebenfalls in die Form geben und gleichmäßig verstreichen.

5 Milch, Eier und Crème double verrühren, Oregano zufügen und mit Muskat und Pfeffer abschmecken. Die Mischung über das Gemüse geben und mit Parmesan bestreuen.

6 Die Nudeltorte im vorgeheizten Backofen bei 180 °C 40–45 Minuten backen, bis die Masse fest wird. Auf einen Servierteller gleiten lassen und warm mit Tomaten-Basilikum-Salat servieren.

Drei-Käse-Makkaroni

Mit diesem aromatischen Gericht bereiten Sie eine vollständige Mahlzeit zu. Reichen Sie dazu einen knackigen Salat.

NÄHRWERTANGABEN

Kilokalorien 672	Zucker ....10 g
Eiweiß ....31 g	Fett ....44 g
Kohlenhydrate ..40 g	davon gesättigt 23 g

30 Min. 45 Min.

4 Personen

ZUTATEN

- 600 ml Béchamel-Sauce (s. S. 28)
- 250 g Makkaroni
- 1 Ei, verquirlt
- 150 g frisch geriebener Pecorino
- 1 EL grobkörniger Senf
- 2 EL frische Schnittlauchröllchen
- Salz und Pfeffer
- 4 Tomaten, in Scheiben geschnitten
- 150 g frisch geriebener Butterkäse
- 60 g Blauschimmelkäse, zerbröselt
- 2 EL Sonnenblumenkerne
- frische Schnittlauchröllchen, zum Garnieren

2

3

4

1 Die Béchamel-Sauce frisch zubereiten und mit Frischhaltefolie abdecken, damit sich keine Haut bildet. Beiseite stellen.

2 Salzwasser in einem großen Topf aufkochen. Die Nudeln darin mit etwas Olivenöl 8–10 Minuten bissfest kochen. Abtropfen lassen und in eine feuerfeste Auflaufform geben.

3 Ei, Pecorino, Senf, Schnittlauch, Salz und Pfeffer unter die Béchamel-Sauce rühren und über die Makkaroni geben. Dann mit einer Schicht aus Tomatenscheiben bedecken.

4 Butterkäse, Blauschimmelkäse und die Sonnenblumenkerne darüber geben. Den Auflauf auf ein Backblech stellen und im Backofen bei 190 °C 25–30 Minuten garen, bis die oberste Schicht goldbraun und knusprig ist. Mit Schnittlauchröllchen garnieren und sofort servieren.

Gemüse-Ravioli

Diese kleinen Teigtaschen werden mit frischen Pilzen gefüllt und lassen sich leicht zubereiten.

NÄHRWERTANGABEN

Kilokalorien	333	Zucker	1 g
Eiweiß	7 g	Fett	30 g
Kohlenhydrate	10 g	davon gesättigt	13 g

20 Min. 20 Min.

4 Personen

ZUTATEN

FÜLLUNG

1 EL Butter
2 Knoblauchzehen, zerdrückt
1 kleine Porreestange, gehackt
2 Selleriestangen, gehackt
200 g Wiesenchampignons, gehackt
1 Ei, verquirlt
2 EL frisch geriebener Parmesan
Salz und Pfeffer

RAVIOLI

4 Lagen Filo- oder Blätterteig
1 EL Butter, zerlassen
Öl, zum Frittieren

1 Für die Füllung Butter in einer Pfanne zerlassen und Knoblauch und Porree darin 2–3 Minuten glasig dünsten.

2 Sellerie und Pilze zufügen und weitere 4–5 Minuten dünsten, bis das Gemüse gar ist.

3 Die Temperatur reduzieren, Ei und Parmesan unterrühren und mit Salz und Pfeffer abschmecken.

4 Die Teiglagen auf ein Brett legen und in jeweils neun Quadrate schneiden.

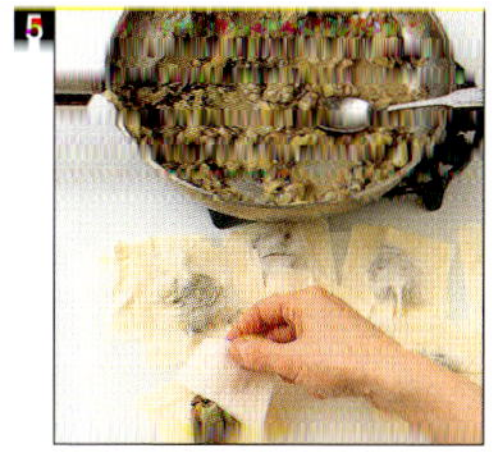

5 In die Mitte von 18 Teigstücken etwas Füllung geben, die Ränder mit Butter bestreichen. Darauf jeweils ein weiteres Teigquadrat legen und die Ränder fest zusammendrücken.

6 Das Frittieröl in einem großen Topf auf 180 °C erhitzen. Die Ravioli nacheinander darin 2–3 Minuten goldbraun frittieren, mit einem Schaumlöffel herausnehmen und mit Küchenpapier trockentupfen. Auf einen vorgewärmten Servierteller geben und sofort servieren.

Reis & Getreide

Im Norden Italiens erfreuen sich Reisgerichte großer Beliebtheit, und in der Region um Mailand verwendet man dazu Arborio- oder anderen italienischen Rundkornreis. Ein italienischer Risotto ist wesentlich saftiger als ein türkischer Pilaw oder andere würzige Reisgerichte, darf aber auf keinen Fall matschig oder klebrig sein. Genauso berühmt sind die italienischen Gnocchi, die man aus Maismehl, Kartoffeln oder Weizengrieß zubereitet. Gnocchi ähneln kleinen Knödeln und werden gedämpft oder gebacken. Auch die Polenta wird aus Maismehl hergestellt und entweder als saftiger Brei oder als fester, knusprig gebratener „Kuchen" serviert.

Goldener Hähnchen-Risotto

Statt Arborio-Reis können Sie zwar auch Langkornreis verwenden, aber die typische Konsistenz eines Risottos lässt sich damit nicht erzielen.

NÄHRWERTANGABEN

Kilokalorien	701	Zucker	7 g
Eiweiß	35 g	Fett	26 g
Kohlenhydrate	88 g	davon gesättigt	8 g

10 Min. — 30 Min.

4 Personen

ZUTATEN

- 2 EL Sonnenblumenöl
- 1 EL Butter oder Margarine
- 1 mittelgroße Porreestange, in dünne Scheiben geschnitten
- 1 große gelbe Paprika, gewürfelt
- 3 Hähnchenbrustfilets, gewürfelt
- 350 g Arborio-Reis
- einige Safranfäden
- Salz und Pfeffer
- 1,5 l Hühnerbrühe
- 200 g junger Mais aus der Dose
- 60 g geröstete ungesalzene Erdnüsse
- 60 g frisch geriebener Parmesan

1 Öl und Butter oder Margarine in einem großen Topf erhitzen. Porree und Paprika 1 Minute darin andünsten, dann das Hähnchenfleisch zufügen und unter Rühren goldbraun anbraten.

2 Den Reis einrühren und 2–3 Minuten braten.

3 Den Safran zugeben und mit Salz und Pfeffer abschmecken. Nach und nach die Brühe zugießen, abdecken und unter gelegentlichem Rühren 20 Minuten bei schwacher Hitze kochen, bis der Reis gar ist und die meiste Flüssigkeit aufgenommen hat. Den Risotto nicht austrocknen lassen – bei Bedarf mehr Brühe nachgießen.

4 Mais, Erdnüsse und Parmesan einrühren und mit Salz und Pfeffer abschmecken. Heiß servieren.

1

2

4

TIPP

Der Risotto kann ohne Parmesan bis zu 1 Monat eingefroren werden, muss dann aber gründlich erhitzt werden, da vom Hähnchenfleisch Salmonellengefahr ausgehen kann.

Risotto milanese

Ein Risotto milanese kann zwar auf verschiedene Arten zubereitet werden, aber immer mit Safran. Hier geben getrocknete Tomaten den Ton an.

NÄHRWERTANGABEN

Kilokalorien	558	Zucker	2 g
Eiweiß	16 g	Fett	19 g
Kohlenhydrate	80 g	davon gesättigt	9 g

10 Min — 30 Min

4 Personen

ZUTATEN

- 1 EL Olivenöl
- 1 EL Butter
- 1 große Zwiebel, fein gehackt
- 350 g Arborio-Reis
- 1 Msp. Safran
- 150 ml Weißwein
- 850 ml Gemüse- oder Hühnerbrühe, erhitzt
- 8 sonnengetrocknete Tomaten, in Streifen geschnitten
- 50 g Parmaschinken, in Streifen geschnitten
- 100 g Erbsen, Tiefkühlware aufgetaut
- 75 g frisch geriebener Parmesan und etwas Parmesan zum Servieren

2

4

6

1 Öl und Butter in einer großen Pfanne erhitzen. Die Zwiebel darin 4–5 Minuten anbraten, bis sie weich ist.

2 Reis und Safran zugeben und 1 Minute lang unterrühren, bis der gesamte Reis mit Öl überzogen ist.

3 Nach und nach den Wein und die Brühe zugießen. Zwischendurch immer so lange warten, bis die neu zugefügte Flüssigkeit vom Reis aufgesogen ist, bevor weitere zugegeben wird.

4 Wenn die Hälfte der Flüssigkeit verbraucht ist, die Tomaten zufügen.

5 Nach etwa 15 Minuten sollte die gesamte Flüssigkeit aufgesogen sein. Falls der Reis zu diesem Zeitpunkt noch immer hart ist, etwas Wasser zugießen und weiterkochen, bis der Reis gar ist.

6 Zuletzt Schinken, Erbsen und Käse unterrühren und mit dem Reis etwa 2–3 Minuten weiterkochen, bis alle Zutaten erwärmt sind. Dann mit zusätzlichem Parmesan servieren.

TIPP

Risottos werden mit Rundkornreis zubereitet. Am besten nimmt man Sorten mit nussigem Aroma wie Arborio. Das fertige Gericht sollte feucht sein, aber nicht kleben. Dazu die Kochflüssigkeit immer nur portionsweise zugeben, sodass genau feststellbar ist, wann der Reis gar ist.

Grüner Risotto

Das Rezept für dieses einfache Reisgericht mit grünem Gemüse und frischen Kräutern wurde speziell für die Mikrowelle entwickelt.

NÄHRWERTANGABEN

Kilokalorien 344	Zucker . . . . .4 g
Eiweiß . . . . .13 g	Fett . . . . .10 g
Kohlenhydrate . .54 g	davon gesättigt .4 g

15 Min. 20 Min.

4 Personen

ZUTATEN

- 1 Zwiebel, gehackt
- 2 EL Olivenöl
- 250 g Arborio-Reis
- 700 ml Gemüsefond, erhitzt
- 350 g grüne Gemüsesorten wie grüner Spargel, grüne Bohnen, Zuckererbsen, Zucchini, Brokkoliröschen und Erbsen
- 2 EL frisch gehackte Petersilie
- Salz und Pfeffer
- 60 g frisch gehobelte Parmesanspäne

1 Zwiebel und Öl in eine Schüssel geben, abdecken und 2 Minuten auf höchster Stufe in der Mikrowelle garen.

2 Reis zufügen und sorgfältig unterrühren, bis er gleichmäßig mit Öl überzogen ist. Dann 75 ml heißen Fond zugeben und 2 Minuten ohne Deckel garen, bis die Flüssigkeit aufgenommen ist. Erneut 75 ml Fond zufügen und ebenfalls ohne Deckel weitere 2 Minuten auf höchster Stufe in der Mikrowelle garen. Dann den Vorgang ein drittes Mal wiederholen.

3 Die Gemüsesorten in gleich große Stücke schneiden oder hacken, mit dem restlichen Fond zum Reis geben, abdecken und 8 Minuten auf höchster Stufe in der Mikrowelle garen; dabei gelegentlich umrühren, bis ein Großteil der Flüssigkeit aufgenommen und der Reis gerade gar ist.

4 Die Petersilie unterrühren, mit Salz und Pfeffer abschmecken, zudecken und mindestens 5 Minuten ruhen lassen. Der Reis sollte jetzt zart und cremig sein.

5 Den Parmesan über den Risotto streuen und sofort servieren.

2

3

4

TIPP

Der Risotto erhält noch mehr Biss, wenn Sie geröstete Pinienkerne oder grob gehackte Cashewkerne gegen Ende der Garzeit zufügen.

Meeresfrüchte-Risotto Genua

Für diesen Risotto müssen Sie den Reis zuerst kochen, dann die Sauce vorbereiten und schließlich beides miteinander mischen.

NÄHRWERTANGABEN

Kilokalorien	424	Zucker	0 g
Eiweiß	23 g	Fett	17 g
Kohlenhydrate	46 g	davon gesättigt	10 g

10 Min. 25 Min.

4 Personen

ZUTATEN

- 1,2 l Fisch- oder Hühnerfond, erhitzt
- 350 g Arborio-Reis
- 2 EL Butter
- 2 Knoblauchzehen, zerdrückt
- 250 g Meeresfrüchte (vorzugsweise roh), wie etwa Garnelen, Tintenfisch, Muscheln und Krabben
- 2 EL frisch gehackter Oregano und ein wenig Oregano zum Garnieren
- 50 g frisch geriebener Pecorino oder Parmesan

1 Den Fond in einem Topf erhitzen, Reis zufügen und 12 Minuten darin kochen, bis der Reis gar ist; dabei regelmäßig umrühren. Dann sorgfältig abtropfen lassen und die Garflüssigkeit auffangen.

2 Die Butter in einer Pfanne erhitzen und den Knoblauch unterrühren.

3 Die Meeresfrüchte zugeben und 5 Minuten anbraten (vorgegarte Meeresfrüchte nur 2–3 Minuten braten).

4 Oregano unter die Mischung in der Pfanne rühren.

5 Den Reis zufügen und 2–3 Minuten unter ständigem Rühren aufwärmen, bis er vollkommen erhitzt ist. Falls der Risotto zu klebrig wird, etwas von der aufgefangenen Garflüssigkeit unterrühren.

6 Pecorino oder Parmesan zufügen und sorgfältig mischen.

7 Den Risotto auf vorgewärmte Servierteller geben und sofort servieren.

TIPP

Die Genueser Küche ist berühmt für ihre köstlichen Fischgerichte, die meist mit dem Olivenöl aus der Region zubereitet werden.

Champignon-Käse-Risotto

Für diesen cremigen Risotto sollten Sie unbedingt Arborio-Reis und frisch geriebenen Parmesan verwenden.

NÄHRWERTANGABEN

Kilokalorien	358	Zucker	3 g
Eiweiß	11 g	Fett	14 g
Kohlenhydrate	50 g	davon gesättigt	5 g

20 Min. 40 Min.

4 Personen

ZUTATEN

2 EL Oliven- oder Pflanzenöl
250 g Arborio-Reis
2 Knoblauchzehen, zerdrückt
1 Zwiebel, gehackt
2 Selleriestangen, gehackt
1 rote oder grüne Paprika, entkernt und gehackt
250 g Champignons, in Scheiben geschnitten
1 EL frisch gehackter Oregano oder 1 TL getrockneter Oregano
1 l Gemüsefond
60 g sonnengetrocknete Tomaten in Öl, abgetropft und gehackt (nach Wunsch)
Salz und Pfeffer
3 EL frisch geriebener Parmesan

GARNIERUNG

glatte Petersilienzweige
frische Lorbeerblätter

1 Das Öl in einem Wok oder einer Pfanne erhitzen, den Reis zufügen und unter ständigem Rühren 5 Minuten garen.

2 Knoblauch, Zwiebel, Sellerie und Paprika zugeben und unter ständigem Rühren weitere 5 Minuten dünsten. Dann die Champignons unterrühren und 3–4 Minuten garen.

3 Oregano und Fond zufügen, einmal aufkochen, dann die Temperatur reduzieren, abdecken und ca. 20 Minuten köcheln, bis der Reis zart und cremig ist.

4 Sonnengetrocknete Tomaten zugeben, mit Salz und Pfeffer abschmecken und die Hälfte des Parmesans unterrühren. Mit dem restlichen Käse bestreuen, mit Petersilienzweigen sowie Lorbeerblättern garnieren und sofort servieren.

2

3

4

Hähnchen-Risotto Milano

Dieses Gericht ist weltbekannt und vielleicht sogar der beste italienische Risotto überhaupt. Allerdings gibt es viele regionale Varianten.

NÄHRWERTANGABEN

Kilokalorien 857	Zucker . . . . .1 g
Eiweiß . . . . .57 g	Fett . . . . .38 g
Kohlenhydrate . .72 g	davon gesättigt .21 g

5 Min. — 55 Min.

4 Personen

ZUTATEN

- 1 kg Hähnchenfleisch, in dünne Scheiben geschnitten
- 1 große Zwiebel, gehackt
- 125 g Butter
- 500 g Arborio-Reis
- 150 ml Weißwein
- 1 TL Safran
- Salz und Pfeffer
- 600 ml Hühnerbrühe
- 60 g geriebener Parmesan, zum Servieren

1 Hähnchenfleisch und Zwiebel mit 60 g Butter goldbraun anbraten.

2 Den Reis zugeben und gut mit den anderen Zutaten vermengen.

3 Mit Weißwein ablöschen, Safran zugeben und mit Salz und Pfeffer abschmecken. Die heiße Brühe nach und nach zugießen. Dann bei geringer Hitze insgesamt 20 Minuten köcheln. Dabei gelegentlich umrühren und eventuell etwas Brühe zugießen.

4 Den fertigen Risotto einige Minuten ruhen lassen. Anschließend noch etwas Brühe zugießen, weitere 10 Minuten köcheln und mit Parmesan und Butterflöckchen bestreut servieren.

1

2

3

Risi e Bisi

Falls Sie frische Erbsen verwenden möchten, brauchen Sie etwa 1 Kilogramm Schoten. Sie werden mit dem Fond in den Topf gegeben.

NÄHRWERTANGABEN

Kilokalorien 409	Zucker ....2 g
Eiweiß ....15 g	Fett ....23 g
Kohlenhydrate ..38 g	davon gesättigt 12 g

10 Min. 50 Min.

4 Personen

ZUTATEN

1 EL Olivenöl
2–3 EL Butter
60 g Pancetta, gehackt
1 kleine Zwiebel, gehackt
1,4 l Hühnerfond, erhitzt
200 g Arborio-Reis
3 EL frisch gehackte Petersilie
250 g Erbsen aus dem Tiefkühlfach
oder Minierbsen aus der Dose
oder 1 kg frische Erbsen
Pfeffer
60 g frisch geriebener Parmesan

1 Das Öl und die Hälfte der Butter in einem Topf erhitzen.

2 Pancetta und Zwiebel zufügen und 5 Minuten anbraten.

3 Den Fond (und frische Erbsen) in den Topf geben und aufkochen.

4 Reis unterrühren, mit Pfeffer abschmecken und unter gelegentlichem Rühren etwa 20–30 Minuten köcheln, bis der Reis gar ist.

5 Petersilie und tiefgefrorene Erbsen oder Minierbsen aus der Dose zufügen und 8 Minuten garen, bis die Erbsen vollständig erhitzt sind.

6 Restliche Butter und Parmesan unterrühren und mit frisch gemahlenem schwarzem Pfeffer sofort servieren.

Pesto-Reis mit Knoblauchbrot

Eine wundervolle Kombination aus zwei Sorten Reis, Pinienkernen, Basilikum und frisch geriebenem Parmesan.

NÄHRWERTANGABEN

Kilokalorien	918	Zucker	2 g
Eiweiß	18 g	Fett	64 g
Kohlenhydrate	73 g	davon gesättigt	19 g

20 Min. 40 Min.

4 Personen

ZUTATEN

- 300 g Langkorn- und Wildreismischung
- frische Basilikumzweige, zum Garnieren
- Tomaten-Orangen-Salat, zum Servieren

PESTO-DRESSING

- 15 g frisches Basilikum
- 125 g Pinienkerne
- 2 Knoblauchzehen, zerdrückt
- 6 EL Olivenöl
- 60 g frisch geriebener Parmesan
- Salz und Pfeffer

KNOBLAUCHBROT

- 2 kleine Vollkornbaguettes
- 100 g weiche Butter
- 2 Knoblauchzehen, zerdrückt
- 1 TL getrocknete Kräutermischung
- Salz und Pfeffer

1 Den Reis in einem Topf mit Wasser bedecken, aufkochen und 15–20 Minuten garen; dann abtropfen lassen und warm halten.

2 In der Zwischenzeit das Pesto-Dressing zubereiten: Die Basilikumblätter fein hacken, ca. 1 Esslöffel der Pinienkerne beiseite legen und den Rest fein hacken. Mit dem Basilikum und den anderen Dressingzutaten mischen. Oder: Alle Zutaten im Mixer glatt pürieren. Dann beiseite stellen.

3 Für das Knoblauchbrot das Brot alle 3 cm tief einschneiden (aber nicht vollkommen durchschneiden). Butter mit Knoblauch, Kräutern, Salz und Pfeffer verrühren und dick zwischen die Brotscheiben streichen.

4 Das Brot in Alufolie wickeln und im vorgeheizten Backofen bei 200 °C 10–15 Minuten backen.

5 Die beiseite gelegten Pinienkerne in einer Pfanne (ohne Fett) 2–3 Minuten goldbraun rösten. Das Pesto-Dressing unter den heißen Reis rühren und in eine vorgewärmte Servierschüssel geben. Mit Pinienkernen bestreuen, mit Basilikum garnieren und mit Knoblauchbrot und einem Tomaten-Orangen-Salat servieren.

2

3

5

Grüner Osterauflauf

Dieser Risotto kommt im norditalienischen Piemont traditionell zu Ostern auf den Tisch. Er wird entweder warm serviert oder gekühlt gegessen.

NÄHRWERTANGABEN

Kilokalorien	392	Zucker	3 g
Eiweiß	17 g	Fett	17 g
Kohlenhydrate	41 g	davon gesättigt	5 g

25 Min. 50 Min.

4 Personen

ZUTATEN

- 80 g Rucola
- 2 EL Olivenöl
- 1 Zwiebel, gehackt
- 2 Knoblauchzehen, zerdrückt
- 200 g Arborio-Reis
- 700 ml Hühner- oder Gemüsebrühe, erhitzt
- 125 ml Weißwein
- 50 g frisch geriebener Parmesan
- 100 g Erbsen, Tiefkühlware aufgetaut
- 2 Tomaten, gewürfelt
- 4 Eier, verquirlt
- 3 EL frisch gehackter Majoran
- Salz und Pfeffer
- 3 EL Semmelbrösel

1 Eine Ring- oder Springform (25 cm Durchmesser) leicht einfetten und mit Backpapier auslegen.

2 Rucolablätter mit einem Messer grob hacken.

3 Das Öl in einer großen Pfanne erhitzen. Die Zwiebel und den Knoblauch darin 4–5 Minuten weich dünsten.

4 Den Reis zugeben und mit dem Öl und den Zwiebeln vermengen. Dann nach und nach die Brühe zugießen. Zwischendurch immer so lange warten, bis die neu zugefügte Flüssigkeit aufgesogen ist, bevor weitere zugegeben wird.

5 Wenn die Brühe aufgesogen ist, den Wein zugießen. Den Reis so lange kochen, bis alle Flüssigkeit verbraucht und er gar ist. Dies dauert etwa 15 Minuten.

6 Parmesan, Erbsen, Rucola, Tomaten, Eier und 2 Esslöffel Majoran unter den fertig gegarten Reis rühren. Anschließend mit Salz und Pfeffer abschmecken.

7 Die fertige Mischung in die vorbereitete Springform füllen und die Oberfläche mit einem Holzlöffel glatt streichen.

8 Die Reismischung mit den Semmelbröseln und dem restlichen Majoran bestreuen.

9 Den so vorbereiteten Auflauf 30 Minuten in einem auf 180 °C vorgeheizten Ofen garen, bis er fest ist. In Stücke schneiden und sofort servieren.

2

6

7

Auberginen-Reis-Rouladen

Blanchierte Auberginenscheiben mit einer würzigen Füllung aus Reis und Nüssen in pikanter Tomaten-Wein-Sauce.

NÄHRWERTANGABEN

Kilokalorien	142	Zucker	3 g
Eiweiß	6 g	Fett	9 g
Kohlenhydrate	9 g	davon gesättigt	3 g

30 Min. 65 Min.

8 Personen

ZUTATEN

- 3 Auberginen (ca. 750 g)
- 3 EL Langkorn- und Wildreismischung
- 4 Frühlingszwiebeln, geputzt und in dünne Ringe geschnitten
- 3 EL Cashewkerne, gehackt, oder Haselnüsse, gehackt und geröstet
- 2 EL Kapern
- 1 Knoblauchzehe, zerdrückt
- 2 EL frisch geriebener Parmesan
- 1 Ei, verquirlt
- Salz und Pfeffer
- 1 EL Olivenöl
- 1 EL Balsamico-Essig
- 2 EL Tomatenmark
- 150 ml Wasser
- 150 ml Weißwein
- Korianderzweige, zum Garnieren

1 Die beiden Enden der Auberginen abschneiden und jede Aubergine in 16 dünne Scheiben schneiden.

2 Die Auberginenscheiben 5 Minuten blanchieren und auf Küchenpapier abtropfen lassen.

3 Den Reis in Salzwasser 12 Minuten kochen, bis er gerade gar ist, abtropfen lassen und in eine Schüssel geben. Frühlingszwiebeln, Nüsse, Kapern, Knoblauch, Käse, Ei, Salz und Pfeffer zufügen und sorgfältig mischen.

4 Die Auberginenscheiben dünn mit der Reismischung bestreichen, dann aufrollen und mit Cocktailstäbchen oder Zahnstochern feststecken. In eine gefettete Auflaufform geben und mit Olivenöl bestreichen.

5 Essig, Tomatenmark und Wasser mischen, über die Rouladen geben und im vorgeheizten Backofen bei 180 °C etwa 40 Minuten garen, bis die Flüssigkeit vollständig aufgenommen ist. Dann auf einen Servierteller legen.

6 Den Wein zum Bratensud geben und vorsichtig erhitzen, bis sich die Reste vom Boden lösen, dann 2–3 Minuten bei schwacher Hitze köcheln. Mit Salz und Pfeffer abschmecken und die Sauce durch ein Sieb über die Auberginenrouladen gießen. Abkühlen lassen und dann im Kühlschrank vollständig durchkühlen. Mit Korianderzweigen garnieren und servieren.

Polenta mit Champignonsauce

Polenta lässt sich auf verschiedene Arten zubereiten und kann sowohl heiß als auch kalt und mit würzigen oder süßen Beilagen serviert werden.

NÄHRWERTANGABEN

Kilokalorien	661	Zucker	5 g
Eiweiß	15 g	Fett	34 g
Kohlenhydrate	68 g	davon gesättigt	12 g

$1^1/_4$ Std. 1 Std.

4 Personen

ZUTATEN

- $1^1/_2$ l Wasser
- $1^1/_2$ TL Salz
- 300 g Polenta- oder Maismehl
- 2 Eier, verquirlt (nach Wunsch)
- 125 g frische Semmelbrösel (nach Wunsch)
- Pflanzenöl, zum Frittieren und Einfetten
- 2 Portionen Tomatensauce (s. S. 28)

CHAMPIGNONSAUCE

- 3 EL Olivenöl
- 250 g Champignons, in Scheiben geschnitten
- 2 Knoblauchzehen, zerdrückt
- 150 ml trockener Weißwein
- Salz und Pfeffer
- 4 EL Crème double
- 2 EL frisch gehackte Kräuter

1 Wasser mit dem Salz in einem Topf aufkochen und das Polentamehl nach und nach zufügen; dabei ständig rühren, damit sich keine Klumpen bilden. Die Mischung ca. 30–35 Minuten bei schwacher Hitze unter häufigem Rühren köcheln, bis die Polenta andickt und sich von den Seiten des Topfes löst. Da die Mischung Blasen wirft und spritzt, den Topf teilweise zudecken.

2 Eine flache Auflaufform (30 cm x 20 cm) einfetten, die Polenta hineingeben und gleichmäßig verteilen. Abkühlen lassen und mehrere Stunden bei Zimmertemperatur ruhen lassen.

3 Die Polenta in 30–36 Quadrate schneiden. Das Öl in einer Pfanne erhitzen und die Quadrate ca. 5 Minuten von allen Seiten goldbraun braten; dabei mehrmals wenden. Oder: Jedes Quadrat vor dem Braten in die verquirlten Eier tauchen und in Semmelbröseln wälzen.

4 Für die Champignonsauce Öl erhitzen und die Champignons zusammen mit dem Knoblauch 3–4 Minuten anbraten. Den Wein zufügen, mit Salz und Pfeffer abschmecken und 5 Minuten köcheln. Dann Crème double und Kräuter unterrühren und 1–2 Minuten köcheln.

5 Die Polenta mit der Champignonsauce servieren.

1

2

3

Polenta mit Kaninchenragout

Sie können die Polenta nicht nur frisch (wie in diesem Gericht) servieren, sondern auch abkühlen lassen, in Scheiben schneiden und grillen.

NÄHRWERTANGABEN

Kilokalorien	726	Zucker	2 g
Eiweiß	61 g	Fett	25 g
Kohlenhydrate	55 g	davon gesättigt	6 g

20 Min. 2 Std.

4 Personen

ZUTATEN

300 g Polenta- oder Maismehl
1 EL grobkörniges Meersalz
1,2 l Wasser
4 EL Olivenöl
2 kg Kaninchenteile
3 Knoblauchzehen, geschält
3 Schalotten, in Ringe geschnitten
150 ml Rotwein
1 Karotte, in Scheiben geschnitten
1 Selleriestange, in Scheiben geschnitten
2 Lorbeerblätter
1 Rosmarinzweig
3 Tomaten, gehäutet und gewürfelt
100 g schwarze Oliven, entsteint
Salz und Pfeffer

1 Eine Auflaufform einfetten. Polentamehl, Salz und Wasser in einem Topf erhitzen; dabei ständig rühren. Dann aufkochen und unter ständigem Rühren 10 Minuten kochen. Die Polenta in die Form geben und im vorgeheizten Backofen bei 190 °C 40 Minuten garen.

2 In der Zwischenzeit das Öl in einem Topf erhitzen, Kaninchenteile, Knoblauch und Schalotten zufügen und 10 Minuten goldbraun anbraten.

3 Den Wein unterrühren und weitere 5 Minuten kochen.

4 Dann Karotte, Sellerie, Lorbeerblätter, Rosmarin, Tomaten, Oliven und 300 ml Wasser zufügen, abdecken und 45 Minuten köcheln, bis das Kaninchenfleisch gar ist. Mit Salz und Pfeffer abschmecken.

5 Eine Portion Polenta mit etwas Kaninchenragout auf jeden Servierteller geben und sofort servieren.

Spinat-Gnocchi

Diese Gnocchi werden aus Kartoffeln und Spinat zubereitet und mit einer Tomaten-Basilikum-Sauce serviert.

NÄHRWERTANGABEN

Kilokalorien	337	Zucker	4 g
Eiweiß	9 g	Fett	10 g
Kohlenhydrate	52 g	davon gesättigt	4 g

25 Min. 1 Std.

4 Personen

ZUTATEN

450 g fest kochende Kartoffeln
75 g Spinat
1 TL Wasser
1 EL Butter
1 kleines Ei, verquirlt
150 g Mehl
frische Basilikumzweige, zum Garnieren

TOMATENSAUCE

1 EL Olivenöl
1 Schalotte, gehackt
1 EL Tomatenmark
250 g gehackte Tomaten aus der Dose
2 EL frisch gehacktes Basilikum
100 ml Rotwein
1 TL feiner Zucker
Salz und Pfeffer

3

4

6

1 Die ungeschälten Kartoffeln 20 Minuten kochen, abtropfen lassen und mit einem Karoffelstampfer zerdrücken.

2 Den Spinat mit dem Wasser 5 Minuten garen und abtropfen lassen. Mit Küchenpapier trockentupfen, hacken und zur Kartoffelmasse geben.

3 Butter, Ei und die Hälfte des Mehls zur Kartoffel-Spinat-Mischung geben und vermengen. Auf eine bemehlte Arbeitsfläche legen und das restliche Mehl unterkneten, bis ein weicher Teig entsteht.

4 Den Teig mit leicht bemehlten Händen zu dünnen Strängen rollen und in 2 cm lange Stücke schneiden. Dann in die Mitte jedes Teigstücks eine Vertiefung drücken, die Gnocchi abdecken und abkühlen lassen.

5 Für die Sauce das Öl erhitzen und die Schalotten 5 Minuten dünsten. Tomatenmark, Tomaten, Basilikum, Rotwein und Zucker zufügen, mit Salz und Pfeffer abschmecken, aufkochen und 20 Minuten köcheln.

6 Salzwasser in einem Topf aufkochen. Die Gnocchi darin 2–3 Minuten kochen, bis sie an die Oberfläche steigen. Sorgfältig abtropfen lassen, auf Servierteller geben und etwas Tomatensauce darüber geben. Mit Basilikumzweigen garnieren und sofort servieren.

Gnocchi Romana

Dies ist ein traditionelles Gericht. Wenn es weniger gehaltvoll sein soll, können Sie problemlos auf die Eier verzichten.

NÄHRWERTANGABEN

Kilokalorien	709	Zucker	9 g
Eiweiß	32 g	Fett	41 g
Kohlenhydrate	58 g	davon gesättigt	25 g

1 1/4 Std. — 45 Min.

4 Personen

ZUTATEN

- 700 ml Milch
- 1 Prise frisch geriebene Muskatnuss
- 100 g Butter und etwas Butter zum Einfetten
- Salz und Pfeffer
- 250 g Weizengrieß
- 125 g frisch geriebener Parmesan
- 2 Eier, verquirlt
- 60 g geriebener Gruyère
- frische Basilikumzweige, zum Garnieren

1 Die Milch in einem Topf aufkochen. Vom Herd nehmen und Muskat, 1 Esslöffel Butter, Salz und Pfeffer nach Geschmack einrühren.

2 Den Grieß unter ständigem Rühren in die Milch streuen, um Klümpchenbildung zu verhindern, und bei schwacher Hitze unter ständigem Rühren 10 Minuten köcheln, bis die Milch eindickt.

3 Die Hälfte des Parmesans unter die Milch rühren, dann die Eier zugeben und verquirlen. Die Mischung einige Minuten leicht abkühlen lassen.

4 Den Grießteig in einer 1 cm dicken Schicht auf ein Blatt Backpapier oder ein großes eingeöltes Backblech streichen. Vollständig abkühlen lassen, dann für 1 Stunde in den Kühlschrank stellen.

5 Aus dem Grießteig Gnocchischeiben mit einem Durchmesser von 4 cm ausstechen.

6 Eine flache Auflaufform einfetten und den Boden mit den Teigresten auslegen. Mit einander überlappenden Gnocchi bedecken.

7 Die restliche Butter zerlassen und über die Gnocchi träufeln. Mit dem restlichen Parmesan, dann mit dem Gruyère bestreuen. 25–30 Minuten im vorgeheizten Backofen bei 200 °C backen, bis die Oberfläche knusprig und goldbraun ist. Mit Basilikum garnieren und servieren.

2

5
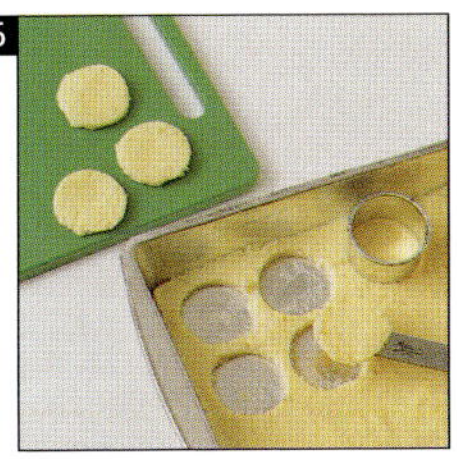

7

Gnocchi piemontese

Gnocchi sind eine Spezialität aus Norditalien: kleine Knödel aus Weizenmehl und Kartoffeln. Bereiten Sie die Espagnole-Sauce früh genug vor.

NÄHRWERTANGABEN

Kilokalorien	643	Zucker	4 g
Eiweiß	25 g	Fett	44 g
Kohlenhydrate	34 g	davon gesättigt	21 g

4 3/4 Std. — 15 Min.

4 Personen

ZUTATEN

- 500 g frisch gekochte Kartoffeln, zerstampft
- 4 EL Mehl, mit 1/2 TL Backpulver versetzt
- 1 Ei
- 2 Eigelb
- Salz und Pfeffer
- 1 EL Olivenöl

SAUCE

- 150 ml Espagnole-Sauce (s. S. 29)
- 2–3 EL Butter
- 180 g frisch geriebener Parmesan
- frische Kräuter, zum Garnieren

1 Kartoffeln, Mehl, Ei und Eigelb in einer Schüssel mischen, kräftig mit Salz und Pfeffer abschmecken und zu einem Teig verrühren.

2 Kleine Teigstücke abzupfen und zwischen den Handflächen zu walnussgroßen Kugeln rollen. Mit einer Gabel zu kleinen Rollen flach drücken.

3 Die Gnocchi mit Olivenöl 10 Minuten in einem großen Topf mit leicht gesalzenem, sprudelndem Wasser garen.

4 Espagnole-Sauce und Butter bei schwacher Hitze in einem großen Topf verrühren. Nach und nach den Parmesan einrühren.

5 Die Gnocchi aus dem Wasser nehmen und mit der Sauce vermengen, auf Tellern anrichten, garnieren und servieren.

VARIATION

Trentiner Tomatensauce:
120 g fein gehackte getrocknete Tomaten, 1 geschnittene Selleriestange, 1 zerdrückte Knoblauchzehe und 6 EL Rotwein 15–20 Minuten köcheln. 8 gehäutete, gehackte Eiertomaten einrühren, abschmecken und noch 10 Minuten köcheln.

Grüne Gnocchi mit Tomatensauce

Diese kleinen und in Italien beliebten Kartoffelklößchen werden mit Spinat aromatisiert und mit einer einfachen Tomatensauce serviert.

NÄHRWERTANGABEN

Kilokalorien	315	Zucker	7 g
Eiweiß	8 g	Fett	8 g
Kohlenhydrate	56 g	davon gesättigt	1 g

20 Min. 30 Min.

4 Personen

ZUTATEN

- 300 g mehlig kochende Kartoffeln, gewürfelt
- 200 g junger Blattspinat
- 1 Eigelb
- 1 TL Olivenöl
- 125 g Mehl
- Salz und Pfeffer
- Spinatblätter, zum Garnieren

SAUCE

- 1 EL Olivenöl
- 2 Schalotten, gehackt
- 1 Knoblauchzehe, zerdrückt
- 300 g Passata (passierte Tomaten)
- 2 TL hellbrauner Zucker

3

3

6

1 Die Kartoffeln in einem Topf mit kochendem Wasser etwa 10–15 Minuten garen. Gründlich abgießen und dann zu Püree zerstampfen.

2 Unterdessen den Spinat in einem separaten Topf 1–2 Minuten in kochendem Wasser blanchieren, abgießen und hacken.

3 Das Kartoffelpüree auf eine leicht bemehlte Arbeitsfläche geben und eine Vertiefung in die Mitte drücken. Eigelb, Öl, Spinat und etwas Mehl hineingeben und mit der Kartoffelmasse verkneten. Dabei allmählich mehr Mehl zufügen, bis ein fester Teig entsteht. Mit Salz und Pfeffer abschmecken und kleine Klößchen formen.

4 Die Klößchen portionsweise jeweils ca. 5 Minuten in kochendem Salzwasser garen, bis sie an die Oberfläche steigen.

5 Unterdessen die Sauce zubereiten: Öl, Schalotten, Knoblauch, Passata und Zucker in einen Topf geben und bei schwacher Hitze 10–15 Minuten köcheln, bis die Sauce eingedickt ist.

6 Die Gnocchi mit einem Schaumlöffel herausheben und auf Teller verteilen. Mit der Sauce und mit frischem Spinat garniert servieren.

VARIATION

Statt Spinat können Sie dem Gnocchi-Teig auch frisch gehackte Kräuter oder geriebenen Käse zufügen.

Pizza & Brot

Es gibt kaum etwas Unwiderstehlicheres als den Duft und den Geschmack von frisch gebackener Pizza aus dem Steinofen. Die Rezepte für den Grundteig und die frische Tomatensauce in diesem Kapitel garantieren, auch Ihrer Pizza

dieses typisch italienische Aroma zu verleihen. Beim Belag haben Sie freie Wahl – von Salami und Rauchfleisch bis hin zu knackigem Gemüse und frischen Kräutern. Auch die italienischen Brote fangen das Flair und Aroma der Mittelmeerküche wundervoll ein. Die hier vorgestellten Brotsorten können zum Aufnehmen der Saucen zahlreicher italienischer Gerichte oder als eigenständige, schmackhafte Zwischenmahlzeit gereicht werden.

Brotteig

Der Boden einer Pizza wird traditionell aus Brotteig bereitet. Dieses Rezept hilft Ihnen, eine wahrhaft italienische Pizza zu kreieren.

NÄHRWERTANGABEN

Kilokalorien 182	Zucker ....2 g
Eiweiß ....5 g	Fett ....3 g
Kohlenhydrate ..36 g	davon gesättigt 0,5 g

1½ Std. — keine

4 Personen

ZUTATEN

- 15 g frische Hefe oder 1 TL Trockenhefe
- 100 ml lauwarmes Wasser
- ½ TL Zucker
- 1 EL Olivenöl
- 200 g Mehl
- 1 TL Salz

1 Die frische Hefe mit Wasser und Zucker in einer Schüssel verrühren. Oder: Die Trockenhefe ins Wasser streuen und mit einem Schneebesen sorgfältig verrühren, bis sie sich auflöst.

2 Die Hefemischung an einem warmen Ort 10–15 Minuten ruhen lassen, bis sich Bläschen an der Oberfläche bilden. Dann das Olivenöl unterrühren.

3 Mehl und Salz in eine Schüssel sieben, eine Vertiefung in die Mitte drücken und die Hefemischung hineingeben.

4 Die Zutaten zu einem geschmeidigen Teig verrühren, dann auf eine bemehlte Arbeitsfläche geben und den Teig 5 Minuten kneten, bis er glatt und elastisch ist.

5 Den Teig in einen eingefetteten Gefrierbeutel legen und an einem warmen Ort ca. 1 Stunde gehen lassen, bis er sein Volumen verdoppelt hat.

6 Dann den Teig auf einer leicht bemehlten Arbeitsfläche „abschlagen", d.h. durchkneten. Durch das Abschlagen können die entstandenen Luftblasen entweichen, sodass der Teig beim Backen gleichmäßig aufgeht. Den Teig wenden und erneut durchkneten. Den Vorgang viermal wiederholen. Er ist jetzt für die weitere Verwendung bereit.

3

4

6

Brötchenteig

Falls Sie einmal keine Zeit haben, darauf zu warten, dass der Brotteig aufgeht, verwenden Sie doch einfach diese schnellere Variante.

NÄHRWERTANGABEN

Kilokalorien	215	Zucker	3 g
Eiweiß	5 g	Fett	7 g
Kohlenhydrate	35 g	davon gesättigt	4 g

20 Min. keine

4 Personen

ZUTATEN

200 g Mehl

1 1/2–2 TL Backpulver

1/2 TL Salz

1 EL Butter

150 ml Milch

1 Mehl, Backpulver und Salz in eine große Schüssel sieben.

2 Die Butter unter das Mehl mischen, bis die Mischung an feine Semmelbrösel erinnert.

3 Eine Vertiefung in die Mitte drücken, fast die gesamte Milch hineingeben und rasch zu einem Teig verarbeiten. Die restliche Milch nur dann zufügen, wenn der Teig zu fest ist.

4 Den Teig auf eine bemehlte Arbeitsfläche legen und kräftig durchkneten, dann wenden und erneut durchkneten. Den Vorgang 3–4-mal wiederholen.

5 Dann den Teig auf einem leicht eingefetteten Backblech zu einem Kreis (25 cm Durchmesser) ausrollen, den Teig am Rand etwas höher ziehen und sofort verwenden.

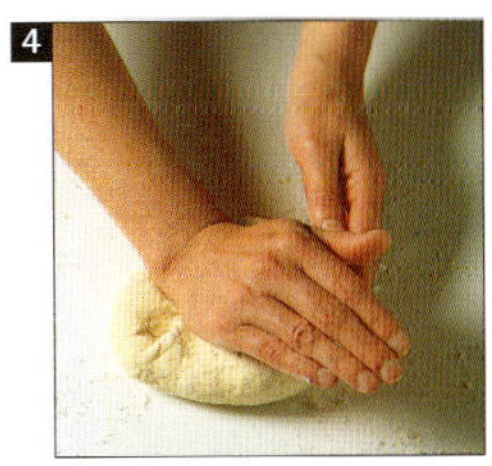

Kartoffelteig

Dieser ungewöhnliche Pizzateig wird aus Kartoffeln und Mehl hergestellt und eignet sich gut zur Verarbeitung gekochter Kartoffeln vom Vortag.

NÄHRWERTANGABEN

Kilokalorien	170	Zucker	1 g
Eiweiß	4 g	Fett	3 g
Kohlenhydrate	34 g	davon gesättigt	1 g

2¼ Std. keine

4 Personen

ZUTATEN

250 g Kartoffeln, gegart
2–3 EL Butter oder Margarine
150 g Mehl
1–1½ TL Backpulver
½ TL Salz

1 *Frisch gekochte Kartoffeln* zerdrücken und die Butter gleichmäßig unterrühren. Dann abkühlen lassen.

2 Mehl, Backpulver und Salz durch ein Sieb zu der Kartoffelmasse geben und zu einem weichen Teig verarbeiten.

3 *Kartoffeln vom Vortag* ohne die Butter zerdrücken und Mehl, Backpulver und Salz in eine Schüssel sieben.

4 Die Butter unter das Mehl mischen, bis die Mischung an feine Semmelbrösel erinnert. Dann die Mehlmischung zur Kartoffelmasse geben und zu einem weichen Teig verarbeiten.

5 Den Teig auf einem leicht eingefetteten Backblech zu einem Kreis (25 cm Durchmesser) ausrollen, den Teig am Rand etwas höher ziehen und mit einem Belag nach Wahl belegen. Da sich dieser Teig nur schlecht anheben lässt, empfiehlt es sich, ihn direkt auf dem Backblech auszurollen.

6 Falls Sie den Boden nicht direkt verwenden wollen, mit Frischhaltefolie bedeckt bis zu 2 Stunden im Kühlschrank aufbewahren.

Tomatensauce für Pizza

Die klassische Tomatensauce für Pizzaböden – mit Tomaten aus der Dose schnell und leicht zubereitet.

NÄHRWERTANGABEN			
Kilokalorien	41	Zucker	3 g
Eiweiß	1 g	Fett	3 g
Kohlenhydrate	3 g	davon gesättigt	0,4 g

5 Min. 25 Min.

4 Personen

ZUTATEN

1 EL Olivenöl
1 kleine Zwiebel, gehackt
1 Knoblauchzehe, zerdrückt
200 g gehackte Tomaten aus der Dose
2 TL Tomatenmark
1/2 TL Zucker
1/2 TL getrockneter Oregano
1 Lorbeerblatt
Salz und Pfeffer

1 Olivenöl erhitzen, Zwiebel und Knoblauch darin 5 Minuten glasig dünsten.

2 Tomaten, Tomatenmark, Zucker, Oregano und Lorbeerblatt zufügen, sorgfältig verrühren und mit Salz und Pfeffer abschmecken.

3 Die Sauce aufkochen, abdecken und bei schwacher Hitze 20 Minuten köcheln, bis sie andickt; dabei gelegentlich umrühren.

4 Lorbeerblatt entfernen, erneut abschmecken und vor der Verwendung vollständig abkühlen lassen. Die Sauce ist in einem luftdicht verschließbaren Gefäß bis zu 1 Woche im Kühlschrank haltbar.

1

2

4

Tomatensauce de Luxe

Diese Sauce wird aus frischen Tomaten bereitet. Am besten verwenden Sie möglichst reife, dunkelrote Flaschentomaten.

NÄHRWERTANGABEN

Kilokalorien 81	Zucker ....6 g
Eiweiß ....1 g	Fett ....6 g
Kohlenhydrate ...6 g	davon gesättigt .1 g

10 Min. 35 Min.

4 Personen

ZUTATEN

2 EL Olivenöl
1 kleine Zwiebel, gehackt
1 kleine rote Paprika, gehackt
1 Knoblauchzehe, zerdrückt
250 g Tomaten
1 EL Tomatenmark
1 TL brauner Rohrzucker
2 TL frisch gehacktes Basilikum
1/2 TL getrockneter Oregano
1 Lorbeerblatt
Salz und Pfeffer

1 Olivenöl erhitzen, Zwiebel, Paprika und Knoblauch darin glasig dünsten.

2 Die Tomaten auf der Unterseite kreuzförmig einritzen, in eine Schüssel geben, mit kochendem Wasser begießen und 1 Minute ruhen lassen. Dann abtropfen lassen und in kaltes Wasser tauchen. Die Haut lässt sich jetzt mühelos abziehen.

3 Dann die Tomaten hacken; eventuelle harte Kerne entfernen.

4 Die Tomaten mit Tomatenmark, Zucker, Kräutern, Salz und Pfeffer zur Zwiebelmischung geben. Die Sauce sorgfältig verrühren, aufkochen, abdecken und 30 Minuten bei schwacher Hitze köcheln, bis sie leicht andickt; gelegentlich umrühren.

5 Lorbeerblatt entfernen, erneut abschmecken und vor der Verwendung vollständig abkühlen lassen.

6 Die Sauce ist in einem luftdicht verschließbaren Gefäß bis zu 1 Woche im Kühlschrank haltbar.

1

2

4

Pizza Margherita

Der frische Pizzateig ist nicht schwer zuzubereiten, aber man benötigt ein wenig Zeit.

NÄHRWERTANGABEN

Kilokalorien	456	Zucker	7 g
Eiweiß	16 g	Fett	13 g
Kohlenhydrate	74 g	davon gesättigt	5 g

1 Std. 45 Min.

4 Personen

ZUTATEN

PIZZA-GRUNDTEIG

7 g Trockenhefe
1 TL Zucker
250 ml lauwarmes Wasser
350 g Weizenmehl
1 TL Salz
1 EL Olivenöl

BELAG

400 g gehackte Tomaten aus der Dose
2 Knoblauchzehen, zerdrückt
2 TL getrocknetes Basilikum
1 EL Olivenöl
Salz und Pfeffer
2 EL Passata (passierte Tomaten)
100 g Mozzarella, gewürfelt
2 EL frisch geriebener Parmesan

1

2

3
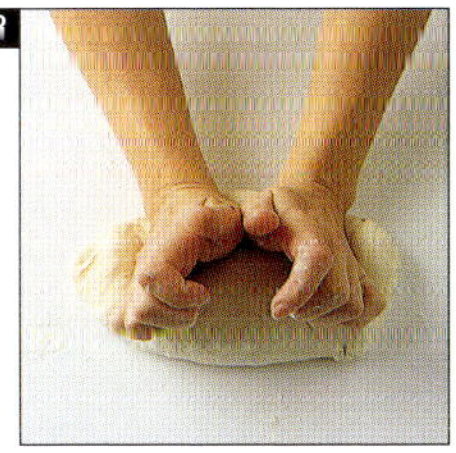

1 Hefe und Zucker in einen Messbecher geben, mit 50 ml Wasser auffüllen und etwa 15 Minuten gehen lassen, bis die Mischung schäumt.

2 Das Mehl mit dem Salz in einer Schüssel vermengen. Eine Vertiefung in die Mitte drücken. Das Öl, die angerührte Hefe und das restliche Wasser zugießen und alles zu einem festen Teig verrühren.

3 Den Teig auf eine bemehlte Arbeitsfläche geben und 4–5 Minuten glatt kneten.

4 Den Teig zurück in die Schüssel geben, mit eingefetteter Frischhaltefolie abdecken und 30 Minuten gehen lassen, bis er sein Volumen verdoppelt hat.

5 Den aufgegangenen Teig noch einmal 2 Minuten durchkneten. Mit der Hand glatt streichen und auf ein eingefettetes Backblech legen und ausrollen. Er sollte nicht dicker als 6 mm sein, da er beim Backen noch aufgeht.

6 Für den Belag gehackte Tomaten, Knoblauch, Basilikum und Öl in eine große Pfanne geben. Alles mit Salz und Pfeffer abschmecken und 20 Minuten einkochen. Dann die Passata einrühren und die Sauce leicht abkühlen lassen.

7 Die abgekühlte Sauce gleichmäßig auf dem Pizzateig verteilen. Mit Mozzarella und Parmesan bestreuen, in einem auf 200 °C vorgeheizten Ofen 20–25 Minuten backen und heiß servieren.

Gemüse-Calzone

Diese gefüllten Teigtaschen lassen sich gut vorbereiten und einfrieren, sodass sie für eine schnelle Zwischenmahlzeit rasch zur Verfügung stehen.

NÄHRWERTANGABEN	
Kilokalorien 499	Zucker ....7 g
Eiweiß ....16 g	Fett ....9 g
Kohlenhydrate ..95 g	davon gesättigt .2 g

1½ Std. | 40 Min.

4 Personen

ZUTATEN

TEIG

450 g Mehl
2 TL Trockenhefe
1 TL feiner Zucker
150 ml Gemüsefond
150 g Passata (passierte Tomaten)
1 Ei, verquirlt

FÜLLUNG

1 EL Pflanzenöl
1 Zwiebel, gehackt
1 Knoblauchzehe, zerdrückt
2 EL sonnengetrocknete Tomaten in Öl, abgetropft und gehackt
100 g Spinat, gehackt
3 EL Mais aus der Dose, abgetropft
2 EL grüne Bohnen, in 3 Stücke geschnitten
1 EL Tomatenmark
Salz und Pfeffer
1 EL frisch gehackter Oregano
50 g Mozzarella, in Scheiben geschnitten

1 Das Mehl in eine Schüssel sieben, Trockenhefe, Zucker, Fond und Passata kräftig unterrühren, sodass ein weicher Teig entsteht.

2 Den Teig auf einer bemehlten Arbeitsfläche 10 Minuten kneten, dann in eine eingefettete Schüssel legen und an einem warmen Ort 1 Stunde gehen lassen.

3 Das Öl in einer Pfanne erhitzen und die Zwiebel 2–3 Minuten darin dünsten.

4 Knoblauch, Tomaten, Spinat, Mais und Bohnen zufügen und 3–4 Minuten kochen. Dann Tomatenmark und Oregano unterrühren und mit Salz und Pfeffer abschmecken.

5 Den Teig vierteln und auf einer bemehlten Arbeitsfläche zu 4 Teigkreisen (18 cm Durchmesser) ausrollen.

6 Je ein Viertel der Füllung auf die Teigkreise geben, mit Käse belegen und die Pizzen zusammenklappen. Die Ränder mit dem Ei bestreichen und mit einer Gabel festdrücken. Die Calzones auf ein eingefettetes Backblech legen und im vorgeheizten Ofen bei 220 °C 25–30 Minuten backen, bis sie aufgegangen und goldbraun geworden sind. Heiß servieren.

2

5

6

Pizza Funghi

Die Grundlage dieser Pizza sind Tomaten – saftige Pilze und weicher Mozzarella ihre Krönung. Mischen Sie wilde und Zuchtchampignons.

NÄHRWERTANGABEN

Kilokalorien	302	Zucker	7 g
Eiweiß	10 g	Fett	12 g
Kohlenhydrate	41 g	davon gesättigt	4 g

1¼ Std. 45 Min.

4 Personen

ZUTATEN

1 Portion Pizza-Grundteig (s. S. 267)

BELAG

- 200 g Champignons
- 400 g gehackte Tomaten aus der Dose
- 2 Knoblauchzehen, zerdrückt
- 1 TL getrocknetes Basilikum
- 1 EL Olivenöl
- Salz und Pfeffer
- 2 EL Tomatenmark
- 150 g geriebener Mozzarella aus der Tüte
- frisches Basilikum, zum Garnieren

5

6

6

1 Hefe und Zucker in einen Messbecher geben, mit 50 ml Wasser auffüllen und etwa 15 Minuten gehen lassen, bis die Mischung schäumt.

2 Das Mehl mit dem Salz in einer Schüssel vermengen. Eine Vertiefung in die Mitte drücken. Öl, die angerührte Hefe und restliches Wasser zugießen und alles zu einem festen Teig verrühren.

3 Den Teig auf einer bemehlten Arbeitsfläche 4–5 Minuten glatt kneten. Dann zurück in die Schüssel geben, mit eingefetteter Frischhaltefolie abdecken und 30 Minuten gehen lassen, bis er sein Volumen verdoppelt hat.

4 Den aufgegangenen Teig aus der Schüssel nehmen und nochmals 2 Minuten durchkneten. Dann in die gewünschte Form bringen und auf ein eingefettetes Backblech legen. Der Teig sollte nicht dicker als 6 mm sein, da er beim Backen noch aufgeht.

5 Für den Belag die Champignons mit einem scharfen Messer in Scheiben schneiden.

6 Tomaten, Knoblauch, Basilikum und Öl in einer großen Pfanne mit Salz und Pfeffer abschmecken und 20 Minuten einkochen. Dann das Tomatenmark einrühren und die Sauce leicht abkühlen lassen.

7 Die Sauce gleichmäßig auf dem Pizzateig verteilen. Champignonscheiben und Mozzarella darüber streuen. Die Pizza bei 200 °C 20–25 Minuten backen und vor dem Servieren mit Basilikum garnieren.

Pizza Giardiniera

Diese farbenfrohe Pizza ist mit knackigem Sommergemüse frisch aus dem Garten belegt.

NÄHRWERTANGABEN			
Kilokalorien	362	Zucker	10 g
Eiweiß	13 g	Fett	15 g
Kohlenhydrate	48 g	davon gesättigt	5 g

3 1/2 Std. — 20 Min.

4 Personen

ZUTATEN

- 6 Spinatblätter
- Kartoffelteig (s. S. 264)
- Tomatensauce de Luxe (s. S. 266)
- 1 Tomate, in Scheiben geschnitten
- 1 Selleriestange, in dünne Scheiben geschnitten
- 1/2 grüne Paprika, in dünne Scheiben geschnitten
- 1 kleine Zucchini, in Scheiben geschnitten
- 1–2 EL Spargelspitzen
- 1–2 EL Mais, Tiefkühlware aufgetaut
- 1–2 EL Erbsen, Tiefkühlware aufgetaut
- 4 Frühlingszwiebeln, geputzt und gehackt
- 1 EL frisch gehackte Kräuter
- 60 g geriebener Mozzarella aus der Tüte
- 2 EL frisch geriebener Parmesan
- 1 Artischockenboden
- Olivenöl, zum Beträufeln
- Salz und Pfeffer

1 Spinat unter fließendem kaltem Wasser abspülen, harte Stiele entfernen und mit Küchenpapier trockentupfen.

2 Den Kartoffelteig auf einer bemehlten Arbeitsfläche zu einem Kreis (25 cm Durchmesser) ausrollen, auf ein eingefettetes Backblech legen, den Rand etwas höher ziehen und mit der Tomatensauce bestreichen.

3 Spinat, Tomatenscheiben, restliches Gemüse und Kräuter darauf legen.

4 Die beiden Käsesorten mischen und ebenfalls darüber geben. Den Artischockenboden in der Mitte platzieren, die Pizza mit etwas Olivenöl beträufeln und mit Salz und Pfeffer würzen.

5 Im vorgeheizten Ofen bei 200 °C 18–20 Minuten backen, bis der Rand goldbraun und knusprig ist. Sofort servieren.

1

3

4

Pizza mit Tomaten & Ricotta

Dies ist ein traditionelles Gericht aus Kalabrien (Süditalien). Dort verwendet man sonnengetrocknete Tomaten und frischen Ricotta.

NÄHRWERTANGABEN	
Kilokalorien 274	Zucker ....4 g
Eiweiß ....8 g	Fett ....11 g
Kohlenhydrate ..38 g	davon gesättigt .4 g

1¹/₄ Std. 30 Min.

4 Personen

ZUTATEN

1 Portion Pizza-Grundteig (s. S. 267)

BELAG

4 EL Paste von getrockneten Tomaten

150 g Ricotta

10 sonnengetrocknete Tomaten

1 EL frischer Thymian

Salz und Pfeffer

1 Hefe und Zucker in einen Messbecher geben, mit 50 ml Wasser auffüllen und etwa 15 Minuten gehen lassen, bis die Mischung schäumt.

2 Das Mehl mit dem Salz in einer Schüssel mischen. Eine Vertiefung in die Mitte drücken. Das Öl, die angerührte Hefe und das restliche Wasser zugießen und alles zu einem festen Teig verrühren.

3 Den Teig auf einer bemehlten Arbeitsfläche 4–5 Minuten glatt kneten.

4 Den Teig zurück in die Schüssel geben, mit eingefetteter Frischhaltefolie abdecken und 30 Minuten gehen lassen, bis er sein Volumen verdoppelt hat.

5 Den aufgegangenen Teig aus der Schüssel nehmen und nochmals 2 Minuten durchkneten.

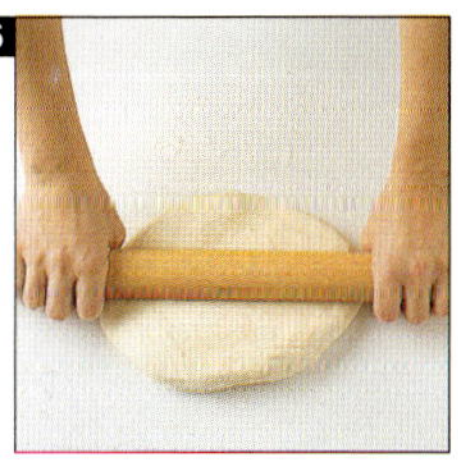
6

7

7

6 Den Teig mit einem Nudelholz zu einem Kreis ausrollen und auf ein eingefettetes Backblech legen. Der Teig sollte nicht dicker als 6 mm sein, da er beim Backen noch aufgeht.

7 Die Tomatenpaste gleichmäßig auf dem Pizzateig verteilen und den Ricotta in kleinen Portionen darauf anrichten.

8 Die getrockneten Tomaten in Streifen schneiden und ebenfalls auf dem Pizzateig verteilen.

9 Den Thymian über den Belag streuen. Die Pizza mit Salz und Pfeffer würzen und in einem auf 200 °C vorgeheizten Ofen 30 Minuten backen, bis der Teig goldbraun und knusprig ist. Heiß servieren.

Pizza Florentine

Eine Pizza mit hart gekochten Eiern auf frischem Spinat und einer knusprigen Mandelkruste.

NÄHRWERTANGABEN

Kilokalorien 462	Zucker ....6 g
Eiweiß ....18 g	Fett ....26 g
Kohlenhydrate ..41 g	davon gesättigt .8 g

3 Std. 20 Min.

4 Personen

ZUTATEN

- 2 EL frisch geriebener Parmesan
- Kartoffelteig (s. S. 264)
- Tomatensauce für Pizza (s. S. 265)
- 200 g Spinat
- 2 EL Olivenöl
- 1 kleine rote Zwiebel, in dünne Ringe geschnitten
- 1/4 TL frisch geriebene Muskatnuss
- 2 Eier, hart gekocht
- 1 EL frische Semmelbrösel
- 2–3 EL frisch geriebener Gruyère
- 2 EL Mandelblättchen
- Olivenöl, zum Beträufeln
- Salz und Pfeffer

1 Parmesan und Kartoffelteig mischen, dann auf einer bemehlten Arbeitsfläche zu einem Kreis (25 cm Durchmesser) ausrollen, auf ein eingefettetes Backblech legen, den Rand etwas höher ziehen und mit der Tomatensauce bestreichen; dabei einen schmalen Rand lassen.

2 Den Spinat putzen, harte Stiele entfernen und trockentupfen.

3 Öl erhitzen und Zwiebel darin glasig dünsten. Spinat zufügen und dünsten, bis die Blätter weich werden. Überschüssige Flüssigkeit abgießen und die Mischung auf den Pizzaboden geben. Mit Muskat bestreuen.

4 Die Eier schälen, in Scheiben schneiden und auf den Spinat legen.

5 Semmelbrösel, Käse und Mandeln mischen und über die Pizza streuen. Dann mit etwas Öl beträufeln und mit Salz und Pfeffer würzen.

6 Die Pizza bei 200 °C 18–20 Minuten backen, bis der Rand goldbraun und knusprig ist. Sofort servieren.

Kartoffel-Tomaten-Calzone

Diese Pizzateigtaschen reicht man am besten frisch aus dem Ofen als köstliche Mittags- oder Abendmahlzeit. Dazu schmeckt ein Salat.

NÄHRWERTANGABEN

Kilokalorien	508	Zucker	8 g
Eiweiß	14 g	Fett	7 g
Kohlenhydrate	104 g	davon gesättigt	2 g

1 1/2 Std. — 35 Min.

4 Personen

ZUTATEN

TEIG

- 450 g Mehl
- 1 TL Trockenhefe
- 300 ml Gemüsefond
- 1 EL Honig
- 1 TL Kreuzkümmelsamen
- Milch, zum Bepinseln

FÜLLUNG

- 1 EL Pflanzenöl
- 250 g fest kochende Kartoffeln, gewürfelt
- 1 Zwiebel, halbiert und in Ringe geschnitten
- 2 Knoblauchzehen, zerdrückt
- 2 EL sonnengetrocknete Tomaten in Öl, abgetropft und gehackt
- 2 EL frisch gehacktes Basilikum
- 2 EL Tomatenmark
- 2 Selleriestangen, in Scheiben geschnitten
- 2–3 EL geriebener Mozzarella aus der Tüte

1 Für den Teig das Mehl in eine Schüssel sieben, Trockenhefe unterrühren und eine Vertiefung in die Mitte drücken.

2 Fond, Honig und Kümmel in die Vertiefung geben und verkneten.

3 Den Teig auf einer leicht bemehlten Arbeitsfläche 8 Minuten kneten, bis er glatt ist. Dann in eine leicht eingefettete Schüssel legen, zudecken und an einem warmen Ort 1 Stunde gehen lassen, bis er sein Volumen verdoppelt hat.

4 In der Zwischenzeit für die Füllung Öl in einer Pfanne erhitzen und die restlichen Zutaten (bis auf den Käse) hineingeben und 5 Minuten unter ständigem Rühren dünsten.

5 Den Teig in 4 Teile teilen und diese auf einer leicht bemehlten Arbeitsfläche zu Kreisen (18 cm Durchmesser) ausrollen. Die Füllung darauf verteilen.

6 Den Käse darüber streuen, den Teigrand mit Milch bestreichen und die andere Teighälfte über die Füllung klappen. Die Ränder der Calzonen mit einer Gabel fest zusammendrücken.

7 Die Calzonen auf ein beschichtetes Backblech legen, mit Milch bestreichen und im vorgeheizten Ofen bei 220 °C 30 Minuten garen, bis sie aufgegangen und goldbraun sind. Sofort servieren.

2

4

6

Knoblauch-Pizza mit Pilzen

Der Teig für diese köstliche Pizza wird mit Knoblauch und Kräutern aromatisiert und mit Pilzen und Käse belegt.

NÄHRWERTANGABEN

Kilokalorien	541	Zucker	5 g
Eiweiß	16 g	Fett	15 g
Kohlenhydrate	91 g	davon gesättigt	6 g

45 Min. 30 Min.

4 Personen

ZUTATEN

TEIG

- 450 g Mehl
- 2 TL Trockenhefe
- 2 Knoblauchzehen, zerdrückt
- 2 EL frisch gehackter Thymian
- 2 EL Olivenöl
- 300 ml lauwarmes Wasser

BELAG

- 1–2 EL Butter oder Margarine
- 350 g gemischte Pilze, in Scheiben geschnitten
- 2 Knoblauchzehen, zerdrückt
- 2 EL frisch gehackte Petersilie
- 2 EL Tomatenmark
- 6 EL Passata (passierte Tomaten)
- Salz und Pfeffer
- 75 g geriebener Mozzarella aus der Tüte
- frisch gehackte Petersilie, zum Garnieren

1 Mehl, Hefe, Knoblauch und Thymian in einer Schüssel mischen, eine Vertiefung in die Mitte drücken und nach und nach Öl und Wasser zufügen. Sorgfältig mischen und zu einem weichen Teig verarbeiten.

2 Den Teig auf einer leicht bemehlten Arbeitsfläche 5 Minuten kneten, bis er glatt ist, dann zu einem Kreis (35 cm Durchmesser) ausrollen, auf ein eingefettetes Backblech legen und an einem warmen Ort 20 Minuten gehen lassen.

3 Für den Belag Butter oder Margarine in einer Pfanne erhitzen und Pilze, Knoblauch und Petersilie 5 Minuten dünsten.

4 Tomatenmark und Passata verrühren und auf den Pizzaboden streichen; dabei einen 1 cm breiten Rand lassen. Die Pilzmischung darauf geben, mit Salz und Pfeffer würzen und mit Käse bestreuen.

5 Die Pizza im vorgeheizten Ofen bei 190 °C 20–25 Minuten backen, bis der Boden knusprig und der Käse geschmolzen ist. Mit Petersilie garnieren und sofort servieren.

2

4

4

Tomaten-Oliven-Baguettes

Halbierte Ciabatta-Brote ergeben eine schnelle Basis für die leuchtenden Farben von Tomaten und Käse.

NÄHRWERTANGABEN

Kilokalorien	181	Zucker	4 g
Eiweiß	7 g	Fett	10 g
Kohlenhydrate	18 g	davon gesättigt	4 g

45 Min. 25 Min.

4 Personen

ZUTATEN

- 2 Ciabatta-Brote oder Baguettes
- Tomatensauce für Pizza (s. S. 265)
- 4 Flaschentomaten, der Länge nach in dünne Scheiben geschnitten
- 150 g Mozzarella, in dünne Scheiben geschnitten
- 10 schwarze Oliven, in Ringe geschnitten
- 8 frische Basilikumblätter, in Streifen geschnitten
- Olivenöl, zum Beträufeln
- Salz und Pfeffer

1 Die Brote der Länge nach halbieren und die Schnittflächen leicht rösten. Dann mit der Tomatensauce bestreichen.

2 Abwechselnd Tomaten und Mozzarella auf die Brote legen.

3 Mit Olivenringen und der Hälfte des Basilikums bestreuen, etwas Olivenöl darüber träufeln und mit Salz und Pfeffer würzen.

4 Die Brote im vorgeheizten Ofen bei 200 °C 15–20 Minuten backen, bis der Käse geschmolzen ist und Blasen wirft.

5 Mit dem restlichen Basilikum bestreuen und sofort servieren.

1

2

3

Pizza marinara

Diese Pizza erhält einen saftigen Belag aus gemischten Meeresfrüchten wie Garnelen, Muscheln und Tintenfischringen.

NÄHRWERTANGABEN			
Kilokalorien	359	Zucker	9 g
Eiweiß	19 g	Fett	14 g
Kohlenhydrate	42 g	davon gesättigt	4 g

3¼ Std. 20 Min.

4 Personen

ZUTATEN

Kartoffelteig (s. S. 264)
Tomatensauce de Luxe (s. S. 266)
200 g Meeresfrüchte, Tiefkühlware aufgetaut
1 EL Kapern
1 kleine gelbe Paprika, gehackt
1 EL frisch gehackter Majoran
1/2 TL getrockneter Oregano
3 EL geriebener Mozzarella aus der Tüte
1 EL frisch geriebener Parmesan
12 schwarze Oliven
Olivenöl, zum Beträufeln
Salz und Pfeffer
ein frischer Majoran- oder Oreganozweig, zum Garnieren

1 Den Kartoffelteig auf einer leicht bemehlten Arbeitsfläche zu einem Kreis (25 cm Durchmesser) ausrollen.

2 Den Teigkreis auf ein eingefettetes Backblech legen und den Rand etwas höher ziehen.

3 Dann gleichmäßig mit der Tomatensauce bestreichen; dabei einen schmalen Rand lassen.

3

4

5

4 Meeresfrüchte, Kapern und Paprika auf der Tomatensauce verteilen.

5 Dann Kräuter und Käse darüber streuen, die Oliven darauf legen, mit etwas Olivenöl beträufeln und mit Salz und Pfeffer würzen.

6 Die Pizza im vorgeheizten Ofen bei 200 °C 18–20 Minuten backen, bis der Rand goldbraun und knusprig ist.

7 Dann auf einen vorgewärmten Servierteller legen, mit einem Majoran- oder Oreganozweig garnieren und sofort servieren.

Zwiebelpizza mit Sardellen

Die würzige Zwiebelpizza bekommt ein Gittermuster aus Sardellenfilets und schwarzen Oliven.

NÄHRWERTANGABEN

Kilokalorien	373	Zucker	5 g
Eiweiß	12 g	Fett	20 g
Kohlenhydrate	39 g	davon gesättigt	4 g

1 3/4 Std. 30 Min.

6 Stücke

ZUTATEN

- 4 EL Olivenöl
- 3 Zwiebeln, in dünne Ringe geschnitten
- 1 Knoblauchzehe, zerdrückt
- 1 TL brauner Rohrzucker
- 1/2 TL frisch gehackter Rosmarin
- 200 g gehackte Tomaten aus der Dose
- Brotteig (s. S. 262)
- 2 EL frisch geriebener Parmesan
- 50 g Sardellenfilets aus der Dose
- 12–14 schwarze Oliven
- Salz und Pfeffer

1 Etwa 3 Esslöffel Öl erhitzen, Zwiebeln, Knoblauch, Zucker und Rosmarin zufügen, dann abdecken und unter gelegentlichem Rühren 10 Minuten bei schwacher Hitze dünsten, bis die Zwiebeln glasig sind.

2 Tomaten unterrühren, mit Salz und Pfeffer abschmecken und leicht abkühlen lassen.

3 Den Teig auf einer leicht bemehlten Arbeitsfläche so ausrollen, dass er in ein tiefes eingefettetes Backblech (30 cm x 18 cm) passt. Den Rand etwas hochziehen.

4 Mit dem restlichen Öl beträufeln und mit Käse bestreuen, abdecken und an einem warmen, zugfreien Ort 10 Minuten gehen lassen.

5 Die Zwiebel-Tomaten-Mischung über den Boden geben. Die Sardellenfilets abtropfen lassen; dabei das Öl auffangen. Die Filets der Länge nach halbieren und auf der Pizza zu einem Gittermuster arrangieren. Oliven zwischen die Sardellen setzen und mit dem aufgefangenen Öl beträufeln. Mit Salz und Pfeffer würzen.

6 Die Pizza im vorgeheizten Ofen bei 200 °C 18–20 Minuten backen, bis der Rand goldbraun und knusprig ist. Dann in 6 Quadrate schneiden und sofort servieren.

1

3

5

Lachs-Pizza

Für diese schmackhafte Pizza können Sie entweder Rot- oder Buckellachs verwenden. Rotlachs liefert eine schönere Farbe und ein feineres Aroma.

NÄHRWERTANGABEN

Kilokalorien	321	Zucker	6 g
Eiweiß	12 g	Fett	14 g
Kohlenhydrate	39 g	davon gesättigt	6 g

1¹/₄ Std. — 20 Min.

4 Personen

ZUTATEN

- Brötchenteig (s. S. 263)
- Tomatensauce für Pizza (s. S. 265)
- 1 Zucchini, grob geraspelt
- 1 Tomate, in dünne Scheiben geschnitten
- 100 g Rotlachs oder Buckellachs aus der Dose
- 60 g Champignons, geputzt und in Scheiben geschnitten
- 1 EL frisch gehackter Dill
- 1/2 TL getrockneter Oregano
- 2–3 EL geriebener Mozzarella aus der Tüte
- Olivenöl, zum Beträufeln
- Salz und Pfeffer
- 1 frischer Dillzweig, zum Garnieren

1 Den Brötchenteig auf einer leicht bemehlten Arbeitsfläche zu einem Kreis (25 cm Durchmesser) ausrollen, auf ein eingefettetes Backblech legen und den Rand etwas höher ziehen.

2 Den Boden mit der Tomatensauce bestreichen; dabei einen schmalen Rand lassen.

3 Die Zucchini auf die Tomatensauce streuen und mit den Tomatenscheiben belegen.

4 Den Lachs abtropfen lassen, Haut und Gräten entfernen und den Fisch auseinander brechen. Dann zusammen mit den Pilzen auf den Boden geben, mit Kräutern und Käse bestreuen, etwas Olivenöl darüber träufeln und mit Salz und Pfeffer würzen.

5 Die Pizza im vorgeheizten Ofen bei 200 °C 18–20 Minuten backen, bis der Rand goldbraun und knusprig ist.

6 Dann auf einen vorgewärmten Servierteller legen, mit einem Dillzweig garnieren und sofort servieren.

TIPP

Statt teuren Lachs können Sie auch Thunfisch oder Sardinen aus der Dose nehmen und den Dill durch Petersilie ersetzen. Für einen besonders gesunden Belag verwenden Sie am besten Fisch im eigenen Saft (statt in Öl).

Pissaladière

Diese Variante der klassischen italienischen Pizza, die aus Blätterteig zubereitet wird, eignet sich hervorragend für ein Picknick.

NÄHRWERTANGABEN

Kilokalorien	612	Zucker	13 g
Eiweiß	12 g	Fett	43 g
Kohlenhydrate	47 g	davon gesättigt	11 g

20 Min. 55 Min.

8 Stücke

ZUTATEN

- 4 EL Olivenöl
- 700 g rote Zwiebeln, in dünne Ringe geschnitten
- 2 Knoblauchzehen, zerdrückt
- 2 TL feiner Zucker
- 2 EL Rotweinessig
- Salz und Pfeffer
- 350 g Blätterteig, Tiefkühlware aufgetaut

BELAG

- 100 g Sardellenfilets aus der Dose
- 12 grüne Oliven, entsteint
- 1 TL getrockneter Majoran

1 Ein tiefes Backblech leicht einfetten. Olivenöl in einer Pfanne erhitzen, Zwiebeln und Knoblauch darin 20-30 Minuten bei schwacher Hitze dünsten; dabei gelegentlich umrühren.

2 Zucker und Rotweinessig zufügen und kräftig mit Salz und Pfeffer würzen.

3 Den Blätterteig auf einer leicht bemehlten Arbeitsfläche zu einem Rechteck (33 cm x 23 cm) ausrollen, auf das vorbereitete Backblech legen, den Teig am Rand etwas höher ziehen und bis in die Ecken schieben.

2

3

5

4 Die Zwiebelmischung auf dem Teigboden verteilen.

5 Sardellenfilets und Oliven darüber geben und mit Majoran bestreuen.

6 Die Pissaladière im vorgeheizten Ofen bei 220 °C 20–25 Minuten backen, bis der Teig goldbraun und knusprig ist. Sofort servieren.

VARIATION

Für eine Party oder ein Picknick die Pissaladière in Quadrate oder Dreiecke schneiden.

Mini-Pizza

Pizzette, wie sie in Italien heißen, sind winzige Pizzen. Dieses Rezept ergibt 8 kleine oder 16 Cocktailpizzen, die wie Canapées gereicht werden.

NÄHRWERTANGABEN			
Kilokalorien	139	Zucker	1 g
Eiweiß	4 g	Fett	6 g
Kohlenhydrate	18 g	davon gesättigt	1 g

1¼ Std. 15 Min.

8 Stück

ZUTATEN

1 Portion Pizza-Grundteig (s. S. 267)

BELAG

- 2 Zucchini
- 100 g Passata (passierte Tomaten)
- 75 g Pancetta, gewürfelt
- 50 g schwarze Oliven, entsteint und grob gehackt
- frisch gemahlener Pfeffer
- 1 EL getrocknete italienische Kräuter (Majoran, Basilikum, Oregano, Thymian)
- 2 EL Olivenöl

1 Hefe und Zucker in einen Messbecher geben, mit 50 ml Wasser auffüllen und etwa 15 Minuten gehen lassen, bis die Mischung schäumt.

2 Das Mehl mit dem Salz in einer Schüssel vermengen. Eine Vertiefung in die Mitte drücken. Das Öl, die angerührte Hefe und das restliche Wasser zugießen und alles zu einem festen Teig verrühren.

3 Den Teig auf einer bemehlten Arbeitsfläche 4–5 Minuten glatt kneten. Dann zurück in die Schüssel geben, mit eingefetteter Frischhaltefolie abdecken und 30 Minuten gehen lassen, bis er sein Volumen verdoppelt hat.

4 Den aufgegangenen Teig nochmals 2 Minuten durchkneten, zu 8 gleich großen Kugeln formen. Jede dieser Kugeln zu dünnen Kreisen ausrollen und auf ein eingefettetes Backblech legen. Der Teig sollte nicht dicker als 6 mm sein, da er beim Backen noch aufgeht.

5 Für den Belag die Zucchini in eine Schüssel fein reiben.

6 Je 2–3 Teelöffel Passata auf eine der Pizzateigkreise geben. Dann Zucchini, Pancetta und Oliven darüber verteilen. Alles mit frisch gemahlenem schwarzem Pfeffer und den italienischen Kräutern bestreuen und mit Olivenöl beträufeln.

7 Die so vorbereiteten Minipizzen in einem auf 200 °C vorgeheizten Ofen 15 Minuten goldbraun und knusprig backen. Eventuell noch nachwürzen und heiß servieren.

4

5

6

Pizza Quattro Stagioni

Eine traditionelle Pizza, deren Belag in vier Bereiche unterteilt ist, die die vier Jahreszeiten symbolisieren.

NAHRWERTANGABEN

Kilokalorien	312	Zucker	8 g
Eiweiß	8 g	Fett	13 g
Kohlenhydrate	44 g	davon gesättigt	3 g

2³/₄ Std. 20 Min.

4 Personen

ZUTATEN

- Brotteig (s. S. 262)
- Tomatensauce de Luxe (s. S. 266)
- 30 g Chorizo (oder andere pikante Paprikasalami), in dünne Scheiben geschnitten
- 1–2 EL Champignons, geputzt und in dünne Scheiben geschnitten
- 50 g Artischockenböden, in dünne Scheiben geschnitten
- 30 g Mozzarella, in dünne Scheiben geschnitten
- 3 Sardellenfilets, der Länge nach halbiert
- 2 TL Kapern
- 4 schwarze Oliven, entsteint und in Scheiben geschnitten
- 4 frische Basilikumblätter, in Streifen geschnitten
- Olivenöl, zum Beträufeln
- Salz und Pfeffer

1 Den Teig auf einer bemehlten Arbeitsfläche zu einem Kreis (25 cm Durchmesser) ausrollen, auf ein Backblech legen und den Rand etwas höher ziehen.

2 Den Pizzaboden abdecken und an einem warmen Ort 10 Minuten gehen lassen. Mit der Tomatensauce bestreichen; dabei einen schmalen Rand lassen.

3 Je ein Viertel des Pizzabodens mit Chorizo, Pilzen und Artischocken belegen, das letzte Viertel mit Mozzarella und Sardellenfilets.

4 Mit Kapern, Oliven und Basilikum bestreuen, etwas Olivenöl darüber träufeln und mit Salz und Pfeffer würzen. Dabei das Viertel mit den Sardellen nicht salzen, da der Fisch bereits recht salzig ist.

5 Die Pizza im vorgeheizten Ofen bei 200 °C 18–20 Minuten backen, bis der Rand goldbraun ist. Sofort servieren.

Pizza mit Aubergine & Lamm

Eine außergewöhnliche Pizza mit Lammhack und Auberginen auf einem knusprigen Boden.

NÄHRWERTANGABEN

Kilokalorien	430	Zucker	10 g
Eiweiß	18 g	Fett	22 g
Kohlenhydrate	44 g	davon gesättigt	7 g

3 Std. 30 Min.

4 Personen

ZUTATEN

- 1 kleine Aubergine, gewürfelt
- Salz
- Brotteig (s. S. 262)
- 1 EL Olivenöl
- 1 kleine Zwiebel, in dünnen Ringen
- 1 Knoblauchzehe, zerdrückt
- 1 TL Kreuzkümmelsamen
- 200 g Lammhack
- 2 Peperoni aus der Dose, in dünne Ringe geschnitten
- 2 EL frisch gehackter Koriander
- Salz und Pfeffer
- Tomatensauce de Luxe (s. S. 266)
- 100 g Mozzarella, in dünne Scheiben geschnitten
- Olivenöl, zum Beträufeln

1 Auberginenwürfel nebeneinander in ein Sieb legen, gleichmäßig mit Salz bestreuen und 20 Minuten ziehen lassen. Dann unter fließendem kaltem Wasser abspülen und sorgfältig trockentupfen.

2 Den Teig auf einer leicht bemehlten Arbeitsfläche zu einem Kreis (25 cm Durchmesser) ausrollen, auf ein eingefettetes Backblech legen und den Rand etwas höher ziehen.

3 Den Pizzaboden abdecken und 10 Minuten gehen lassen.

4 Öl erhitzen und Zwiebel, Knoblauch und Kreuzkümmel 3 Minuten bei schwacher Hitze dünsten. Die Temperatur etwas erhöhen, Lammhack, Auberginen und Peperoni zufügen und 5 Minuten dünsten; dabei gelegentlich umrühren. Koriander zugeben und mit Salz und Pfeffer abschmecken.

5 Den Pizzaboden mit der Tomatensauce bestreichen und die Lammmischung darüber geben.

6 Mit den Mozzarellascheiben belegen, etwas Olivenöl darüber träufeln und mit Salz und Pfeffer würzen.

7 Die Pizza im vorgeheizten Ofen bei 200 °C 18–20 Minuten backen, bis der Rand goldbraun ist. Sofort servieren.

Zwiebeln-Schinken-Pizza

Diese ungewöhnliche Pizza wird ohne Tomatensauce zubereitet und zählte zu den Lieblingsgerichten der Römer.

NÄHRWERTANGABEN

Kilokalorien	333	Zucker	8 g
Eiweiß	12 g	Fett	14 g
Kohlenhydrate	43 g	davon gesättigt	4 g

1 Std. 40 Min.

4 Personen

ZUTATEN

Zutaten für Pizza-Grundteig (s. S. 267)

BELAG

- 2 EL Olivenöl
- 250 g Zwiebeln, in Ringe geschnitten
- 2 Knoblauchzehen, zerdrückt
- 1 rote Paprika, gewürfelt
- 100 g Prosciutto (oder anderer Schinken), in Streifen geschnitten
- 100 g Mozzarella, in Scheiben geschnitten
- 2 EL Rosmarin, ohne Stiele und grob gehackt

1 Hefe und Zucker in einen Messbecher geben, mit 50 ml Wasser auffüllen und etwa 15 Minuten gehen lassen, bis die Mischung schäumt.

2 Das Mehl mit dem Salz in einer Schüssel vermengen. Eine Vertiefung in die Mitte drücken. Das Öl, die angerührte Hefe und das restliche Wasser zugießen und alles zu einem festen Teig verrühren.

3 Den Teig auf eine bemehlte Arbeitsfläche geben und 4–5 Minuten glatt kneten. Den Teig zurück in die Schüssel geben, mit eingefetteter Frischhaltefolie abdecken und 30 Minuten gehen lassen, bis er sein Volumen verdoppelt hat.

5

5

7

4 Dann den Teig 2 Minuten durchkneten, zu einem großen Quadrat ausrollen, auf ein eingefettetes Backblech legen und am Rand glätten. Der Boden sollte maximal 6 mm dick sein.

5 Für den Belag Öl in einem Topf erhitzen, Zwiebeln und Knoblauch glasig dünsten, dann Paprika 3 Minuten anbraten.

6 Den Topf abdecken und das Gemüse bei schwacher Hitze 10 Minuten köcheln, bis die Zwiebeln leicht karamellisiert sind; dabei gelegentlich umrühren. Dann die Mischung etwas abkühlen lassen.

7 Den Belag gleichmäßig auf den Pizzaboden verteilen, mit Schinken und Mozzarella belegen und mit Rosmarin bestreuen.

8 Die Pizza im vorgeheizten Ofen bei 200 °C 20–25 Minuten backen, bis der Rand goldbraun ist. Sofort servieren.

Kartoffelpizza mit Peperoni

Kartoffeln ergeben einen hervorragenden Pizzaboden, der zwar etwas mehr Arbeit erfordert als ein Fertigboden, aber die Mühe lohnt.

NÄHRWERTANGABEN

Kilokalorien	234	Zucker	5 g
Eiweiß	4 g	Fett	12 g
Kohlenhydrate	30 g	davon gesättigt	1 g

20 Min. 45 Min.

4 Personen

ZUTATEN

- 1 kg mehlig kochende Kartoffeln, gewürfelt
- 1 EL Butter
- 2 Knoblauchzehen, zerdrückt
- 2 EL frisch gehackte Kräuter
- 1 Ei, verquirlt
- 100 g Passata (passierte Tomaten)
- 2 EL Tomatenmark
- 50 g Peperoni-Salami (oder andere pikante Wurst), in Scheiben geschnitten
- 1 grüne Paprika, in Streifen geschnitten
- 1 gelbe Paprika, in Streifen geschnitten
- 2 große Wiesenchampignons, in Scheiben geschnitten
- 1–2 EL schwarze Oliven, entsteint und geviertelt
- 150 g Mozzarella, in Scheiben geschnitten

TIPP

Dieser Pizzaboden ist weicher als herkömmlicher Pizzateig und sollte daher direkt vom Blech serviert werden. Statt der oben angegebenen Zutaten können Sie auch jeden anderen Belag verwenden.

1 Ein Pizzablech (23 cm Durchmesser) einfetten und mit Mehl bestäuben.

2 Die Kartoffeln 15-20 Minuten in Salzwasser kochen, bis sie vollständig gar sind; abtropfen lassen und sorgfältig zerdrücken. Die Kartoffelmasse in einer Schüssel mit Butter, Knoblauch, Kräutern und Ei verrühren.

3 Die Mischung auf das vorbereitete Pizzablech geben, sorgfältig verteilen und im vorgeheizten Ofen bei 220 °C 7–10 Minuten backen, bis der Pizzaboden fest wird.

4 Passata und Tomatenmark mischen und auf dem Boden verteilen; dabei einen 1 cm breiten Rand lassen.

5 Salami, Paprika, Pilze und Oliven darauf legen.

6 Die Pizza mit Mozzarella belegen und weitere 20 Minuten überbacken, bis der Boden vollständig gar ist.

3

4

6

Calzone traditionale

Dieses Rezept ergibt vier große oder acht kleine Calzone. Die kleinen eignen sich als Vorspeise, die großen sind eher ein Hauptgericht.

NÄHRWERTANGABEN	
Kilokalorien 402	Zucker ....3 g
Eiweiß ....16 g	Fett ....22 g
Kohlenhydrate ..37 g	davon gesättigt .5 g

1¹/₄ Std. 15 Min.

4 Personen

ZUTATEN

1 Portion Pizza-Grundteig (s. S. 267)

frisch geriebener Parmesan, zum Servieren

FÜLLUNG

80 g Mortadella oder andere italienische Wurst aus Schweinefleisch, gehackt

50 g Salami, gehackt

50 g Parmesan, in Spänen

100 g Mozzarella, gewürfelt

2 Tomaten, gewürfelt

4 EL frischer Oregano

Salz und Pfeffer

1 Den Pizzateig wie auf Seite 267 beschrieben vorbereiten.

2 Den Teig auf einer bemehlten Arbeitsfläche 4–5 Minuten kneten. Zurück in die Schüssel geben, mit eingefetteter Frischhaltefolie abdecken und 30 Minuten gehen lassen, bis er sein Volumen verdoppelt hat.

3 Den aufgegangenen Teig nochmals 2 Minuten durchkneten und in 4 Stücke teilen.

4

5

6

4 Jedes zu einem dünnen Kreis ausrollen und auf ein eingefettetes Backblech legen. Der Teig sollte nicht dicker als 6 mm sein, da er beim Backen noch aufgeht.

5 Für die Füllung Mortadella, Salami, Parmesan und Mozzarella auf je eine Hälfte der 4 Teigkreise verteilen. Anschließend Tomaten und Oregano darüber geben und mit Salz und Pfeffer würzen.

6 Die Teigränder mit etwas Wasser bestreichen, die Kreise in der Mitte zusammenklappen und die Ränder gut zusammendrücken, damit die Füllung während des Backens nicht austritt.

7 Die Calzone 10–15 Minuten in einem auf 200 °C vorgeheizten Ofen goldbraun backen und mit frisch geriebenem Parmesan servieren.

Pizza mit Hackbällchen

Der Boden dieser Pizza wird aus Brötchenteig zubereitet und mit einer Mischung aus Hackfleisch, Jalapeño und Kreuzkümmel belegt.

NÄHRWERTANGABEN

Kilokalorien	568	Zucker	5 g
Eiweiß	24 g	Fett	37 g
Kohlenhydrate	38 g	davon gesättigt	15 g

2¼ Std. — 25 Min.

4 Personen

ZUTATEN

250 g mageres Rinderhack
2 Jalapeño-Chilischoten, gehackt
1 TL Kreuzkümmelsamen
1 EL frisch gehackte Petersilie
1 EL verquirltes Ei
Salz und Pfeffer
3 EL Olivenöl
Brötchenteig (s. S. 263)
Tomatensauce für Pizza (s. S. 265)
2 Peperoni, in Ringe geschnitten
2 Scheiben durchwachsener Speck, in Streifen geschnitten
2–3 EL frisch geriebener Parmesan
Olivenöl, zum Beträufeln
frisch gehackte Petersilie, zum Garnieren

2

3

4

1 Rinderhack, Jalapeño, Kreuzkümmel, Petersilie und Ei in einer Schüssel verrühren, mit Salz und Pfeffer abschmecken und zu 12 kleinen Hackbällchen formen. Dann abdecken und 1 Stunde kühlen.

2 Das Öl in einer Pfanne erhitzen, die Hackbällchen darin rundum anbraten, mit einem Schaumlöffel herausnehmen und auf Küchenpapier abtropfen lassen.

3 Den Teig auf einer bemehlten Arbeitsfläche zu einem Kreis (25 cm Durchmesser) ausrollen. Auf ein Backblech legen, den Rand etwas höher ziehen und mit der Tomatensauce bestreichen.

4 Die Hackbällchen mit Peperoni und Speck auf die Pizza geben, mit dem Käse bestreuen und etwas Olivenöl darüber träufeln. Mit Salz und Pfeffer würzen.

5 Die Pizza bei 200 °C 18–20 Minuten backen, bis der Rand goldbraun ist. Mit Petersilie garnieren und sofort servieren.

Belegte Pizzabrötchen

Diese winzigen Pizzen mit Räucherlachs und Spargelspitzen ergeben feinste Partyhäppchen. Kleine Pittabrote eignen sich als Pizzaboden.

NÄHRWERTANGABEN

Kilokalorien	518	Zucker	10 g
Eiweiß	21 g	Fett	12 g
Kohlenhydrate	87 g	davon gesättigt	4 g

55 Min. 15 Min.

4 Personen

ZUTATEN

- 8 dünne Spargelspitzen
- 16 Mini-Pittabrote
- Tomatensauce de Luxe (s. S. 266)
- 1–2 EL frisch geriebener Parmesan
- 1–2 EL Ricotta
- 60 g Räucherlachs
- Olivenöl, zum Beträufeln
- Salz und Pfeffer

1 Die Spargelspitzen in 3 cm lange Stücke schneiden und diese der Länge nach halbieren.

2 Dann den Spargel in kochendem Wasser 1 Minute blanchieren, abtropfen lassen, in kaltes Wasser tauchen und erneut abtropfen lassen.

3 Die Pittabrote auf 2 Backbleche legen und mit jeweils 1 Teelöffel Tomatensauce bestreichen.

4 Die beiden Käsesorten mischen und auf die Pittabrote verteilen.

5 Den Räucherlachs in 16 lange Streifen schneiden und zusammen mit den Spargelspitzen auf die Pittabrote legen.

6 Etwas Olivenöl darüber träufeln und mit Salz und Pfeffer würzen.

7 Die Pizzabrötchen im vorgeheizten Ofen bei 200 °C 8–10 Minuten backen und sofort servieren.

TIPP

Statt teurem Räucherlachs können Sie auch geräucherte Forelle verwenden, die oft um die Hälfte preiswerter ist, aber genauso gut schmeckt. Experimentieren Sie auch ruhig einmal mit anderen geräucherten Fischsorten wie Räuchermakrele, die ein kräftiges Aroma besitzt.

Focaccia alla Romana

Focaccia schmeckt nur für sich, ist aber auch eine leckere Beilage zu geräuchertem Fleisch und Salat.

NÄHRWERTANGABEN

Kilokalorien	119	Zucker	2 g
Eiweiß	3 g	Fett	2 g
Kohlenhydrate	24 g	davon gesättigt	0,3 g

1 Std. 45 Min.

16 Quadrate

ZUTATEN

- 7 g Trockenhefe
- 1 TL Zucker
- 300 ml lauwarmes Wasser
- 500 g Weizenmehl
- 2 TL Salz
- 3 EL frisch gehackter Rosmarin
- 2 EL Olivenöl
- 500 g gemischte rote und weiße Zwiebeln, in Ringe geschnitten
- 4 Knoblauchzehen, in Scheiben geschnitten

1 Hefe und Zucker in einen Messbecher geben, mit 100 ml Wasser verrühren und etwa 15 Minuten gehen lassen.

2 Das Mehl mit dem Salz in einer Schüssel vermengen. Die angerührte Hefe, die Hälfte des Rosmarins und das restliche Wasser zugießen und zu einem glatten Teig verrühren. Diesen auf einer bemehlten Arbeitsfläche 4 Minuten durchkneten.

3 Den Teig in eine Schüssel geben und abdecken. 30 Minuten gehen lassen, bis er sein Volumen verdoppelt hat.

4 Das Öl in einem Topf erhitzen. Zwiebeln und Knoblauch darin weich dünsten. Den Topf abdecken und 7–8 Minuten dünsten, bis die Zwiebeln goldbraun sind.

5 Den Teig aus der Schüssel nehmen und nochmals 1–2 Minuten durchkneten.

6 Anschließend den Teig zu einem Quadrat ausrollen und auf ein eingefettetes Backblech legen. Der Teig sollte nicht dicker als 6 mm sein, da er beim Backen aufgeht.

7 Die Zwiebelmischung auf dem Teigquadrat verteilen und den restlichen Rosmarin darüber streuen.

8 Die Focaccia 25–30 Minuten in einem auf 200 °C vorgeheizten Ofen backen, bis sie goldbraun geworden ist. Anschließend in 16 Quadrate teilen und sofort servieren.

2

4

6

Mini-Focaccia

Dieses köstliche italienische Brot wird mit Olivenöl hergestellt, aber auch der Belag aus roten Zwiebeln und Thymian ist sehr lecker.

NÄHRWERTANGABEN			
Kilokalorien	439	Zucker	3 g
Eiweiß	9 g	Fett	15 g
Kohlenhydrate	71 g	davon gesättigt	2 g

2¼ Std. — 25 Min.

4 Personen

ZUTATEN

- 350 g Mehl
- 1/2 TL Salz
- 7 g Trockenhefe
- 2 EL Olivenöl
- 250 ml lauwarmes Wasser
- 100 g grüne oder schwarze Oliven, halbiert

BELAG

- 2 rote Zwiebeln, in Ringe geschnitten
- 2 EL Olivenöl
- 1 TL Meersalz
- 1 EL Thymianblätter

4

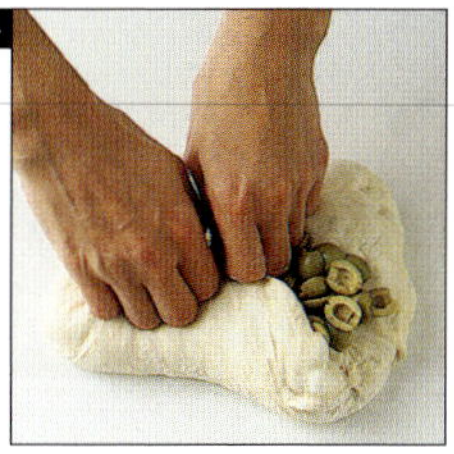

4

5

1 Mehrere Backbleche leicht einfetten. Mehl und Salz in eine große Schüssel sieben, die Trockenhefe unterrühren, dann Olivenöl und Wasser zufügen und alles zu einem weichen Teig mischen.

2 Den Teig auf einer leicht bemehlten Arbeitsfläche 5 Minuten durchkneten.

3 Dann den Teig in eine eingefettete Schüssel geben, abdecken und an einem warmen Ort 1–1 1/2 Stunden gehen lassen, bis er sein Volumen verdoppelt hat. Danach erneut 1–2 Minuten durchkneten.

4 Die Hälfte der Oliven unter den Teig kneten. Den Teig vierteln und zu 4 Kreisen formen. Diese auf die Backbleche legen und kleine Vertiefungen hineinstechen.

5 Für den Belag die Zwiebeln und die restlichen Oliven auf die Teigkreise streuen, etwas Olivenöl darüber träufeln und mit Meersalz und Thymian bestreuen. Abgedeckt 30 Minuten gehen lassen.

6 Die Brote im vorgeheizten Ofen bei 190 °C 20–25 Minuten backen, bis der Teig goldbraun ist.

7 Auf ein Kuchengitter legen und vor dem Servieren abkühlen lassen.

VARIATION

Aus der gleichen Teigmenge können Sie auch einen großen Focaccia-Laib herstellen.

Bruschetta originale

Für diese Zubereitung sollten Sie unbedingt ein erstklassiges Olivenöl verwenden. Bruschetta passt hervorragend zu Fleischspießchen oder Fisch.

NÄHRWERTANGABEN	
Kilokalorien 415	Zucker ....2 g
Eiweiß ....8 g	Fett ....24 g
Kohlenhydrate ..45 g	davon gesättigt .4 g

10 Min. 10 Min.

Ergibt 1 Laib

ZUTATEN

1 Ciabatta-Brot,
ersatzweise 1 kleines Baguette

1 dicke Knoblauchzehe

Olivenöl extra vergine

frisch geriebener Parmesan, nach Wunsch

1 Das Brot halbieren und dann der Länge nach aufschneiden, sodass 4 Stücke entstehen.

2 Die Knoblauchzehe halbieren, aber nicht schälen.

3 Das Brot auf einem heißen Grill von jeder Seite 2–3 Minuten rösten, bis es goldbraun ist.

4 Dann die gerösteten Seiten mit dem halbierten Knoblauchstück kräftig einreiben.

1

3

4

5 Mit etwas Olivenöl beträufeln und warm als Beilage servieren.

6 Falls Sie Parmesan verwenden, die Brote damit bestreuen.

7 Dann erneut 1–2 Minuten auf den Grill legen, bis der Käse zu schmelzen beginnt. Sofort servieren.

TIPP

Da fertig geriebener Parmesan rasch sein Aroma verliert, empfiehlt es sich, eine kleine Menge frischen Parmesan zu kaufen und diesen nach Bedarf zu reiben. Wenn Sie den Käse fest in Frischhalte- oder Alufolie wickeln, ist er mehrere Monate im Kühlschrank haltbar.

Paprikabrot

Wenn man Paprika röstet, werden sie richtig süß. Das macht dieses Brot so aromatisch.

NÄHRWERTANGABEN			
Kilokalorien	426	Zucker	4 g
Eiweiß	12 g	Fett	4 g
Kohlenhydrate	90 g	davon gesättigt	1 g

1³/₄ Std. 65 Min.

1 Laib

ZUTATEN

- 1 rote Paprika, halbiert und entkernt
- 1 gelbe Paprika, halbiert und entkernt
- 2 frische Rosmarinzweige
- 1 EL Olivenöl
- 7 g Trockenhefe
- 1 EL Zucker
- 300 ml lauwarmes Wasser
- 500 g Weizenmehl
- 1 TL Salz

1 Eine Springform (25 cm Durchmesser) einfetten.

2 Die Paprika (Schnittseite nach unten) und den Rosmarin in einen flachen Bräter geben, mit dem Öl beträufeln und bei 200 °C etwa 20 Minuten rösten, bis die Paprika stellenweise schwarz ist. Die Paprika abkühlen lassen, enthäuten und in Streifen schneiden.

3 Hefe und Zucker in einen Messbecher geben, mit 100 ml Wasser auffüllen und 15 Minuten gehen lassen, bis die Mischung schäumt.

4 Das Mehl mit dem Salz in einer Schüssel vermengen. Die angerührte Hefe und das restliche Wasser zugießen und alles zu einem festen Teig verrühren.

5 Den Teig etwa 5 Minuten glatt kneten. Dann mit eingefetteter Frischhaltefolie abdecken und 30 Minuten gehen lassen, bis er sein Volumen verdoppelt hat.

6 Den Teig dritteln. Zu je einem Kreis ausrollen, dessen Durchmesser 4 cm größer als der der Springform ist.

7 Einen Teigkreis auf den Boden der Form legen, sodass die Ränder etwas hochragen. Mit der Hälfte der Paprikamischung belegen.

8 Den zweiten Teigkreis darüber legen und mit der restlichen Mischung bedecken. Den letzten Kreis darauf legen und an den Rändern nach unten drücken.

9 Den Teig mit einem eingefetteten Stück Frischhaltefolie abdecken und erneut 30–40 Minuten gehen lassen. Dann 45 Minuten in einem auf 190 °C vorgeheizten Ofen goldbraun backen und warm servieren.

2

6

7
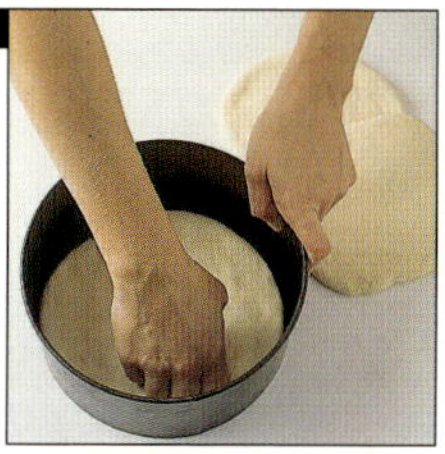

Pizza-Brötchen mit Tomaten

Diese Brötchen stecken voll köstlicher sonnengetrockneter Tomaten, die in den meisten Supermärkten in Öl eingelegt erhältlich sind.

NÄHRWERTANGABEN

Kilokalorien 214	Zucker ....1 g
Eiweiß ....5 g	Fett ....12 g
Kohlenhydrate ..22 g	davon gesättigt .7 g

2¼ Std. 15 Min.

8 Personen

ZUTATEN

250 g Mehl
½ TL Salz
7 g Trockenhefe
100 g Butter, zerlassen und leicht abgekühlt
3 EL warme Milch
2 Eier, verquirlt
50 g sonnengetrocknete Tomaten in Öl, abgetropft und fein gehackt
Milch, zum Bepinseln

3
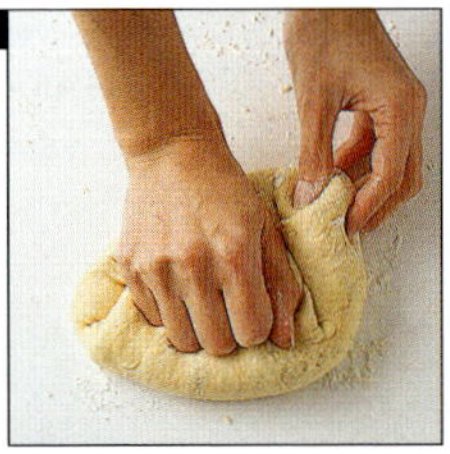
5
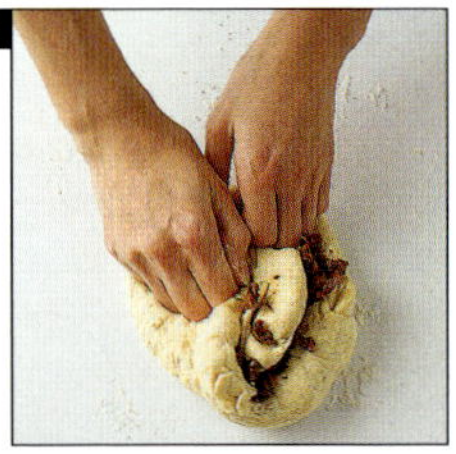
6

1 Ein Backblech leicht einfetten.

2 Mehl und Salz in eine große Schüssel sieben, Trockenhefe unterrühren, dann Butter, Milch und Eier zufügen und alles zu einem elastischen Teig mischen.

3 Den Teig auf einer leicht bemehlten Arbeitsfläche 5 Minuten durchkneten.

4 Dann in eine eingefettete Schüssel geben, abdecken und an einem warmen Ort 1–1½ Stunden gehen lassen, bis er sein Volumen verdoppelt hat. Danach den Teig erneut 2–3 Minuten durchkneten.

5 Die Tomaten unter den Teig kneten; dabei die Arbeitsfläche zusätzlich mit etwas Mehl bestäuben, da die Tomaten ziemlich viel Öl absondern.

6 Den Teig in 8 kleine Kugeln teilen, auf das Backblech legen, zudecken und an einem warmen Ort 30 Minuten gehen lassen, bis er sein Volumen verdoppelt hat.

7 Die Brötchen mit Milch bestreichen und im vorgeheizten Ofen bei 230 °C 10–15 Minuten backen, bis sie goldbraun sind.

8 Auf ein Kuchengitter legen und vor dem Servieren etwas abkühlen lassen.

VARIATION

Für zusätzliches Aroma in Schritt 5 fein gehackte Sardellenfilets oder Oliven zum Teig geben.

Knoblauchbrot

Dieses Knoblauchbrot passt hervorragend zu einer ganzen Reihe von Grillgerichten.

NÄHRWERTANGABEN

Kilokalorien	261	Zucker	1 g
Eiweiß	3 g	Fett	22 g
Kohlenhydrate	15 g	davon gesättigt	14 g

10 Min. 15 Min.

6 Personen

ZUTATEN

150 g weiche Butter
3 Knoblauchzehen, zerdrückt
2 EL frisch gehackte Petersilie
Salz und Pfeffer
1 großes oder 2 kleine Baguettes

1 Butter, Knoblauch und Petersilie in einer Schüssel sorgfältig verrühren und mit Salz und Pfeffer abschmecken.

2 Das Baguette in dicke Scheiben schneiden.

3 Die Scheiben mit Knoblauchbutter bestreichen und auf fester Alufolie wieder zu einem Laib zusammenfügen.

4 Das Brot sorgfältig einwickeln und auf einem heißen Grill 10–15 Minuten backen, bis die Butter zerläuft und das Brot vollständig erhitzt ist.

5 Das Knoblauchbrot als Beilage zu einer Fülle von Grillgerichten servieren.

1

2
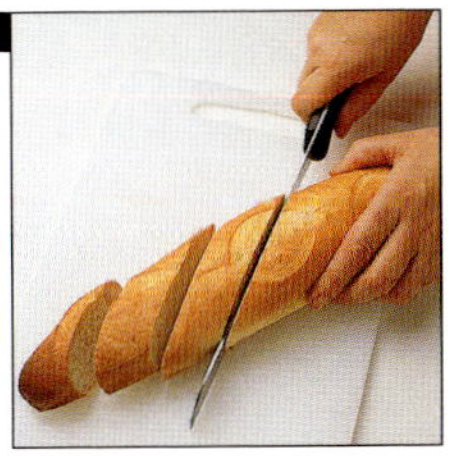

3

Desserts

Die Italiener lieben Nachspeisen – doch wenn eine wichtige Zusammenkunft ansteht oder ein großes Fest gefeiert wird, dann gibt sich der Koch oder die Köchin ganz besondere Mühe und serviert eine ganze Reihe unwiderstehlicher Desserts. Die meisten dieser Nachspeisen haben ihren Siegeszug offenbar von Sizilien aus angetreten, und tatsächlich findet man nirgendwo auf der Welt köstlichere Eisdesserts als dort. Aber auch frische Früchte spielen eine wichtige Rolle – Orangen werden häufig geschält, dann in einem duftenden Sirup oder Likör mariniert. Und natürlich ist auch Schokolade nicht wegzudenken: Versuchen Sie doch einmal die verschiedenen Tiramisu-Varianten, die dieses Kapitel enthält. Die hier vorgestellten italienischen Desserts werden Sie bestimmt nicht enttäuschen.

Toskanischer Pudding

Diese kleinen Ricotta-Puddings schmecken warm ebenso gut wie kalt. Im Kühlschrank halten sie sich drei bis vier Tage.

NÄHRWERTANGABEN

Kilokalorien 293	Zucker . . . . . . .28 g
Eiweiß . . . . .9 g	Fett . . . . .17 g
Kohlenhydrate . .28 g	davon gesättigt .9 g

20 Min. 15 Min.

4 Personen

ZUTATEN

- 1 EL Butter
- 80 g gemischte Trockenfrüchte
- 250 g Ricotta
- 3 Eigelb
- 50 g Zucker
- 1 TL Zimt
- geriebene Schale von 1 Orange
- Orangenzesten, zum Garnieren
- Crème fraîche, zum Servieren

1 Mit der Butter 4 kleine Back- oder Auflaufformen leicht einfetten.

2 Die Trockenfrüchte in eine Schüssel geben, mit warmem Wasser bedecken und 10 Minuten einweichen lassen.

1

3

4

3 Ricotta und Eigelb in einer Schüssel vermengen. Zucker, Zimt und Orangenschale einstreuen und gut unterrühren.

4 Die Trockenfrüchte in einem über eine Schüssel gehaltenen Sieb abtropfen lassen, zu der Mischung geben und unterrühren.

5 Die Ricotta-Mischung auf die Back- oder Auflaufformen verteilen.

6 Die gefüllten Förmchen 15 Minuten in einem auf 180 °C vorgeheizten Ofen backen. Gegen Ende der Backzeit sollte der Pudding von oben fest, aber nicht gebräunt sein.

7 Die fertigen Puddings mit Orangenzesten garnieren und warm oder gekühlt mit etwas Crème fraîche servieren.

TIPP

Crème fraîche hat einen säuerlichen, nussigen Geschmack und ist dickflüssig, besitzt aber den gleichen Fettgehalt wie Schlagsahne (mindestens 30 %). Da sie beim Erhitzen nicht ausflockt, kann sie gut zum Kochen verwendet werden.

Schicht-Tiramisu

Dies ist eine moderne Variante des gehaltvollen italienischen Klassikers. Das Dessert ist genau das Richtige für Schokoladenfreunde.

NÄHRWERTANGABEN

Kilokalorien	798	Zucker	60 g
Eiweiß	12 g	Fett	50 g
Kohlenhydrate	76 g	davon gesättigt	25 g

1¼ Std. 5 Min.

6 Personen

ZUTATEN

- 300 g Zartbitterschokolade
- 400 g Mascarpone
- 150 g Sahne, steif geschlagen
- 400 ml kalter Kaffee, mit 50 g Zucker vermischt
- 6 EL brauner Rum oder Weinbrand
- 54 Löffelbiskuits
- Kakaopulver, zum Bestäuben

1 Die Schokolade im Wasserbad schmelzen. Dabei gelegentlich umrühren. Die Schokolade leicht abkühlen lassen. Anschließend mit dem Mascarpone und der Sahne verrühren.

2 Kaffee und Rum in einer Schüssel mischen. Die Löffelbiskuits kurz in die so entstandene Mischung tauchen; sie sollen etwas Flüssigkeit aufsaugen, aber nicht aufweichen.

3 Je drei Löffelbiskuits nebeneinander auf einen Dessertteller legen.

4 Je eine Lage Mascarponecreme über den Löffelbiskuits verstreichen.

1

1

2

5 Erneut 3 Löffelbiskuits auf die Mascarponeschicht legen, diese abermals mit Mascarponecreme bedecken und mit einer letzten Lage Löffelbiskuits abschließen.

6 Das fertige Tiramisu für mindestens 1 Stunde in den Kühlschrank stellen und vor dem Servieren mit Kakaopulver bestäuben.

VARIATION

Das Tiramisu kann auch halbgefroren serviert werden. Dazu das Tiramisu 2 Stunden einfrieren und sofort servieren.

Sizilianischer Zitruskuchen

Dieser locker-leichte Zitruskuchen aus Sizilien schmeckt als Dessert oder zum Nachmittagskaffee.

NÄHRWERTANGABEN

Kilokalorien	399	Zucker	20 g
Eiweiß	8 g	Fett	31 g
Kohlenhydrate	23 g	davon gesättigt	13 g

30 Min. 40 Min.

8 Stücke

ZUTATEN

4 Eier, getrennt
125 g Zucker
geriebene Schale und Saft von 2 Orangen
geriebene Schale und Saft von 1 Zitrone
125 g gemahlene Mandeln
200 g Mehl
2 TL Backpulver
200 g Schlagsahne
1 TL Zimt
2 TL Zucker
2 EL gehobelte Mandeln, geröstet
Puderzucker, zum Bestäuben

1 Eine Springform (18 cm Durchmesser) einfetten.

2 Eigelb und Zucker schaumig rühren. Dann die Hälfte der Orangen- und sämtliche Zitronenschale unterheben.

1

2

3

3 Orangen- und Zitronensaft sowie die Mandeln unter die Eigelbmasse rühren. Dann Mehl und Backpulver zufügen.

4 Das Eiweiß steif schlagen und vorsichtig unter die Mischung heben.

5 Den fertigen Teig in die vorbereitete Backform füllen und 35–40 Minuten bei 180 °C goldbraun backen, bis er so fest ist, dass er leicht nachgibt, wenn er vorsichtig angedrückt wird. Aus dem Ofen nehmen und 10 Minuten in der Form abkühlen lassen, dann herausnehmen. Der Kuchen kann dabei etwas zusammenfallen.

6 Die Sahne mit Zimt, Zucker und Orangenschale mischen und steif schlagen.

7 Sobald der Kuchen abgekühlt ist, mit den gerösteten Mandeln belegen, mit Puderzucker bestäuben und mit der geschlagenen Sahne servieren.

VARIATION

Kuchen mit Sirup servieren: Geriebene Schale von 2 Orangen, 75 g Zucker und 2 Esslöffel Wasser 5 Minuten kochen, bis eine dickflüssige Masse entsteht. Vor dem Servieren 1 Esslöffel Orangenlikör einrühren.

Panforte di Siena

In Italien ist dieser berühmte toskanische Kuchen eine Weihnachtsspezialität, die man verschenkt. Er wird in dünnen Scheiben serviert.

NÄHRWERTANGABEN

Kilokalorien	257	Zucker	29 g
Eiweiß	5 g	Fett	13 g
Kohlenhydrate	33 g	davon gesättigt	1 g

10 Min. 1¼ Std.

12 Stücke

ZUTATEN

- 125 g ganze Mandeln, abgezogen
- 125 g Haselnüsse
- 100 g kandierte Früchte, grob gehackt
- 60 g getrocknete Aprikosen
- 60 g kandierte Ananas
- geriebene Schale von 1 großen Orange
- 60 g Mehl
- 2 EL Kakao
- 2 TL Zimt
- 125 g Zucker
- 175 g Honig
- Puderzucker, zum Bestäuben

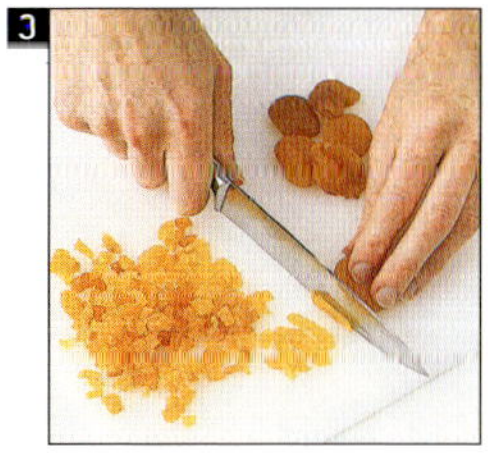

1 Die Mandeln unter dem Grill leicht anrösten und in eine Schüssel geben.

2 Die Haselnüsse rösten, bis die Häute aufreißen. Mit einem trockenen Handtuch die Häute abreiben. Die Haselnüsse grob hacken und mit den kandierten Früchten zu den Mandeln geben.

3 Aprikosen und Ananas fein hacken, mit der Orangenschale zu den Nüssen geben und gründlich vermengen.

4 Mehl mit Kakao und Zimt mischen und mit der Nussmischung vermengen.

5 Eine runde Springform (20 cm Durchmesser) mit Backpapier auslegen.

6 Zucker und Honig in einem Topf erhitzen, bis sich der Zucker auflöst, dann köcheln, bis die Mischung andickt und anbräunt. Rasch zum Teig geben und gut verrühren. In die Kuchenform füllen, mit einem feuchten Löffelrücken glatt streichen.

7 Den Panforte 1 Stunde im vorgeheizten Backofen bei 150 °C backen, dann herausnehmen und in der Form abkühlen lassen. Aus der Form heben und vom Backpapier lösen. Den Kuchen vor dem Servieren großzügig mit Puderzucker bestäuben. In schmale Stücke geschnitten servieren.

Zitronen-Mascarpone-Kuchen

Der Mascarpone macht diesen Kuchen so wunderbar saftig. Alternativ kann auch Ricotta verwendet werden.

NÄHRWERTANGABEN

Kilokalorien 327	Zucker ....25 g
Eiweiß ....9 g	Fett ....18 g
Kohlenhydrate ..33 g	davon gesättigt .11 g

15 Min.   50 Min.

8 Stücke

ZUTATEN

- 50 g Butter
- 150 g Ingwerkekse, ersatzweise einfache Butterkekse, zerstoßen
- 25 g kandierter Ingwer, gehackt
- 500 g Mascarpone
- geriebene Schale und Saft von 2 Zitronen
- 100 g Zucker
- 2 große Eier, getrennt
- Fruchtcoulis (s. Tipp), zum Servieren

1 Eine Springform (26 cm Durchmesser) leicht einfetten.

2 Die Butter in einer Pfanne zerlassen und die Kekse sowie den Ingwer unterrühren. Die so entstandene Mischung auf dem Boden der vorbereiteten Backform verteilen und am Rand 1 cm hochziehen.

1

2

2

3 Mascarpone, Zitronenschale und -saft sowie Zucker und Eigelb zu einer cremigen Masse verrühren.

4 Das Eiweiß steif schlagen und unter die Creme heben.

5 Die fertige Käsecreme über die Keksmasse in der Backform geben und alles in einem auf 180 °C vorgeheizten Ofen 35–45 Minuten backen, bis die Käsecreme fest geworden ist. Wahrscheinlich wird die Creme beim Backen Risse bekommen und auch ein wenig zusammenfallen, das ist ganz normal.

6 Den fertigen Kuchen in der Form auskühlen lassen und mit Fruchtcoulis servieren.

TIPP

Fruchtcoulis:
400 g frische Früchte 5 Minuten mit 2 Esslöffeln Wasser kochen. Dann durch ein Sieb streichen und mit 1 Esslöffel gesiebtem Puderzucker verrühren.

Zabaglione

Diese bekannte Köstlichkeit aus warm geschlagenem Eigelb mit Marsala kommt zwar locker-leicht daher, ist aber sehr sättigend.

NÄHRWERTANGABEN

Kilokalorien	168	Zucker	29 g
Eiweiß	1 g	Fett	1 g
Kohlenhydrate	29 g	davon gesättigt	0,2 g

5 Min. 15 Min.

4 Personen

ZUTATEN

5 Eigelb
100 g Zucker
150 ml Marsala oder süßer Sherry
frische Früchte oder Amaretti, zum Servieren (nach Wunsch)

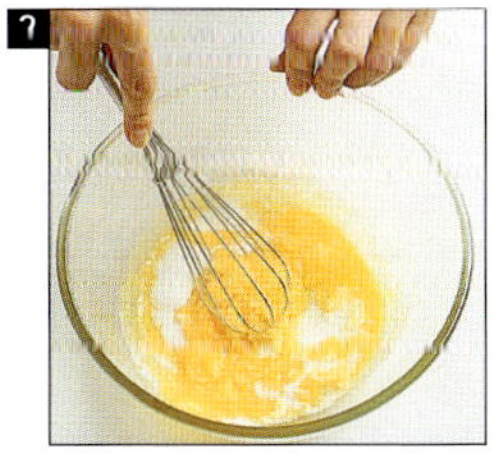

1 Eigelb in eine große Schüssel geben.

2 Den Zucker zufügen und mit dem Eigelb verrühren, bis eine helle, dicke, cremige Masse vom doppelten Volumen der anfänglichen Eigelb-Zucker-Mischung entstanden ist.

3 Die Schüssel mit der Masse über einen Topf mit leicht köchelndem Wasser stellen.

4 Marsala oder Sherry zugießen und die Mischung unter ständigem Rühren erwärmen, bis sie leicht schäumt. Dies wird etwa 10 Minuten dauern.

5 Den Schaum in 4 Dessertgläser füllen.

6 Die fertige Zabaglione noch warm und nach Belieben mit frischen Früchten oder Amaretti servieren.

Schokoladen-Zabaglione

Diese Zabaglione kommt zwar mit wenig Schokolade aus – die sollte dafür aber einen Kakaoanteil von mindestens 70 Prozent aufweisen.

NÄHRWERTANGABEN

Kilokalorien	224	Zucker	23 g
Eiweiß	4 g	Fett	10 g
Kohlenhydrate	23 g	davon gesättigt	4 g

10 Min. 5 Min.

4 Personen

ZUTATEN

- 4 Eigelb
- 50 g Zucker
- 50 g Zartbitterschokolade
- 125 ml Marsala
- Kakaopulver, zum Bestäuben

1 Das Eigelb in einer großen Glasschüssel mit dem Zucker gut schlagen.

2 Die Schokolade fein raspeln und unter die Eimischung ziehen.

3 Den Marsala unter die Schokoladencreme ziehen.

4 Die Schüssel auf einen Topf mit leicht köchelndem Wasser stellen und die Creme unablässig, aber langsam schlagen, bis sie andickt. Nicht zu heiß werden lassen, da sie sonst gerinnt.

5 Die heiße Creme in vorgewärmte Dessertschalen oder Kaffeetassen füllen und mit Kakaopulver bestäuben. Die Zabaglione möglichst sofort servieren, damit sie warm, leicht und schaumig bleibt.

1

3

4

TIPP

Bereiten Sie das Dessert unmittelbar vor dem Servieren zu, da sich die Zutaten trennen, wenn es zu lange steht. Gerinnt es dennoch, stellen Sie die Schüssel sofort in kaltes Wasser und schlagen Sie kräftig, bis sich die Zutaten wieder verbinden.

Stracciatella-Eis

Dieses köstliche Eisdessert verbindet knusprige Schokokeksstückchen mit einem sahnigen Vanilleeis.

NÄHRWERTANGABEN

Kilokalorien	238	Zucker	23 g
Eiweiß	9 g	Fett	10 g
Kohlenhydrate	30 g	davon gesättigt	4 g

6 Std. 5 Min.

6 Personen

Z U T A T E N

300 ml Milch
1 Vanilleschote
2 Eier
2 Eigelb
60 g feiner Zucker
300 g Naturjoghurt
125 g Schokoladenplätzchen mit Schokostückchen, in kleine Stücke gebrochen

1 Milch und Vanilleschote bei schwacher Hitze aufkochen. Vom Herd nehmen, abdecken und abkühlen lassen.

2 Eier und Eigelb im Wasserbad kräftig schlagen, den Zucker zufügen und weiterrühren, bis die Mischung hellgelb und schaumig ist.

3 Die Milch erneut erhitzen, bis sie köchelt, dann durch ein Haarsieb zur Eimischung geben; dabei ständig rühren, bis die Vanillemischung so angedickt ist, dass sie die Rückseite eines Löffels bedeckt. Den Topf vom Herd nehmen und in kaltes Wasser stellen, damit die Mischung nicht weitergart.

4 Den Joghurt zur abgekühlten Vanillemischung geben und sorgfältig verrühren. Wenn die Mischung vollkommen abgekühlt ist, die Schokoplätzchen unterrühren.

5 Die Masse in eine gut gekühlte Metallschüssel geben, abdecken und für 4 Stunden ins Gefrierfach stellen. Dabei jede Stunde aus dem Gefrierfach nehmen und kräftig durchrühren, damit sich keine Eiskristalle bilden; dann wieder ins Gefrierfach stellen. Oder: Die Masse in einer Eismaschine entsprechend der Bedienungsanleitung zu Eis verarbeiten.

6 Die Eiscreme 1 Stunde vor dem Servieren vom Gefrierfach in den Kühlschrank stellen. Portionsweise servieren.

1

4

5

Honig-Pistazien-Nester

Pistazien, Honig und Engelshaarnudeln werden hier zu einem ungewöhnlichen Dessert kombiniert.

NÄHRWERTANGABEN

Kilokalorien	802	Zucker	53 g
Eiweiß	13 g	Fett	48 g
Kohlenhydrate	85 g	davon gesättigt	16 g

10 Min. 1 Std.

4 Personen

ZUTATEN

- Salz
- 250 g Engelshaarnudeln
- 125 g Butter
- 200 g geschälte Pistazien, gehackt
- 125 g Zucker
- 125 g klarer Honig
- 200 ml Wasser
- 2 TL Zitronensaft
- griechischer Joghurt, zum Servieren

1 Salzwasser in einem großen Topf aufkochen. Die Nudeln darin bissfest kochen. Abgießen und wieder in den Topf geben. Mit der Butter vermengen. Abkühlen lassen.

2 4 kleine Flan-Ringe auf ein Backblech setzen. Die Nudeln in 8 Portionen aufteilen und 4 davon in die Ringe geben und leicht andrücken. Mit der Hälfte der Pistazien bestreuen, dann mit den restlichen Nudeln bedecken.

3 45 Minuten im vorgeheizten Backofen bei 180 °C goldbraun backen.

4 In der Zwischenzeit Zucker, Honig und Wasser in einem Topf bei schwacher Hitze aufkochen und unablässig rühren, bis der Zucker vollständig gelöst ist. 10 Minuten köcheln lassen, den Zitronensaft zugießen und weitere 5 Minuten köcheln.

5 Die Nudelnester vorsichtig mit einem Palettenmesser auf einen Servierteller setzen. Mit dem Honigsirup übergießen, mit den restlichen Pistazien bestreuen und vollständig abkühlen lassen. Mit Joghurt servieren.

2

2

2

TIPP

Engelshaarnudeln sind in Italien auch als *capelli d'angelo* bekannt. Die langen, dünnen Nudeln werden getrocknet in Form von Nestern verkauft.

Birnentorte

Bei diesem Rezept aus dem Gebiet um Trient werden Birnen mit Mandeln, Zimt, Rosinen und Aprikosenkonfitüre kombiniert.

NÄHRWERTANGABEN

Kilokalorien	629	Zucker	70 g
Eiweiß	7 g	Fett	21 g
Kohlenhydrate	109 g	davon gesättigt	13 g

1½ Std. 50 Min.

6 Stücke

ZUTATEN

300 g Mehl
1 Prise Salz
150 g feiner Zucker
150 g Butter, gewürfelt
1 Ei
1 Eigelb
ein paar Tropfen Vanillearoma
3–4 TL Wasser
Puderzucker, zum Bestäuben

FÜLLUNG

4 EL Aprikosenkonfitüre
60 g Amaretti (oder anderes kleines Mandelgebäck), zerdrückt
1 kg Birnen, geschält und entkernt
1 TL Zimt
100 g Rosinen
60 g brauner Rohrzucker

1 Mehl und Salz auf eine Arbeitsfläche sieben, eine Vertiefung in die Mitte drücken und Zucker, Butter, Ei, Eigelb, Vanillearoma und einen Großteil des Wassers hineingeben.

2 Das Mehl mit den Fingern nach und nach unter die anderen Zutaten kneten, sodass ein glatter Teig entsteht; gegebenenfalls noch etwas Wasser zufügen. Den Teig in Frischhaltefolie wickeln und für 1 Stunde in den Kühlschrank stellen, bis er fest wird. Oder: Alle Zutaten im Mixer zu einem glatten Teig verarbeiten.

3 Drei Viertel des Teigs ausrollen und damit eine flache Kuchenform (25 cm Durchmesser) auslegen. Den Boden mit Konfitüre bestreichen und dann die Amaretti darüber streuen.

4 Die Birnen in hauchdünne Scheiben schneiden, auf die Mandelkekse legen und mit Zimt, Rosinen und braunem Zucker bestreuen.

5 Ein Drittel der restlichen Teigmenge zu einem dünnen Strang rollen und um den Rand der Torte legen. Den restlichen Teig zu mehreren dünnen Strängen rollen, diese zu einem Gittermuster über der Torte arrangieren (ca. 4–5 Streifen in jede Richtung) und fest auf den Teigrand drücken.

6 Die Torte im vorgeheizten Ofen bei 200 °C 50 Minuten backen, bis sie goldbraun und gar ist. Dann abkühlen lassen, mit Puderzucker bestreuen und entweder noch warm oder kalt servieren.

1

3

5

Gefüllte Pfirsiche

Dieses Dessert lässt sich gut im Voraus zubereiten. Vor dem Servieren werden die Pfirsiche nur noch kurz gegrillt und gefüllt.

NÄHRWERTANGABEN

Kilokalorien 301	Zucker ....24 g
Eiweiß ....6 g	Fett ....20 g
Kohlenhydrate ..24 g	davon gesättigt .9 g

10 Min. 10 Min.

4 Personen

ZUTATEN

- 4 Pfirsiche
- 200 g Mascarpone
- 50 g Pecan- oder Walnüsse, gehackt
- 1 TL Sonnenblumenöl
- 4 EL Ahornsirup

1 Die Pfirsiche halbieren und die Kerne entfernen. Wenn das Rezept im Voraus zubereitet wird, die Hälften wieder zusammendrücken und in Frischhaltefolie einschlagen.

2 Mascarpone und Nüsse in einer kleinen Schüssel gründlich verrühren. Bis zur Verwendung in den Kühlschrank stellen.

1

2
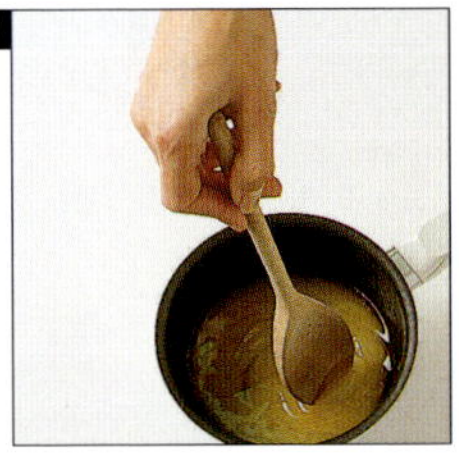

3

3 Zum Servieren die Pfirsiche mit etwas Öl bestreichen und auf einem Grillrost über heiße Holzkohle setzen. Unter einmaligem Wenden 5–10 Minuten grillen, bis sie heiß sind.

4 Die Pfirsichhälften auf einen Teller setzen und mit der Mascarpone-Nuss-Mischung füllen.

5 Ahornsirup über die Pfirsiche träufeln und sofort servieren.

VARIATION

Sie können die Pfirsiche auch durch Nektarinen ersetzen. Nehmen Sie nur reife, aber noch feste Früchte, die beim Grillen nicht zerfallen. Bereiten Sie die Nektarinen wie beschrieben zu und grillen Sie sie 5–10 Minuten.

Süße Mascarpone-Mousse

Die süße Frischkäsecreme passt hervorragend zu frischen, sommerlichen Beerenfrüchten.

NÄHRWERTANGABEN

Kilokalorien 543	Zucker . . . . . . .31 g
Eiweiß . . . . .14 g	Fett . . . . .41 g
Kohlenhydrate . .31 g	davon gesättigt 24 g

1¹/2 Std. keine

4 Personen

ZUTATEN

- 500 g Mascarpone
- 4 Eigelb
- 100 g Zucker
- 400 g Sommerfrüchte, etwa Erd- oder Johannisbeeren, leicht gefroren
- Johannisbeeren, zum Garnieren
- Amaretti, zum Servieren

1 Den Mascarpone in eine große Schüssel geben und mit einem Holzlöffel cremig schlagen.

2 Eigelb und Zucker zufügen und gut unterrühren. Die fertige Mischung für etwa 1 Stunde in den Kühlschrank stellen.

3 Dann 4 tiefe Gläser oder Dessertschalen mit je einer Lage der gekühlten Mascarpone-Creme füllen. Darüber eine Lage Sommerfrüchte geben. So lange wiederholen, bis die Gläser voll sind. Die letzte Schicht sollte aus einer Lage Mascarpone-Creme bestehen.

4 Die gefüllten Schalen für 20 Minuten in den Kühlschrank stellen, damit die Früchte noch einmal gut gekühlt werden.

5 Das Dessert mit Johannisbeeren garnieren und mit Amaretti servieren.

Panettone mit Erdbeeren

Panettone ist ein süßes italienisches Brot. Getoastet wird daraus mit Mascarpone und Erdbeeren ein leckeres Dessert.

NÄHRWERTANGABEN	
Kilokalorien 227	Zucker ....11 g
Eiweiß ....5 g	Fett ....13 g
Kohlenhydrate ..19 g	davon gesättigt .8 g

35 Min. 2 Min.

4 Personen

ZUTATEN

- 250 g Erdbeeren
- 2 EL Zucker
- 6 EL Marsala
- ½ TL Zimt
- 4 Scheiben Panettone
- 4 EL Mascarpone

1 Die Erdbeeren putzen, halbieren und in eine Schüssel geben. Zucker, Marsala und Zimt zufügen.

2 Die Zutaten gründlich mischen und für mindestens 30 Minuten in den Kühlschrank stellen.

3 Kurz vor dem Servieren die Panettone-Scheiben 1 Minute von jeder Seite über Holzkohle goldbraun rösten.

4 Die Scheiben vom Grill nehmen und auf Tellern anrichten.

5 Jede Panettone-Scheibe mit etwas Mascarpone und den gekühlten Erdbeeren anrichten und sofort servieren.

1

3

5

Orangen-Grapefruit-Salat

Ein erfrischendes und ungewöhnliches Dessert aus Zitrusfruchtspalten mit einer köstlichen Mandel-Honig-Sauce.

NÄHRWERTANGABEN

Kilokalorien	217	Zucker	33 g
Eiweiß	4 g	Fett	9 g
Kohlenhydrate	33 g	davon gesättigt	1 g

2¹/₄ Std. 3 Min.

4 Personen

ZUTATEN

2 helle oder rosa Grapefruit

4 Orangen

fein geriebene Schale und Saft von 1 Limette

4 EL flüssiger Honig

2 EL warmes Wasser

1 Minzezweig, grob gehackt

50 g Walnüsse, gehackt

1 Die Schale und die weiße Haut der Grapefruit mit einem scharfen Messer entfernen; dabei den Saft in einer Schüssel auffangen.

2 Die geschälten Früchte in einer Hand halten, mit einem kleinen Messer zwischen die Trennhäutchen fahren und die Segmente herauslösen.

3 Mit den Orangen ebenso verfahren und die Segmente zu den Grapefruitspalten geben.

4 Orangen- und Grapefruitspalten vermischen.

5 Limettenschale, 2 Esslöffel Limettensaft, Honig und warmes Wasser in einer Schüssel kräftig mit einer Gabel verrühren.

6 Die Sauce über die Fruchtspalten geben, gehackte Minze zufügen und gut mischen. Den Obstsalat für 2 Stunden in den Kühlschrank stellen, damit sich die Aromen miteinander verbinden.

7 Die gehackten Walnüsse auf ein Backblech geben und unter einem vorgeheizten Grill goldbraun rösten.

8 Den Obstsalat mit den gerösteten Walnüssen bestreuen und sofort servieren.

1

2
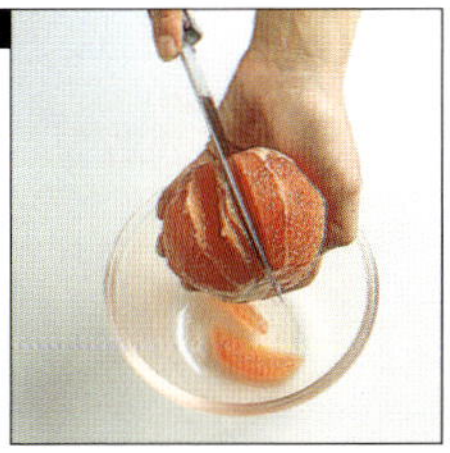

5

Vanille-Eis

Diese Eiscreme mit echter Vanille schmeckt unvergleichlich gut und ist einfach herzustellen. Probieren Sie auch die Tuttifrutti-Variante.

NÄHRWERTANGABEN

Kilokalorien 626	Zucker ....33 g
Eiweiß ....7 g	Fett ....53 g
Kohlenhydrate ..33 g	davon gesättigt .31 g

5 Min. 15 Min.

6 Personen

ZUTATEN

- 600 g Sahne
- 1 Vanilleschote
- Zesten von 1 Zitrone
- 4 Eier, verquirlt
- 2 Eigelb
- 150 g feiner Zucker

1 Die Sahne in einem schweren Topf unter Rühren leicht erhitzen.

2 Vanilleschote, Zitronenzesten, Eier und Eigelb zugeben und bis kurz vor dem Siedepunkt erhitzen.

3 Die Hitze reduzieren und 8–10 Minuten unter stetigem Rühren köcheln, bis die Masse eindickt.

4 Den Zucker unter die Creme rühren, beiseite stellen und abkühlen lassen.

5 Die abgekühlte Masse durch ein Sieb seihen.

6 Die Vanilleschote aufschlitzen, die kleinen schwarzen Samen herauskratzen und unter die Sahnecreme rühren.

7 Die fertige Eismischung in ein tiefes verschließbares Gefriergefäß geben und über Nacht tiefkühlen.

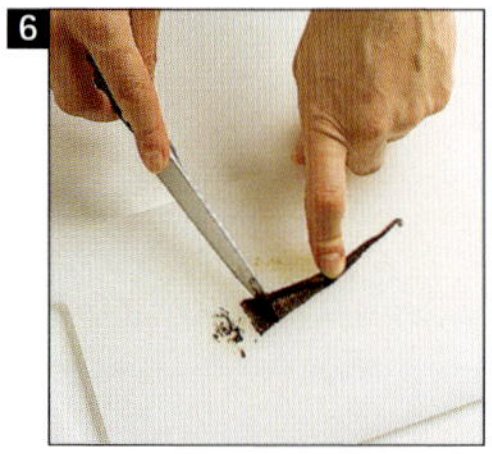

VARIATION

Tuttifrutti-Eis: 100 g gemischte Trockenfrüchte (Sultaninen, Aprikosen, Zitronat, Orangeat und Ananas) 20 Minuten in 2 Esslöffeln Marsala oder Sherry einweichen. Die Grundcreme ohne die Vanilleschote zubereiten und vor dem Einfrieren die Früchte unterrühren.

Cassata

Der Ricotta verleiht diesem Dessert eine sahnige Note, während die Nüsse für „Biss" sorgen. Das Eis muss über Nacht im Gefrierfach durchkühlen.

NÄHRWERTANGABEN

Kilokalorien	438	Zucker	39 g
Eiweiß	13 g	Fett	25 g
Kohlenhydrate	40 g	davon gesättigt	9 g

20 Min. keine

6 Personen

ZUTATEN

- 2 EL Pistazien
- 2 EL Wal- oder Pecannüsse
- 2 EL Haselnüsse, gehackt und geröstet
- fein geriebene Schale von 1 Orange und von 1 Zitrone
- 2 EL kandierter Ingwer
- 2 EL Belegkirschen
- 2 EL getrocknete Aprikosen
- 2 EL Rosinen
- 500 g Ricotta
- 2 EL Maraschino, Amaretto oder Weinbrand
- 5 Tropfen Vanillearoma
- 4 Eigelb
- 100 g feiner Zucker

GARNIERUNG

- Schlagsahne
- ein paar Belegkirschen, Pistazien oder Minzeblätter

1

5

6

1 Pistazien und Walnüsse grob hacken und mit Haselnüssen sowie Orangen- und Zitronenschale mischen.

2 Ingwer, Kirschen, Aprikosen und Rosinen fein hacken und zu den Nüssen geben.

3 Den Ricotta sorgfältig mit der Nuss-Früchte-Masse mischen, dann Likör und Vanillearoma kräftig unterrühren.

4 Eigelb und Zucker schaumig schlagen. Um den Vorgang eventuell zu beschleunigen, die Mischung im Wasserbad verrühren, dann abkühlen lassen.

5 Die Ricottamischung vorsichtig unter die Ei-Zucker-Mischung heben.

6 Eine Brotform (18 cm x 12 cm) mit zwei Lagen Frischhaltefolie oder Backpapier auslegen, die Ricottamasse hineingeben, glatt streichen, mit weiterer Folie oder Papier abdecken und über Nacht ins Gefrierfach stellen.

7 Vor dem Servieren die Eiscreme aus der Form nehmen, Folie oder Papier entfernen, dann auf eine Servierplatte legen und mit Schlagsahne, Belegkirschen, Pistazien und/oder Minzeblättern garnieren und in Scheiben schneiden.

Schoko-Biscotti

Diese italienischen Biskuits werden nach dem Abendessen zusammen mit Kaffee oder Espresso zu einem Erlebnis.

NÄHRWERTANGABEN

Kilokalorien 113	Zucker . . . . .9 g
Eiweiß . . . . .2 g	Fett . . . . .5 g
Kohlenhydrate . .15 g	davon gesättigt .1 g

20 Min. 40 Min.

16 Stück

ZUTATEN

1 Ei
100 g Zucker
1 TL Vanillearoma
150 g Mehl
½ TL Backpulver
1 TL Zimt
50 g Zartbitterschokolade, grob gehackt
50 g Mandelsplitter, geröstet
50 g Pinienkerne

1 Den Backofen auf 180 °C vorheizen. Ein großes Backblech leicht mit Butter oder Öl einfetten.

2 Ei, Zucker und Vanillearoma in einer Schüssel mit dem Rührgerät sämig schlagen – die Mischung sollte am Ende kleine Spitzen bilden, wenn man den Schneebesen herauszieht.

3 Mehl, Backpulver und Zimt in eine zweite Schüssel sieben, dann vorsichtig unter die Eimischung heben. Schokolade, Mandeln und Pinienkerne einrühren.

4 Den Teig auf eine leicht bemehlte Arbeitsfläche geben und zu einem flachen, etwa 25 cm langen und 3 cm breiten Laib formen. Auf das Backblech legen.

2

3

4
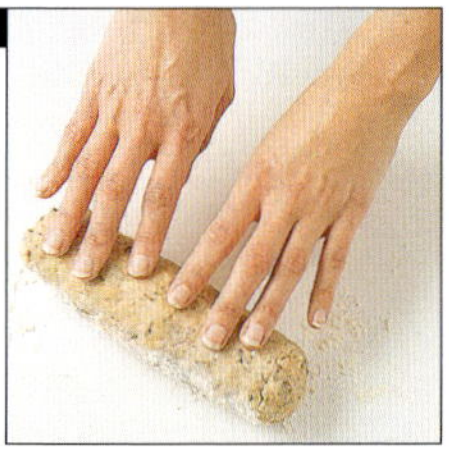

5 Im Ofen 20–25 Minuten goldgelb backen. Herausnehmen und 5 Minuten fest werden lassen.

6 Den Laib auf ein Schneidebrett legen, mit einem Brotmesser schräg in etwa 1 cm dicke Scheiben schneiden und auf das Backblech legen. 10–15 Minuten backen, dabei nach der Hälfte der Zeit wenden.

7 Etwa 5 Minuten abkühlen lassen, dann auf einem Kuchengitter vollständig auskühlen lassen.

Florentiner

Dieses köstliche Gebäck findet nicht nur während der Weihnachtszeit begeisterte Abnehmer.

NÄHRWERTANGABEN

Kilokalorien	186	Zucker	19 g
Eiweiß	2 g	Fett	11 g
Kohlenhydrate	22 g	davon gesättigt	5 g

20 Min. 15 Min.

10 Stück

ZUTATEN

- 50 g Butter
- 50 g feiner Zucker
- 1–2 EL Mehl, gesiebt
- 50 g Mandeln, gehackt
- 50 g kandierte Früchte, z. B. Zitronat und Orangeat, gehackt
- 2 EL Rosinen, gehackt
- 2 EL Belegkirschen, gehackt
- fein geriebene Schale von 1/2 Zitrone
- 125 g Zartbitterschokolade, geschmolzen

1 Zunächst 2 große Backbleche mit Backpapier auslegen.

2 Butter und Zucker erhitzen, bis sich der Zucker aufgelöst hat. Dann vom Herd nehmen.

3 Das Mehl zufügen und sorgfältig mischen, Mandeln, Früchtemix, Rosinen, Kirschen und Zitronenschale unterrühren. Jeweils 1 Teelöffel der Masse auf die Backbleche setzen; dabei genügend Abstand zwischen den einzelnen Plätzchen lassen.

4 Die Florentiner im vorgeheizten Ofen bei 180 °C 10 Minuten backen, bis sie goldbraun sind.

5 Die Plätzchen aus dem Ofen nehmen und noch auf dem Backblech kreisrunde Formen ausstechen. Abkühlen lassen, bis sie fest sind, und dann auf einem Kuchengitter vollständig auskühlen lassen.

6 Die glatte Seite der Florentiner mit der Schokolade bestreichen, und sobald die Schokolade wieder erstarrt, wellenförmige Muster hineinritzen. Die Florentiner mit der Schokoladenseite nach oben vollständig abkühlen lassen.

VARIATION

Sie können die Zartbitterschokolade auch durch weiße Schokolade ersetzen oder eine Hälfte der Florentiner mit dunkler und die andere Hälfte mit w… Schokolade dekor…

Weiße Florentiner

Diese köstlichen Plätzchen bekommen durch die weiße Schokolade ihr besonders feines Aroma.

NÄHRWERTANGABEN

Kilokalorien	235	Zucker	20 g
Eiweiß	3 g	Fett	17 g
Kohlenhydrate	20 g	davon gesättigt	7 g

20 Min. 15 Min.

24 Stück

ZUTATEN

- 200 g Butter
- 200 g feiner Zucker
- 125 g Walnüsse, gehackt
- 125 g Mandeln, gehackt
- 60 g Sultaninen, gehackt
- 2 EL Belegkirschen, gehackt
- 2 EL kandierte Früchte, z.B. Zitronat und Orangeat, fein gehackt
- 2 EL Crème fraîche
- 250 g weiße Schokolade, geschmolzen

1 Zunächst 3–4 Backbleche mit Backpapier auslegen.

2 Butter bei schwacher Hitze zerlassen, Zucker zufügen und rühren, bis sich der Zucker aufgelöst hat. Noch 1 Minute erhitzen, dann vom Herd nehmen.

4

5

6

3 Walnüsse, Mandeln, Sultaninen, Kirschen, kandierte Früchte und Crème fraîche in den Topf geben und sorgfältig verrühren.

4 Jeweils einen gehäuften Teelöffel der Masse auf die Backbleche geben; dabei genügend Abstand zwischen den einzelnen Plätzchen lassen, da sie sich während des Backens ausdehnen. Die Florentiner im vorgeheizten Backofen bei 180 °C 10 Minuten backen, bis sie goldbraun sind.

5 Herausnehmen und die Ränder mit einem Messer glätten. Auf einem Kuchengitter vollständig auskühlen lassen.

6 Die glatte Seite der Florentiner mit der Schokolade bestreichen, und sobald die Schokolade erstarrt, wellenförmige Muster hineinritzen. Die Florentiner mit der Schokoladenseite nach oben vollständig abkühlen lassen.

7 An einem kühlen Ort in einem luftdicht verschließbaren Behälter aufbewahren.

TIPP

Besonders attraktiv wirkt eine Mischung aus Florentinern mit Zartbitter- und weißer Schokolade, die Sie auch gut verschenken können. Dazu das Gebäck in eine hübsche, mit Seidenpapier ausgelegte Schachtel legen und mit einer Schleife verzieren.

Italienische Trüffelpralinen

Diese köstlichen Mandel-Schokoladen-Kreationen sind ganz einfach herzustellen und können nach einer Mahlzeit zum Kaffee gereicht werden.

NÄHRWERTANGABEN

Kilokalorien	82	Zucker	7 g
Eiweiß	1 g	Fett	5 g
Kohlenhydrate	8 g	davon gesättigt	3 g

5 Min. 5 Min.

24 Stück

ZUTATEN

175 g Zartbitterschokolade
2 EL Mandel- oder Orangenlikör
2 EL Butter
50 g Puderzucker
50 g gemahlene Mandeln
50 g Milchschokolade, geraspelt

1 Zartbitterschokolade und Likör im Wasserbad erhitzen; dabei ständig rühren, damit sich die Zutaten verbinden.

2 Die Butter zufügen und unter Rühren zerlassen. Dann Puderzucker und Mandeln unterrühren.

3 Die Schokoladenmasse an einem kühlen Ort fest werden lassen, bis sie so weit erstarrt ist, dass Sie sie zu 24 Kugeln rollen können.

4 Die Milchschokolade auf einen Teller geben und die Trüffeln darin wälzen.

5 Dann in Pralinenförmchen aus Papier setzen und in den Kühlschrank stellen.

2

2

4

Register